JN268978

《思想＊多島海》シリーズ 6

# 存在と知覚

バークリ復権と量子力学の実在論

瀬戸 明

法政大学出版局

亡き両親に本書を捧げる

一言でいえば，世界の巨大な仕組みを構成するすべての物体は，心の外には少しも存立せず，物体の存在することは知覚されること，すなわち知られることであり，したがって物体が私によって現実に知覚されないとき，いいかえれば私の心に存在しないとき，あるいはまた，他のなんらかの精神をもつ被造物の心に存在しないとき，それら物体はまったく存在しないか，あるいは或る永遠な精神〔神〕の心のうちに存在するか，そのいずれかでなければならない。

(G. バークリ／大槻春彦訳『人知原理論』岩波文庫，47ページ。訳文は若干変更した)

# はじめに

　本書の問題意識は，三つの柱から構成されている。一つは，バークリの哲学的復権という中心の論点である。具体的には，近代観念論の見事な定式化とされるバークリの《存在とは知覚されることである》命題は，その普遍的な真理性がいまや否定しがたく明白なものになった，という哲学的事実のことをいう。筆者は，その正当性をたんに声高に主張するのではなく，十分に厳密な仕方をもって論証することに成功したと思っている。

　簡単にいえば，バークリの《存在即知覚》命題は，すでに与えられている外的対象をたんに外部から知覚するだけの通常の認識過程（知覚過程）について述べたものではない，という問題である。それゆえ，私の眼前にいる三毛ネコが隣の部屋へ逃げこんで"だれからも知覚されなくなった"からといって，その三毛ネコがただちに存在消滅してしまうとは，本来のバークリ命題は少しも主張していないのだ。このとき，神の知覚もまったく無関係である。これまで，こんな単純な事実にだれも気づかなかったのが不思議なくらいである。しょせん，"コロンブスの卵"ということだろうか。

　したがって，世の哲学者たちがこれまでバークリの《存在即知覚》命題の真理性をほとんど全面否定してきたことは，哲学史上最大の誤解であったといわざるをえない。こうなると，従来の哲学と哲学史とは，いったいどのように見直されるべきなのだろうか。バークリ命題の復活を基礎づける哲学的分析は，とくに本書の第3, 4, 5章のなかで詳しく展開されている。

　三つの柱の二つ目は，バークリ存在命題の正しさが理論的に証明

されてみると，それと裏腹の関係において，これまでの唯物論や実在論の哲学的欠陥がどうにも弁護できないほど明確になってきた，という論点である。唯物論や実在論の哲学的存在論に特有である物自体主義二元論——《現象 - 物自体》存在構造——をどのように克服すべきか，という根本課題がいやでも第一級の哲学的要求になってきたのである。あるいは，古典的なニュートン力学に基礎をもつ近代哲学の主客二元論をどのように克服すべきか，といっても同じことだろう。

存在論的にとくに重要なのは，従来の唯物論や実在論の「実在」概念にもとづくかぎり，第 2 章で論じるように"冷蔵庫のなかの物自体リンゴ"というなんとも不可解な哲学的パラドクスにいやでも見舞われてしまう，という事実である。この"冷蔵庫のなかの物自体リンゴ"は，いわば量子力学における"シュレーディンガーの猫"（第 2 章注 2 参照）にも匹敵しうる哲学的謎であって，これを正しく解決できないようでは，現行の唯物論や実在論の哲学的存在論はどうあっても時代遅れといわざるをえない。そして，それを回避しうる唯一の哲学的方策こそは，バークリの《存在即知覚》命題がもつ合理的契機をありのままに受容する積極的な理論姿勢にほかならない。この点では，バークリの《存在とは知覚されることである》命題は，それがその本質規定において正しく把握されたときには，そこに観念論の考え方は少しも見当たらないのである。

最後に三つ目の柱は，いわゆる「観測」問題をめぐって実在の危機にあるとされる量子力学の哲学的基礎づけ，という論点である。たとえば私たちが，原子や素粒子といった量子実在に固有な《波動性と粒子性》という二面性の哲学的秘密をすすんで解明しようとすると，観測（測定）されるまではその状態，属性，性質があらかじめ確定していない事物という，なんとも不可解な「実在」問題にどうしても直面せざるをえない。

観測されてはじめて現実的実在性をもつことができる外的事物というものを、私たちは従来の「実在」概念のいかなる引出しへも整理して収めることができないのである。こうなると、量子力学では、観測対象、あるいは、少なくともその対象の状態、属性、性質というものは、観測されてはじめて現実的に立ち現われることで確定されるのであり、つまりは、観測するという知覚過程によって部分的に生みだされた結果にすぎない、ということになってしまう。これでは、量子実在の世界では、バークリの《存在とは知覚されることである》命題がそのまま忠実になぞられているようなものではないか。もっとも量子力学者たちは、「そのような考え方はバークリの観念論哲学にほかならない」と批判されるのを極度に警戒しており、そのために、たとえばすでに70年前に提起されている"シュレーディンガーの猫"の謎さえも、いまもって哲学的には完全なかたちで解決できないでいるのだ。

　しかし本書において私は、バークリの《存在即知覚》命題の正しさを論証するとともに、それを土台にすえて量子力学の哲学的問題にもすすんで取り組んだ。その結果、新しい実在論的観点から、量子力学の哲学的基礎づけに一定の前進的成果をあげることに成功した、とかたく信じている。

　さらにまた、以上にも関連して第6章では、いわゆる人間原理が積極的にかかわった《宇宙の存在性》という哲学的問題についても、かなり形而上学めいた議論にはなったが、それでも正しい問題解決の基本方向を大筋において究明することができた、と考えている。この現代宇宙論にしばしば登場する《人間原理と宇宙の存在性》という問題をとりあげたのは、筆者がたまたま分析哲学者マイケル・ダメットの著作『真理と過去』を読んだことが直接のきっかけになっている。ここでも、バークリの《存在即知覚》命題をすすんで唯物論的＝実在論的に改作するという私の哲学的立場が、たいへん役

立ったことはいうまでもない。

　以上のように，バークリ命題の真理性の論証，それにもとづく従来の唯物論・実在論批判，および量子力学の哲学的基礎づけという三本の柱は，本書では三位一体の緊密な関係性を構成するものになっている。そのとき，その根底にある私の最大の問題関心はなにかといえば，もしもバークリの《存在即知覚》が正しいとすると，量子力学的実在をもふくめて《一般に実在とはなにか》という哲学的存在論の根本問題はいかに解決されるべきか，とする一点にあるといってよい。従来の唯物論や実在論がそうであるように，ただ紋切り型に《実在とは知覚（認識）から独立したものである》と主張してみたところで，そうした常識的な真理性だけでは，とくに量子力学や量子宇宙論をめぐる哲学上の諸問題はとうてい満足な仕方では解決できないと思われる。

　つぎに，本書の内容自体には少しも関係のないことだが，それでも読者諸氏にあらかじめ了承しておいて欲しいことがある。本書ではきわめて厳しい唯物論哲学批判が展開されているが，これはそのまま実在論哲学批判と読みかえてくださっても結構である，という事情がそれである。もとより，理論的には唯物論と実在論とは厳密に区別される哲学的立場であるが，それでも《実在とはなにか》にかかわる哲学的存在論としては，両者はあきらかに物自体主義二元論という点において共通していると思われる。たとえば実在論者としてのラッセルが，窮極の物質的実体として超経験的・超感性的な"なにか或るもの"を考えているのは否定しがたいといえよう。しかし，これは哲学的には事実上の"物自体"というほかはないものである。そして，その実在論者ラッセルが，たとえば唯物論者レーニンと存在論的に区別されるのは，レーニンが物自体の発現形態としてひたすら知覚像を考えているのにたいして，ラッセルはそれをどこまでも記号（感覚与件）と考えている，という点にあるにすぎ

ない。

　最後に，念のため申しそえておくと，本書において私は唯物論や実在論の哲学をたいへん厳しく批判しているが，しかし私自身はこれまでずっと唯物論の立場から哲学研究をしてきた人間であり，現在もなおそうである。それゆえ本書がめざす最終の目標は，バークリの《存在とは知覚されることである》命題の正当性をみとめることで，それを積極的に内在化し構造化したとき，新しい唯物論や実在論の哲学的存在論はどのような新しい革袋として構築されうるか，すなわち，新しい「実在」概念はどのように規定されうるか，という根本課題をできるだけ徹底して解明するところにある。

　もっとも，近代観念論の代表的人物とされるバークリの哲学的復権をすすんで提起するのだから，いかに十分な確信があるとはいえ，それが唯物論者である筆者には，じつに"大変な試み"であるのはいうまでもない。しかし，すでに私はルビコン川を渡ったのであり，バークリ命題は正しいとする哲学的発見をいまさら引き下げるわけにはいかない。このうえは，本書にたいする読者諸氏の忌憚なき意見を心待ちにするばかりである。

2006年1月1日

　　　　　　　　　　　　　　　　　　　　　　　　瀬　戸　明

目　次

はじめに

# 第1章　唯物論の二つのドグマ ……………………………………… 1
―― 知覚外界像説と物自体主義 ――

## 第1節　現代唯物論の理論的危機はどこにあるか　1
1-1-1　唯物論はカントの物自体主義をほんとうに克服したか　1
1-1-2　レーニン『唯物論と経験批判論』が果たした哲学的役割　4

## 第2節　知覚外界像説のアポリア　5
1-2-1　《外的世界もまた知覚像である》という根本矛盾　5

## 第3節　レーニン唯物論とその物自体主義のアポリア　9
1-3-1　知覚外界像説は唯物論哲学をかならず物自体主義にする　9
1-3-2　レーニン唯物論の哲学的存在論の基本構造はいかなるものか　10
1-3-3　存在論の二つの基本路線 ―― 知覚実在物説と物自体主義　13
1-3-4　あらためて唯物論とはなにか，観念論とはなにか　14
1-3-5　知覚疎外とはなにか　15
1-3-6　レーニン唯物論，弁証法的唯物論の物自体主義とはなにか　16
1-3-7　未知なる物としての物自体　18
1-3-8　レーニン唯物論における「物自体」概念の両義性　20
1-3-9　《感覚が物自体を模写する》という唯物論の根本立場　21
1-3-10　知覚疎外の批判原理によりなにが見えてくるか　24
1-3-11　哲学と物理学の混同 ―― 哲学的物自体と物理的物体　25
1-3-12　物自体主義のアポリアが解決されるとはどういうことか　28
1-3-13　第1章の結語として　30

# 第2章　知覚外界像説と物自体主義のパラドクス ……………… 33
―― 冷蔵庫のなかで赤いリンゴは実在しうるか ――

## 第1節　近代人の思考様式としての主客二元論　33
2-1-1　近代の根本的二元論をいかに批判し克服するか　33

| | | |
|---|---|---|
| 2-1-2 | 近代哲学の存在論にたいする批判の核心はどこにあるか | 36 |
| 2-1-3 | 近代人は主客二元論の思考様式を信じて疑わない | 39 |
| 2-1-4 | 赤いリンゴが知覚像であるのは永遠の存在形態か | 41 |

## 第2節 冷蔵庫のなかで赤いリンゴは実在しうるか　44
―― 知覚外界像説と物自体主義のパラドクス ――

| | | |
|---|---|---|
| 2-2-1 | 知覚外界像説と知覚因果説とは区別されるべきである | 44 |
| 2-2-2 | 知覚されないとき"赤いリンゴ"は物自体リンゴである | 45 |
| 2-2-3 | 唯物論は近代主客二元論の哲学路線をすすんだ | 47 |

## 第3節 思考実験としての"冷蔵庫のなかの物自体リンゴ"　49

| | | |
|---|---|---|
| 2-3-1 | ふたたび知覚因果説と知覚外界像説について | 49 |
| 2-3-2 | 冷蔵庫へ入れられた赤いリンゴは哲学的にどうなるか | 51 |
| 2-3-3 | リンゴは冷蔵庫のなかでも赤いリンゴでなければならない | 54 |
| 2-3-4 | 知覚外界像説と物自体主義による奇怪な魔術二元論ショー | 57 |
| 2-3-5 | 冷蔵庫のリンゴは第一性質だけをもつ物質的実体であるか | 59 |

## 第4節 事物の第一性質と第二性質について　61

| | | |
|---|---|---|
| 2-4-1 | 第一性質と第二性質の区別は哲学的フィクションである | 61 |
| 2-4-2 | 事物の第一性質と第二性質は不可分一体である | 63 |

## 第5節 新しい哲学的存在論はいかにあるべきか　68

| | | |
|---|---|---|
| 2-5-1 | 新しい唯物論の哲学的存在論はいかにあるべきか | 68 |

# 第3章 バークリ《存在即知覚》命題の哲学的分析 (1) …… 70

## 第1節 レーニン《実在モデル》とバークリ《実在モデル》　70

| | | |
|---|---|---|
| 3-1-1 | 唯物論と観念論の最大の対立点はなにか | 70 |
| 3-1-2 | 《知覚》×《存在自体》式か，《知覚＝存在》式か | 74 |
| 3-1-3 | バークリ実在モデルとレーニン実在モデルの内的統一 | 79 |

## 第2節 知覚現在・知覚中断・知覚捨象という新しい概念　82

| | | |
|---|---|---|
| 3-2-1 | 知覚現在と知覚中断について | 82 |
| 3-2-2 | とりわけ知覚捨象の存在次元について | 86 |
| 3-2-3 | 知覚捨象の存在次元をとりあえず総括してみる | 92 |

3-2-4　知覚中断と知覚捨象の本質的差異について　94
3-2-5　知覚中断と知覚捨象の本質的関連について　97

## 第3節　バークリの《存在即知覚》命題の正当性　100
3-3-1　バークリ命題の全面否定は哲学史上最大の誤解である　100
3-3-2　読者諸氏からの反論，知覚存在もまた消滅するはずだ　101

# 第4章　バークリ《存在即知覚》命題の哲学的分析（2）……106

## 第1節　"シュレーディンガーの猫"の謎について若干　106
4-1-1　前章の総括として——二つの知覚を区別する　106

## 第2節　バークリ《存在即知覚》命題はどう理解されているか　112
4-2-1　哲学史におけるバークリ命題の一般的解釈　112
4-2-2　もしもバークリの《存在即知覚》命題が正しいとしたら……　114

## 第3節　唯物論と観念論における対立の二重構造　116
4-3-1　従来の唯物論と観念論の対立は止揚されるべきである　116

## 第4節　バークリ《存在即知覚》命題の二面性　118
4-4-1　バークリ命題の二面性と《唯物論と観念論》の対立の二面性　118
4-4-2　客観的実在の日常次元と客観的実在のバークリ次元　120

## 第5節　ふたたび知覚捨象の存在次元について　122
4-5-1　知覚捨象とは一種の思考実験である　122
4-5-2　捨象された《感覚的性質》は知覚像ではなく感覚存在である　127
4-5-3　《存在即知覚》命題の本質をバークリ本人も誤解していた　132

## 第6節　ふたたび二つの知覚をめぐる問題　136
　　　——量子力学における《測定と観測》の区別について——
4-6-1　知覚中断と知覚捨象の両次元における二つの知覚　136

# 第5章　バークリ《存在即知覚》命題の哲学的分析（3）……143

## 第1節　第1次知覚と第2次知覚という新しい概念　143
5-1-1　バークリ《存在即知覚》命題の復権は不可避である　143

5-1-2　第1次知覚と第2次知覚について　145
5-1-3　唯物論は物自体主義であることの論証　149
5-1-4　バークリ命題は知覚実在物説であることの論証　150
5-1-5　バークリ哲学がいう事物・物体はたんなる仮象にすぎないか　153

## 第2節　感覚存在という新しい概念　156
5-2-1　第1次知覚はじつは《感覚》であり《感覚存在》であった　156
5-2-2　《感覚存在》は唯物論的に理解された《感覚与件》である　159
5-2-3　ラッセル，ルビンシュテイン，レーニンの哲学的存在論　162
5-2-4　感覚存在の理論的本質はなにか　170

## 第3節　第1次知覚と第2次知覚の関係は論理的なものである　181
　　　　――量子力学の誕生とともに両者の関係は現実的なものになった――
5-3-1　第1次知覚は第2次知覚のなかに内在化されている　181

## 第4節　現実的世界の窮極要素としての感覚存在　184
5-4-1　感覚存在は一つの関係的実在である　184
5-4-2　感覚存在の背後には可能的実在しか存在しない　185

## 第5節　量子力学は《バークリ次元の物理的構造》を探究する　188
5-5-1　量子世界には《波動と粒子》以外のものは実在しない　188
5-5-2　量子世界はあらかじめ現実的に実在していない　190

# 第6章　実在とはなにか　195

## 第1節　真の実在は物自体か，知覚事物か　195
6-1-1　《物自体-知覚像》モデルと《知覚事物-見え姿》モデル　195
6-1-2　バークリ次元こそは哲学的存在論の真の舞台である　202
6-1-3　なぜこれまで唯物論の命題だけが容認されてきたか　209

## 第2節　新しい「実在」概念はいかに規定されうるか　211
6-2-1　現実的実在は《感覚》相関的にして《知覚》独立的である　211
6-2-2　感覚存在，および近代の《絶対時間と物自体》の純粋抽象性　219

## 第3節　量子力学における「実在」問題の中心にあるもの　223
6-3-1　量子力学における思考方式の根本転換　223

6-3-2　量子的粒子のみが客観的実在のバークリ次元に属する　226

6-3-3　実在とはなにか──最終総括として　231

## 第4節　バークリ次元と人間原理からみた宇宙の存在性　240

6-4-1　分析哲学者マイケル・ダメットによる問題提起　240

6-4-2　バークリ次元では《人間の存在と宇宙の存在》は相関的である　253

注　257

あとがき　269

# 第1章
# 唯物論の二つのドグマ
——知覚外界像説と物自体主義——

## 第1節　現代唯物論の理論的危機はどこにあるか

**1-1-1　唯物論はカントの物自体主義をほんとうに克服したか**

　これまでの唯物論は，いまの弁証法的唯物論をもふくめて，つねに二つのドグマに支配され続けてきた。一つは《知覚は外界の像である》とする，いわゆる知覚外界像説がそれであり，もう一つは世界の《現象-物自体》存在構造をみとめる，いわゆる物自体主義がそれである。これによれば，超越的な物自体こそが真の客観的実在であり，私たちが直接に生きるこの知覚された経験的世界は，物自体（外界）のたんなる現象（知覚像）にすぎないとされる。唯物論をもふくめて，一般にデカルトやロック以降の近代実在論は主客二元論ではないのか，と批判されるとき，その中心の論点をなすのが，この意味の知覚外界像説と物自体主義という二つのドグマにほかならない。
<sup>(1)</sup>

　もっとも世の唯物論者たちの多くは，知覚外界像説がなにゆえ克服されるべきドグマであるのか，おそらく，いまはほとんど理解しないであろう。また，物自体主義のドグマについても，そのような立場はすでにエンゲルスやレーニンによりカント不可知論ととうに批判・克服ずみであると，それこそ一笑に付すにちがいない。それにもかかわらず，現行の唯物論では，その物自体主義が依然と

して主張され続けているとすれば，それはカントの不可知な超越的物自体をすでに克服したところの，その点では現代唯物論にまったく独自の物自体主義になっている，ということなのだろう。

それゆえ，当然ながら，この二つのドグマをめぐる唯物論哲学の立場は，一方では，知覚外界像説がこの哲学の基礎でなければならないと主張しながら，他方では，物自体主義は，それがカント的な不可知論であるかぎりでは断固として拒否するというふうに，いわば両断された理論姿勢をとるのにちがいない。しかしながら，そのような一方における知覚外界像説の肯定と，他方におけるカントの物自体主義——それが不可知論であろうとなかろうと——の否定とは，はたしてそう都合よく両立できるものなのだろうか。

なぜなら，知覚外界像説と物自体主義とは，それらがもともとは一つの事柄の二つの側面であるという意味では，両者のどんな分離も許されない一体的立場をなすものだからである。それゆえ，知覚は外界の像であるとする知覚外界像説をどこまでも徹底させようとすると，そこでの外界——外界とはなにか——は，いわばかならずカントの超越的物自体へと窮極においては還元されざるをえない。反対に，物自体をどこまでも客観的実在として擁護しようとすると，どうしても現象は物自体の模写である，あるいは，物自体こそが全体世界で，それを反映する知覚像（知覚表象）はその部分世界であるというように，なんらかの知覚外界像説をどうしても容認せざるをえないのである。

こうしてみれば，このさい唯物論がとるべき唯一正しい哲学的態度は，主客二元論の二側面をなす《知覚像-外界》模写構造と《現象-物自体》存在構造とを，両者ともに否認して克服する以外にどんな立場もありえないはずである。知覚外界像説と物自体主義とは，いわば知覚疎外の必然産物として，二つが同時に否定されるべきであって，前者は肯定するが，後者は否定するといった折衷主義の理

論姿勢は，そもそも論理的に成立しうるはずもなく，唯物論哲学の本質をいたずらに混乱させるだけであろう。

いずれにせよ，知覚外界像説をとり続けるかぎり，どんな唯物論や実在論の哲学的立場も，すべて主客二元論の《現象‐物自体》存在構造からどうしても逃れることはできない。じっさい，この事実は，カントの物自体主義をなんとか理論的に手直ししてその不可知論を否定してみせても，けっして変わりうるものではないのだ。唯物論（実在論）の哲学はあいかわらず二つのドグマに支配され続けるほかはないといえる。

さて，理論事情が以上のとおりであるとすれば，カントの物自体主義と，それを克服したとする唯物論の物自体主義のあいだには，両者がともに超越的な物自体の客観的実在性をどうしても容認せざるをえない点では，じつはその存在論上の発想と基本構造にはいささかの相違点もないのである。それでも区別があるとすれば，カントはそのような物自体を不可知だと主張したのにたいして，唯物論（レーニンとエンゲルス）はそれが認識可能だとした点にあるにすぎない。物自体を窮極実在として《現象‐物自体》存在構造をみとめるという点では，両者の哲学的存在論のあいだには一貫した理論上の共通性があるのだ。実在論者カントにとって現象はたんなる知覚表象にすぎず，唯物論者レーニンにとってはたんなる知覚像にすぎない以上は，その背後にあって私たちの感性（感官）に影響をおよぼして現象世界（知覚世界）を生みだす物自体の客観的実在性の承認は，両者にとっては論理的にどうあっても不可避なのである。

唯物論の立場がなんらかの物自体主義をどうしても強調せざるをえないのは，知覚外界像説の《知覚像‐外界》模写構造を，この哲学的存在論がみずからの体系構成の根底にすえることからくる一つの理論的必然であるというほかはない。不可知論をいくら批判し拒否したからといって，それで唯物論の存在論がカント的な物自体主

義でなくなるわけではない。唯物論哲学は、たしかにカントの物自体をその不可知性（認識論）という点では否定したが、その客観的実在性（存在論）という点ではむしろ積極的に肯定したのである。私たちにとっては、とりわけこの後者の論点をしっかりと確認することが大切である。

## 1-1-2　レーニン『唯物論と経験批判論』が果たした哲学的役割

以上、ごらんのとおりであるが、知覚外界像説と物自体主義とを唯物論の二つのドグマとして断定するにあたっては、もとより私としては、唯物論哲学におけるとりわけ原理上の諸問題をめぐる理論発展が、これまでこのドグマのおかげでどれだけ妨げられてきたことか、という十分な論拠があってのことである。

じっさい、唯物論哲学における存在論と認識論という原理的領域においては、知覚外界像説と物自体主義に深く支えられたレーニンの著作『唯物論と経験批判論』（1909 年）が刊行されて以来というもの、理論上の真に創造的な発展はほとんど姿を消してしまった。いわば世界中の大半の唯物論者たちが、すすんでレーニンの唯物論学説を受けいれる状況になってしまったからである。こうして、主客絶対分離の《現象‐物自体》存在構造――物自体（純粋客観）こそが真の客観的実在である――と主張する弁証法的唯物論とその基本パラダイムが、それこそ不可侵の定説として唯物論哲学者たちのあいだに広く根づくことになった。

光と色彩に輝き、音を発する、私たちが生きるこの知覚世界は、超越的な物自体世界――得体の知れない"純粋無垢なもの"――のたんなる主観的な知覚像（写し）にすぎないとする唯物論哲学の主客二元論の存在論と認識論が、いまや古典視されたレーニン『唯物論と経験批判論』の圧倒的権威のもとにゆるぎなく確立されたのである。しかし逆にいえば、こうした理論的事態こそは、唯物論哲学

がまさしく主客二元論にほかならないことを,あらためて決定的に確認させるものであった。

しかし同時にまた,どんなドグマもそれがドグマである以上は,かならずそれ特有の解決不能なアポリア（理論的に解決困難な難関）をともなわずにはおかない。そして,この点からすれば,知覚外界像説と物自体主義という二つのドグマを体系内に深く内蔵させるレーニン唯物論ならびに弁証法的唯物論は,その解消不能な主客二元論のアポリアによって,本来ならば理論的にもはや存立不可能なはずなのである。ところが,それが現実にはそうなっていないところに,じつは現代唯物論の最大の理論的危機がみられるのだろう。こうして,唯物論の二つのドグマがはらむ哲学的アポリアとは具体的にはなにをいうのか,つぎにこの点をできるだけ明確に語ることが求められてくる。

## 第2節　知覚外界像説のアポリア

### 1-2-1　《外的世界もまた知覚像である》という根本矛盾

いま,ここに一枚のハンカチがあるとしよう。そして,ごく通常の環境条件のもとで,ごく通常の人間がこのハンカチを見るとき,それは白いハンカチとして現われるとしよう。しかしまた,たまたま黄疸を病んでいる人間がこの同じハンカチを見るとき,それは黄色いハンカチとして現われるとしよう。つまり,同一のハンカチが,例外的に黄疸の患者には黄色いハンカチに見えるが,この病人以外のすべての健康な人間には白いハンカチに見える,というわけである。

こうしてみると,健康で正常な人間すべてに見える白いハンカチこそが万人共通の同一事物として客観的外界（実物）にほかならず,

他方，黄疸患者にだけ見える黄色いハンカチは，この客観的外界である白いハンカチのたんに例外的で主観的な知覚像（写し）にすぎないように思われる。そのかぎり，ここには知覚外界像説がもののみごとに成立しているようである。白いハンカチという客観的な外的世界（同一存在）が，たまたま黄疸患者には黄色いハンカチとして，赤い照明灯の部屋にいる人間には赤いハンカチとして，眼病（白内障）を患っている人間にはぼやけたハンカチとして，等々，いずれにせよ，十人十色の主観的な知覚像（写し）としてさまざまな姿態をとって現われる，というわけである。

　それでは，知覚は外界の像であるとする知覚外界像説が唯物論のドグマにすぎないとされるとき，この点をめぐる哲学上の全問題の核心はいったいどこにあるのか。一言でいえば，知覚外界像説の内的論理にどこまでも忠実にその「外界」概念を規定しようとすると，それはかならずカントの超越的な物自体（物自体主義）へと還元されざるをえない，というところに決定的な問題点があるのだ。

　ところが，筆者の立場からすれば，物自体とは《人間知覚の疎外態》以外のなにものでもないから，外界（実物）が最後には物自体へと帰着してしまうようでは，唯物論の存在論はなんら正当な理論であるとはいえず，かえって知覚外界像説のアポリア（理論的困難）をいっそう印象づけるだけに終わってしまう。物自体とは，いわばトランプ遊びの婆抜きのジョーカーみたいなもので，それが体系内部に最後に残ったら，その哲学的存在論はもう文句なしに負けとされる以外にはないのである。

　それはさておくとして，ここで少しでも自分の頭で思考する人間であれば，上述の議論のなかで，これこそは外界（実物）とみなされた白いハンカチもまた，人間の感官をとおして現われる以上は，どうしても知覚像（知覚表象）であると理解せざるをえないのではないか。私たちの視覚をつうじて立ち現われるという点からすれば，

黄色いハンカチも白いハンカチもともに知覚像であるほかはなく，両者のあいだには，少しも哲学的身分上の本質的な差異はないはずである。

それにもかかわらず，もしも筆者がいう以上の指摘をどうしても承服できないのであれば，それこそ反対論者たちは，白いハンカチが人間の"見る"働きをつうじて現われながら，それでも知覚像ではないとする議論がはたして真っ当であるかどうか，もし真っ当であるならその哲学的論拠はなんであるのか，ぜひとも十分に説明してみせる義務があるというものだろう。

いずれにせよ，知覚外界像説にあくまでも固執するかぎりは，じつは白いハンカチはなんら知覚像ではなく，そのままで確固とした知覚実在物なのだとするような，いうなれば知覚疎外から解放された新しい哲学的存在論——知覚実在物説——の確立などは，およそ夢物語というほかはないだろう。

こうして，外界（実在）とされる白いハンカチもまた，私たちの視覚をつうじるかぎり知覚像である以外にはないから，やはり，どうしてもなんらかの"外界の写し"であるといわざるをえない。とするなら，この白いハンカチ——じつは知覚像である——をその背後で支える，さらなる外界とはいったい哲学的にはなんであるのか。あきらかにここには，知覚は外界の像であると主張されるとき，ここでいわれる外界（実物）それ自体がまた，人間にはかならず一つの知覚像（外界の写し）としてしか与えられない，という避けがたい根本矛盾（アポリア）が存在するのである。

そうであれば，知覚像と外界のあいだの模写関係は，結局は人間知覚から絶対的に分離された，どんな感覚的性質ももたない，いわば思考による純粋抽象としての超経験的な物自体（純粋無垢なもの）によって最終の歯止めがかけられるまでは，どこまでも悪無限的に後退していかざるをえない。つまりは，知覚像→その外界（じつは

知覚像）→その外界（じつは知覚像）→その外界（じつは知覚像）……→《窮極の外界イコール超越的な物自体》という最大アポリアの成立である。どうあがいても，純粋抽象にすぎない物自体が人間感官に具体的作用をおよぼして知覚像（現象）が生ずるという，主客二元論の《現象－物自体》存在構造がはらむ根本矛盾をさらけだして最終決着せざるをえないのだ。とするなら，物自体というジョーカーを最後につかまされた以上は，従来の唯物論哲学とその知覚外界像説の理論上の破綻は，もはや否定しがたい事実というべきではなかろうか。

あきらかなように，知覚外界像説がはらむ理論上の困難は，その「外界」概念がどうしても裸の物自体（純粋客観）へと収斂されてしまう，その時点で，すでに弁明の余地なくその解決不能性を証明されてしまったのである。なぜなら，純粋無垢なものとしてしか規定しえない超越的物自体を，私たちの感官をつうじて知覚像（感覚像）として模写する，と主張するような哲学は，理論的にはただもう奇怪至極の一語につきるからである。

ようするに，唯物論の知覚外界像説は《感覚が物自体を模写する》と主張しているのである。そして，この不可解な哲学的立場をなんとか回避しようとすれば，知覚外界像説は，その本来の《知覚像－外界》模写構造を，どうしても《知覚像－知覚像》模写関係あるいは《虚像－実像》模写関係へと変質させざるをえなくなる。しかしそれは知覚外界像説がもはや知覚外界像説ではなくなる，という自己否定をいう以外のなにものでもない。

どういうことかというと，この変質した知覚外界像説によれば，健康な人間すべてに見える白いハンカチという知覚像（実像）を，たとえば黄疸患者はさらに黄色いハンカチという知覚像（虚像）として見ることになって，すでに知覚像（白いハンカチ）であるものを，もういちど知覚像（黄色いハンカチ）として模写するという，なん

とも不可解な理論的帰結，いってみれば《知覚像と知覚像》，つまりは《実像と虚像》のあいだの模写関係をいやでも容認せざるをえなくなるのである。しかし実像であろうと虚像であろうと，知覚像は知覚像であってけっして外界ではないのだ。

そうかといって，いや白いハンカチはけっして知覚像ではなく，じつはそれ自身で知覚事物なのであり，それが黄疸患者には一定条件のもとで黄色いハンカチとして見えるのだと主張することを，この知覚外界像説の内的論理は絶対にみとめない。そこで，こうした知覚像を知覚像として模写するという，なんとも不条理きわまる《二重知覚像》反映説の滑稽さを免れようとすれば，知覚外界像説はどうしても物自体主義——超感性的な物自体の客観的実在性を承認する——にその最大の支柱を求めないわけにはいかない。ところが，その頼みの綱である人間知覚から絶対独立した物自体は，いわば思考の純粋抽象力による主客絶対分離という，およそ現実にはありえない根本前提のもとでのみ存立可能であるゆえに，知覚疎外（知覚の空洞化）の必然的産物にほかならないとしたら，知覚外界像説はいったい理論的にどうなってしまうのだろうか。

## 第3節　レーニン唯物論とその物自体主義のアポリア

### 1-3-1　知覚外界像説は唯物論哲学をかならず物自体主義にする

私たちが弁証法的唯物論の知覚外界像説を批判するにあたって決定的に問題にしたのは，その「外界」概念が窮極的にはどうしても物自体（物自体主義）へと還元されざるをえない，という点にあった。そこでの《外界イコール物自体》という存在構図は，知覚外界像説にとっては身分保障の証明書であるどころか，かえって最悪の哲学的アポリアを生みだすものであった。というのは，物自体とは《人

間知覚の疎外態》として，なんらの現実的実在性をもつことのない，いわば物以前のモノともいうべき思考の純粋抽象物にすぎないからである。そうであれば，そのような超経験的な物自体を前提せずには成立しえない知覚外界像説もまた，ドグマとしてたんなる哲学的フィクションにすぎないことは明瞭であった。

こうしてみれば，私たちがレーニン唯物論，あるいは弁証法的唯物論を批判的に理解しようとするとき，つねに理論的に自覚しておくべき一つの決定的ポイントのあることが明白である。すでに述べたように，知覚外界像説に固執し続けるかぎり，いかなる唯物論，いかなる実在論の哲学的立場といえども，すべてカント的な物自体主義——超越的物自体——をその体系内からけっして除去することはできない，という根本論点がそれである。いいかえれば，《物質イコール客観的実在イコール物自体》という物自体主義の存在構図をけっして逃れることができないのである。

### 1-3-2 レーニン唯物論の哲学的存在論の基本構造はいかなるものか

それでは，知覚は外界の像であるとする知覚外界像説の必然論理をどこまでも徹底させるとき，いったいレーニン唯物論の哲学的存在論はどのような基本構造になるのであろうか。

（1）なによりも，物自体こそが窮極の客観的実在であって，私たちによって見られ，触られ，聞かれる……ような有色有形の知覚世界（現象世界）は，この物自体世界の人間感官による反映物として，人間が知覚するかぎりで存在しうる，たんなる主観的な知覚像（映像）であるにすぎない。

（2）それゆえ必然的にまた，この知覚世界の地球上から，もしも知覚する人間がすべて存在しなくなると，世界全体はいっさいの感覚的性質を一瞬にして失って，たちまち色なし形なしの，不可解な"或るなにものか"へと変質せざるをえない。

(3) しかも、そのような不可解で規定不能な"のっぺらぼう存在"、あるいは"純粋無垢なもの"、あるいは"物以前のモノ"、結局は物自体こそが、唯物論哲学を根底でささえる「物質」概念でなければならない。

　(4) 最後に、レーニンは『唯物論と経験批判論』のなかで、《物質とは感覚から独立した客観的実在のことである》としきりに強調しているが、正真正銘、その主張はいま上述したような空虚な内容以上のものをけっして意味しない。物質とはたんに"意識でないもの"――意識から絶対的に独立である――と想定されているにすぎないのだ。しかもその物質とみなされる"意識でないもの"は、さらに客観的実在であり物自体であるとも強調されるのである。

　こうして、この無内容きわまる物質、あるいは客観的実在、あるいは物自体、つまりは"意識でないもの"が、私たちの意識作用をつうじてなんらかの意識像（知覚像）として模写される、という話になるのである。

　ようするに、物質がたんに絶対的に"意識でないもの"とされるかぎり、それは内実的には主客絶対分離の"なにか或るもの"としてしか規定する余地がないのだ。これが感覚の外にある物自体であって、感覚がそのような純粋抽象物を模写することによって、たとえば赤い知覚像リンゴとなって私たちに具体的に与えられる、とこういう理論上の仕組みになっているのである。断言するが、ひたすら知覚外像説と物自体主義を土台にすえるレーニン唯物論すなわち弁証法的唯物論の哲学的存在論は、そのかぎりでは、これ以外の基本構造をとりうる可能性をまったくもちあわせていない。

　ごらんのように、レーニンの唯物論哲学はどうあっても《物質イコール客観的実在イコール物自体》という根本の存在構図――それぞれが不可解な純粋無垢なものにすぎない――が成立するような体

系構成になっているといってよい。そのうえで,《物質イコール客観的実在イコール物自体》とされる真の客観世界が人間の感覚器官をつうじて立ち現われるかぎりでは,すべてはそれの主観的な感覚像であり知覚像である,といわれるのである。

 それにしても,この意味の窮極物質とされる,たんに意識でない"或るなにものか"が私たちの感覚器官に作用して知覚像が生まれるとは,なんという唯物論哲学の存在論であることだろう。極限概念としての思考の純粋抽象物にすぎないものを,私たち人間の感覚が模写することで知覚像が与えられるという考え方は,少なくとも筆者には奇怪すぎて,およそ理解の範囲外にあるというほかはない。まぎれもなくレーニンの唯物論哲学では,ただ一つのこと,つまりは《感覚が物自体を模写する》という命題こそが最深部の根本原理になっているのである。

 もっとも,念のため一言しておけば,筆者はもとより《存在と知覚》あるいは《物質と意識》とを対立的に区別し,それぞれを両極端として対置させること自体に反対しているのではない。この地球上には《物質と意識》以外のものはなにも存在しないのである。レーニンおよびエンゲルスは《物質が根源か,意識が根源か》と問うて,前者の立場をとるのが唯物論哲学であると喝破したが,もちろん,これはまったく正しい。ただ筆者の私は,それを十分に了承したうえで,あらためて,レーニンやエンゲルスがいう客観的実在としての物質あるいは自然とは,いったい存在論的にはいかに規定されるべきか,と訊ねているのである。

 唯物論哲学が知覚外界像説の立場をとるかぎり,これらの物質あるいは自然は,どうあっても主客絶対分離の物自体(純粋客観)へと還元されてしまうのではないか,それこそは物自体主義の主客二元論ではないのか,と筆者は疑問を提起しているのである。そして,もしもこの批判的指摘が正しいとすれば,もちろん,唯物論哲学は

《感覚が物自体を模写する》という物自体主義の存在論・認識論をどうしても展開せざるをえないはずである。レーニン『唯物論と経験批判論』にみられる哲学的存在論は、その意味の典型的な見本といってよいものだ。

### 1-3-3　存在論の二つの基本路線——知覚実在物説と物自体主義

こうしてみれば、ここに哲学的存在論の二つの基本路線がたがいに激しく対立しあっていることは、もはやだれにとっても明瞭であろう。一つは、私たちが日々ここで生活している、色あり音あり匂いありの知覚世界は、けっして物自体の模写像（知覚像）などではなく、そのままで確固とした客観的実在の世界にほかならないとする、いわゆる**知覚実在物説**をとなえる哲学的立場がそれである。

反対のもう一つは、知覚（主観）から絶対分離された物自体（純粋客観）こそが真の客観的実在であって、知覚世界はこの物自体世界の人間感官による反映として、主観的な知覚像にすぎないとする、いわゆる**物自体主義**をとなえる哲学的立場がそれである。

知覚疎外としての近代主客二元論にかかわる以上の知覚実在物説と物自体主義（知覚外界像説）の根本対立をどのように解消して克服すべきか、ここに筆者の問題意識の中心があり、また現代哲学にとっても重要な問題関心の一つがあることはまちがいない。しかもこの問題はその解決のされかた次第では、唯物論と観念論という、たがいに敵対しあう二つの哲学的立場の従来の評価をむしろ逆転させるような性格すらもっているのだ。知覚実在物説——《存在即知覚》構造——を主張するゆえに誤った観念論（バークリ主義）であり、また物自体主義——《現象-物自体》構造——を主張するゆえに正しい唯物論（実在論）である、といった単純な議論にはけっしてならない。むしろ、思考の純粋抽象物にすぎない物自体の窮極実体性をみとめる知覚外界像説と物自体主義こそは、その知覚疎外の顚倒

第1章　唯物論の二つのドグマ　　13

性（哲学的フィクション性）のゆえに，かえって観念論ではないかと疑われるのである。

### 1-3-4　あらためて唯物論とはなにか，観念論とはなにか

くりかえすと，自然（物質）を根源とみなすのが唯物論であり，精神（意識）を根源とみなすのが観念論であるとする，いわゆる哲学における二つの基本路線をさだめたエンゲルスの有名な命題があるが，知覚実在物説をとなえる筆者からすれば，ここには理論的にきわめて深刻な問題点があるのは疑いえない事実である。といって，もとより，自然（物質）から精神（意識）が生まれたのであり，そのかぎり前者が発生的には根源的である，と考える唯物論の常識的立場になにか根本の異議があるわけではない。そうではなく，その根源的とされる自然や物質とはそもそも哲学的にはいかに規定されるべきか，この点に大きな問題性があるのだ。

もしも唯物論の土台をなす自然や物質といわれるものが，知覚外界像説や物自体主義に固執するかぎり，どうしても主客絶対分離の"物自体"以外のものではありえず，なにか得体の知れない"純粋無垢なもの"へと必然的に収斂されざるをえないとしたら，それでもエンゲルスやレーニンの哲学的存在論には一点の曇りもなしといいうるのか，そういう理論上の深い懐疑がどうしても筆者の胸中から消え去らないのである。そうした不可解な"のっぺらぼう存在"を，これこそ窮極の客観的実在であると主張して，その根源性をいくら強調したところで，それで唯物論哲学の正当性や優越性がはたしてほんとうに保証されたことになるのだろうか。こうなると，従来の唯物論と観念論という基本的な哲学路線の根本区分そのものが，その理論上の意義と有効性とをいわば根幹から問われかねないのではないか。

バークリは知覚実在物説にもとづいて，具体的な赤いリンゴこそ

が真の根源世界であり全体世界であるという。物自体リンゴなどは，この意味の知覚事物としての赤いリンゴから思考をつうじて抽出された純粋抽象物にすぎず，その意味ではたんなる部分世界というほかはない。

　他方，レーニンは知覚外界像説と物自体主義にもとづいて，色なし形なしの，純粋抽象の物自体リンゴこそが真の根源世界であり全体世界であるという。赤いリンゴなどは，この物自体リンゴの模写体としてたかだか主観的な知覚像にとどまり，そのかぎりにおいて部分世界にすぎない。

　こうして，物自体主義をいうレーニン唯物論あるいは弁証法的唯物論にしたがえば，私たちはつねに写しのリンゴをつうじてでなければ，けっして実物のリンゴを食べられないことになる。他方，バークリ観念論とされる知覚実在物説にしたがえば，私たちは知覚像（知覚表象）などという余計な媒体をとおすことなく，つねに直接に実物の赤いリンゴを食べているのである。

　さて，このような《知覚実在物説と物自体主義》の根本対立のなかで，やはり唯物論はどこまでも善玉であり，観念論はどこまでも悪玉にすぎないのだろうか。筆者には，以上の点にかんするかぎり，あたかも唯物論が観念論であり，観念論が唯物論であるかのような気さえしてくる。とすれば，従来の意味における唯物論と観念論の古い対立性は，なんらかの仕方でどうしても止揚（廃棄とともに保存）されるべきではなかろうか。

## 1-3-5　知覚疎外とはなにか

　ここで，知覚疎外とはなにかについて述べておきたい。これまでなんの説明もなしに使用してきた「知覚疎外」のカテゴリーであるが，それは一言でいえば，知覚外界像説と物自体主義にみられる《知覚事物の知覚像化》，すなわち，知覚実在物の"知覚像と物自体"

への二重分裂という、人間知覚の疎外顚倒性（知覚空洞化）を表わすための哲学的概念にほかならない。もとより、知覚実在物説の"知覚外界像説と物自体主義"への二重分裂といいかえても、その意味は少しも変わらない。

赤いリンゴ、白いハンカチ、緑の樹木、夜空に輝く青白い月……こうした知覚された世界の物、物体、事物は、なにか物自体リンゴや物自体ハンカチ……といったものが、人間の感官をつうじて模写された知覚像（感覚像）にすぎないのではけっしてない。それらは知覚された姿のままで直接に客観的実在そのものである。知覚疎外とは、それみずからで客観的実在そのものである知覚事物のほかに、物自体のような窮極の物質実体をまったく必要としない新しい唯物論（実在論）が、物自体主義の主客二元論という古い唯物論とたたかい、それを克服するための批判の基本原理にほかならない。

## 1-3-6　レーニン唯物論、弁証法的唯物論の物自体主義とはなにか

ところで、以上にわたる批判的議論にたいしては、多くの唯物論者たちからは、例によってエンゲルスやレーニンを援用するかたちで、「いや、弁証法的唯物論では物自体の問題はすでに完全に解決ずみである」という反論がなされるにちがいない。反対論者たちにすれば、「物自体を窮極の客観的実在とみなす物自体主義でいったいどこが悪いのか。弁証法的唯物論の物自体主義はすでに不可知論をまったく克服しており、もはやカントの超越的物自体とはなんの関係もないものだ」、というわけなのだろう。だが、ほんとうにそうであろうか。

たしかに、レーニンがもっぱらエンゲルスの『フォイエルバッハ論』に依拠するかたちで、《物自体とは、私たちの感覚の外にある、しかも認識可能な未知なる物である》という定式化をおこなっているのは、まぎれもない事実である。カントの物自体主義から不可知

論を除去してやりさえすれば、その物自体はごく自然に《認識可能な未知なる物》に等しくなる、ということなのだろう。

こうしてみると、レーニンによるカント物自体主義の唯物論的改作の中心は、唯物論がいう物自体はカントの不可知な超越的物自体とはまったく別物なのだ、という一点につきるといえよう。そして「超越的」とは、ここでは「超経験的」あるいは「超感性的」ととりあえず同義にとってさしつかえない。ところで、どんな対象もそれが超経験的・超感性的な存在であるかぎり、それを認識するためのどんな具体的な手がかり、材料もないわけであるから、いやでも、それは実証的な意味ではおよそ認識不可能とされるほかはない。《物自体は超越的である》命題は、そのまま《物自体は不可知である》命題に重なり合わないわけにはいかないのだ。

しかしながら、知覚外界像説と運命をともにせざるをえない唯物論哲学としては、外的世界としての窮極の物自体が認識不可能とあっては、それこそ反映論を否定する羽目になって、これでは理論的にどうにも立つ瀬がない。とうぜん、物自体の不可知性をいかに克服するかが、唯物論とその知覚外界像説にとっては至上命令とならざるをえない。こうして、カントの不可知な物自体にかわってレーニンの認識可能な未知なる物が、いまや唯物論哲学にとって独自の「物自体」概念、すなわち、知覚外界像説の「外界」概念となって登場するのである。

そのレーニン唯物論および弁証法的唯物論に独自の物自体主義によれば、現象と物自体のあいだには、原理上のどんな本質的差異もみられない。もしも両者に相違点があるとすれば、それは日常的な外的事物について"すでに認識されたもの"と"いまだ認識されないもの"のあいだにある区別にすぎない。それゆえ物自体が現象するとは、《無知識から知識が現われる》こと、すなわち、日常世界における《たんに"未知なる具体的事物"が私たちにとっての"既

第1章 唯物論の二つのドグマ

知なる具体的事物"になる》だけの話にほかならない。[(3)]

### 1-3-7　未知なる物としての物自体

　筆者からすれば，《物自体の本質はなにか》がいわば近代哲学全体の基本問題であったことを考慮するとき，この点をめぐるレーニン唯物論の解決策は，哲学的にはあまりにも安易で手軽すぎるのではないのか，と思わざるをえない。いったい未知なる物（いまだ認識されないもの）などという無内容に近い日常言葉が，はたして唯物論哲学の重要カテゴリーになりうるものだろうか。ドイツ古典哲学の中心問題の一つである「物自体」概念の本質は，たんに《私たちの感覚の外にある認識可能な未知なる物》と平板に規定するだけで，ほんとうにすべて究明されてしまったのだろうか。

　筆者は，このようなレーニン唯物論および弁証法的唯物論にみられる理論的安易さをきびしく糾弾するとともに，《物自体とは"疎外された知覚"にほかならない》とする根本の批判命題を，このさい，新しい唯物論（実在論）の哲学的存在論がとるべき原則的な出発点として提起したいと思う。もともとは具体的な知覚事物であるものから抽出された，極限的な思惟抽象物にすぎない主客絶対分離の純粋客観なるものが，そのまま自立‐実体化させられただけの，そのかぎり知覚疎外態というほかない物自体を，どのような仕方であれ，唯物論はその存在論体系の中心にけっして位置づけてはならないのである。

　とはいえ，ここは百歩ゆずって"物自体と未知なる物"とを等置するレーニン的用法をひとまず容認してみることにしよう。たしかに《超越的な物自体が現象する》という不可解な哲学的アポリアをいうかわりに，《未知なる物が現象する》という言い方はきわめて常識的でまったく抵抗感がない。ここでは物自体はごく日常的な意味において，文字どおり未知なる物とされている。

そこでたとえば，人間がいまだ石油なるものを知らない時代を仮定してみよう。このとき，いまだ埋蔵状態のままで，だれからも発見も知覚もされていない石油（原油）は，まちがいなく私たちの感覚の外にある，しかも認識可能な未知なる物であり，そのかぎり物自体にほかならない，レーニンはそのように主張しているかのようである。

　しかし他方また，レーニン唯物論の「物自体」概念は，この日常的な未知なる物とはおよそ異質の意味内容をもたされているのが明白である。というのは，レーニンにあっては，あの知覚外界像説の正当性が強く主張されている以上は，すでに論証したように，そこでの「外界」概念はどうしても形而上学的実体として把握された超越的物自体，つまり，人間知覚から絶対的に分離された，いっさいの感覚的性質をもたない，なにか得体の知れない純粋無垢なものへと最終帰着されざるをえないからである。そして，ここでいわれる物自体が，上述の常識的な"未知なる物"の意味内容をはるかに逸脱しているのはまちがいない。

　なぜなら，日常的な未知なる物として物自体とされる，いまだ発見されずに埋蔵されたままの石油（原油）は，超感性的な"純粋無垢の抽象物"であるどころか，すでに人間に知覚（認識）される以前から，真っ黒な色をした，ドロドロと粘着性の強い，刺激的な悪臭を放つ，それこそ具象性をきわめる知覚事物そのものだからである。日常生活の素朴実在観（知覚実在物説）からすれば，このことを疑う理由はなにもないはずである。とすれば，埋蔵された石油が未知なる物として物自体とされるのは，すでにそれは有色有形の知覚事物（既存事物）として現実的に実在しているのだが，たまたまいまだ知覚され発見されていないので，私たちにとってはじかに見ることのできない，そのかぎりいまだ"存在X"（無知識）にとどまって現実的＝感性的な直接対象（知識）になっていない，という

ただそれだけの単純な論拠によってであろう。

## 1-3-8 レーニン唯物論における「物自体」概念の両義性

レーニン唯物論における「物自体」概念のこうした両義性——日常的な"未知なる物"と哲学的な"形而上学的実体"——は、理論的にはあきらかに混乱しているというべきだろう。なぜなら、常識的な未知なる物の本質は、すでにその事物はなんらかの具体的な経験的対象として実在しているのだが、たまたま人間によっていまだ知覚（認識）されていない、そのかぎり未知であり正体不明である、という点にあるにすぎないからである。したがって、たとえ本質不明ではあっても、それは有色・有形・有臭・有味……の知覚事物（既存事物）としてあらかじめ現実的に実在しているのであり、人間によって発見され知覚されるや否や、そのまま所与の外的対象となって、ただちに《その本質はなにか》を実証的に解明しうる性格のものである。

ところが、知覚外界像説において「外界」と等置される超感性的な物自体なるものは、いわば知覚外界像説の正当化のために、やむをえずその現実的実在性が理論的に想定されたという、その意味ではまったくの哲学的フィクションにすぎない。なにしろ、そうでもしないと、知覚外界像説はたちまち《知覚像と知覚像》のあいだのエセ模写関係になってしまうからである。それゆえ、この意味の知覚疎外としての物自体は、どうしても主客絶対分離の、あらかじめどんな感覚的性質をもつことも許されない純粋無垢の客観自体でなければならないことになる。じっさいそうでなければ、物自体（外界）は、人間に知覚される以前に、すでになんらかの感覚的性質をもっている理屈になり、これでは知覚外界像説はたちまち自己破綻してしまうだろう。

こうしてみると、同じように物自体とされる、日常的な"未知な

る物"と哲学的な"形而上学的実体"とでは、その存在論的次元がまったく異なるのは明白であろう。通常事物（既存事物）としてのたんに未発見の未知なる物は、いかなる意味でも知覚疎外とはなんの関係もない。したがって物自体でもなんでもない。たんに有色有形の経験的な、あらかじめ現実的に実在しているのだが"いまだ知覚され認識されていない"という意味では、たんなる正体不明の外的対象＝知覚事物である、というだけの話にすぎない。これに反して本来の物自体は、いかなる人間感覚からも絶対的に分離された、いわば思考による極限抽象の産物である"純粋客観"が誤って自立－実体化させられたものにすぎず、そのかぎりでは知覚空洞化（知覚事物否定）としての知覚疎外態そのものである。

**1-3-9 《感覚が物自体を模写する》という唯物論の根本立場**

　もっとも、レーニン自身は、みずからの弁証法的唯物論の「物自体」概念が、哲学的な"形而上学的実体"と日常的な"未知なる物"という二つの異なった意味内容をおびているとは、じつはいささかも考えていないに相違ない。したがってまた、唯物論の物自体主義はその両義性によって理論的混乱に陥っているとも、皆目思っていないに相違ない。なぜなら弁証法的唯物論がいう「物自体」概念は、カント不可知論の超越的物自体をまったく否定し克服したうえで、それを踏まえて認識可能な未知なる物として新たに確立されたものだからである。それゆえレーニンからすれば、唯物論がいう物自体としては、《私たちの感覚の外にある認識可能な未知なる物》という常識的規定づけただ一つがあるだけだ、ということなのだろう。

　じつをいえば、まったくそのとおりなのである。レーニンの議論には、物自体をめぐる両義性も理論的混乱も少しも見当たらないのである。それでは、筆者の私がこれまで偽りを述べてきたことにな

るのか。もちろん、そのようなことではけっしてない。

　一言でいえば、知覚外界像説の立場をとるかぎりは、物自体を"形而上学的実体"と"未知なる物"とに区別する理由そのものがまったくない、というだけの話なのである。レーニン唯物論にとっては、両者ともに物自体としては本質的にまったく同一なのであって、未知なる物はそのまま形而上学的実体でもあるのだ。ここでも私たちは、知覚外界像説をとるかぎり、どんな唯物論や実在論の哲学的存在論も、事実上、カントの超越的物自体をけっして除去することはできないという、すでに検討ずみの筆者による批判的指摘を思い起こすべきである。

　ところが、反対に知覚実在物説の観点——日常生活の素朴実在観——をとる筆者の立場からすれば、形而上学的実体と未知なる物とは、その存在論的次元を本質的に相違させたまったく別物にほかならない。前者は思考の抽象力により考えられた純粋無垢の存在Xであり、本来の物自体そのものである。しかし後者は、すでに現実的に実在しているのだがいまだ認識されていない、そのかぎりたんに正体不明の知覚事物（既存事物）であるにすぎない。一方は知覚疎外の必然産物であるが、他方は疎外された知覚とはなんの関係もない。それゆえ、両者をともに物自体とみなすのは、あきらかに「物自体」概念の両義性にほかならず、ここに理論的混乱があるのは明白である。

　それゆえ筆者としては、上述の誤解されやすい文章は、"未知なる物"をなによりも知覚実在物説の立場から正しく説明するとともに、そのあと、こんどは唯物論の知覚外界像説という疎外的立場から説明することによって、その日常的＝常識的な既存実在物としての"未知なる知覚事物"が、いかに一転して奇怪きわまる形而上学的な物自体主義の"純粋無垢なもの"へと変質せざるをえないかを強調するために、あえて採用したやむをえない便法だったのである。

そこで先ほどの未発見の"埋蔵された石油"をふたたび事例にとってみよう。あきらかに筆者がいう知覚実在物説の立場では、埋蔵された石油は、人間に知覚される以前からすでに有色・有形・有臭の知覚事物として、あらかじめ真っ黒な色をした、ドロドロと粘着性の強い、刺激的な悪臭のする外的対象を意味する以外のなにものでもない。

　ところがレーニン唯物論の知覚外界像説の立場では、以上のような日常生活の素朴実在観がどうしても採用できないのである。未発見・未認識のいまだ知覚されない石油は、いわば論理必然的に、いやでも色なし形なし臭いなしの超感性的な"物自体石油"であるほかはなく、したがって《外界イコール物自体イコール純粋無垢なもの》という知覚疎外の存在構図をどうしても逃れることはできない。またそうでないと、知覚外界像説はあの《知覚像と知覚像》のエセ模写関係になってしまって、たちまち自己崩壊するしかないことになる。もちろん、それは同時に従来の唯物論哲学（実在論）そのものの自己崩壊でもあるだろう。

　結局、以上から不可避的に承認されてくる最終結論は、レーニン唯物論において物自体とされた日常的な未知なる物といえども、知覚外界像説にとどまるかぎりは、あらかじめどんな感覚的性質をもつことも許されず、したがって純粋無垢な"のっぺらぼう存在"であるほかはない、ということである。物自体とされる未知なる物は、知覚外界像説によりそれが感覚の起源、あるいは感覚像の実物とされている以上は、それ自体はどうあがいても色なし形なしの超感性的な"純粋無垢なもの"である以外にはないのである。もしもそうでないとすると、感覚の起源であるべきものが、じつは感覚以前にすでに感覚的性質――たとえば赤い色という――をもっていることになり、これはもう哲学の議論として論外というほかはない。

　明白であるように、レーニンがいう未知なる物――たとえば埋蔵

第1章　唯物論の二つのドグマ　23

されている石油(原油)——は,それがいかに認識可能とされようとも,やはり知覚外界像説から不可避的に帰結される超感性的＝超経験的な"物自体"そのものだったのである。知覚実在物説にとって必然的な,知覚されなくても理論的に有色有形とされうるような,その意味での経験的な"知覚事物"ではけっしてなかったのだ。そうしてみれば,そのような超越的な物自体を窮極にすえた《現象-物自体》存在構造をみとめる点では,カントとレーニンの哲学的存在論の基本発想には,じつはなんら決定的差異のないことがもはや明瞭であろう。知覚外界像説に固執するかぎり,どんなに理論的に逆立ちしてみせても,カント的な物自体を除去することは絶対にできないのである。

カントの物自体が"実在性のない抽象物"ゆえに不可知であるとすれば,レーニンの物自体は,ただこれを裏返して"実在性のある抽象物"ゆえに認識可能である,と主張されているにすぎない。どちらも物自体は抽象物であると規定している点では,カントとレーニンは共通の土俵上にあるというべきである。ただレーニンはそこからさらに《感覚が物自体を模写する》という見解——物自体の認識可能性——へまで積極的にすすみでて,これこそは唯物論の根本立場にほかならない,と高らかに宣言するのである。もっとも,純粋な思惟抽象物にすぎない物自体をいかに感覚が模写できるのか,その感覚反映説の具体的過程の解明はまさしくレーニン唯物論および弁証法的唯物論がかかえる最大の哲学的難問というほかはない。たとえ唯物論者フォイエルバッハの見解を援用して,物自体は「実在性のある抽象物」にほかならないと積極的に規定してみせたとしても,である。[(4)]

### 1-3-10 知覚疎外の批判原理によりなにが見えてくるか

ごらんのように,知覚外界像説と物自体主義に基礎をおくレーニ

ン唯物論が物自体をたんに"未知なる物"と規定したとき,この未知なる物はけっして日常的な,未発見で正体不明なだけの有色有形の知覚事物ではなく,本来の超越的な物自体そのものだったのだ。ただカントと異なるのは,そのような物自体は不可知ではなく認識可能であるとされ,カント不可知論を否定するかたちで《感覚が物自体を模写する》と正面きって主張された点だけである。

　じっさい,この意味でのレーニン唯物論における物自体の超越的本性は,彼の『唯物論と経験批判論』を少しでも注意深く読むならば,ただちに確認できる筋合いのものだ。たとえば主観なしの"客観それ自体"の現実的実在性の主張とか,さらには主客絶対分離の積極的容認とか,同じことだが,バークリの主客相関的な《存在即知覚》命題にたいする一方的拒否の頑迷な姿勢とか,それらがレーニン唯物論における物自体主義の二元論的本質をあきらかにして疑問の余地がないのは,ほとんど否定しがたいといえよう。ただ《知覚事物の知覚像化》,つまりは知覚実在物の"知覚像と物自体"への二重分裂という知覚疎外の批判原理をもたない人びとには,そうした主客二元論の疎外顛倒性の真実がなかなか見えにくいのである。

### 1-3-11　哲学と物理学の混同——哲学的物自体と物理的物自体

　唯物論の物自体主義の根本命題——《感覚が物自体を模写する》——が深刻な哲学的困難に遭遇せざるをえない点は,すでに述べたとおりである。なによりも,思考による極限の抽象物にすぎない物自体(純粋客観)が人間の主観に影響をおよぼして感覚像がうまれる,という議論そのものが不可解というほかはない。超経験的な純粋無垢なものがいかにして人間感官に具体的に作用しうるのか。弁証法的唯物論がその土台を確固としたものにするためには,もちろん,この哲学的アポリアはなんとしても解消されなければならない。それではレーニンは,唯物論の物自体主義がかかえるこの最大の哲学

的難関をどのように理論的に突破したのだろうか。

　ところが、きわめて興味あることに、著作『唯物論と経験批判論』のなかではレーニン自身は、こうした理論的難問をまったく意に介していないのである。どだい、解決不能な問題とはまったく考えていなかったようである。いったい、それはなぜなのか。そしてこの"なぜなのか"に答えることが、じつはレーニン唯物論のほとんど無自覚的なアポリア解決策にそのまま直結しているのである。とはいえ、それは具体的にはどういうことなのか。

　一言でいえば、哲学独自の解決が必要とされる「物自体」問題を、レーニンはなにか当然のような理論態度で、これを物理学上の一問題へと完全にすり変えてしまうのである。そうすることで《哲学的物自体イコール物理的物自体》という存在構図をつくりあげて、それをもって最大アポリアの一件落着をはかったのである。正確にいえば、物自体にかかわる哲学に固有の理論的困難そのものをまったく抹殺してしまったのだ。

　どういうことかというと、物自体が人間感官に影響をおよぼして感覚像が生ずるという哲学独自の問題、つまりは《感覚が物自体を模写する》という物自体主義の根本の主張は、物理的対象（感覚の起源）としての「光波エーテル」が人間の網膜に作用することで、たとえば赤い色という感覚像が生まれるというふうに、なにか自然科学上の知覚因果説の問題へとまったく移しかえられてしまったのである。いってみれば、《哲学的物自体イコール物理的物自体イコール光波エーテル》という存在構図がつくりあげられるなかで、物自体主義の哲学的アポリアはあとかたもなく雲散霧消してしまったといってよい。

　おそらくレーニンの頭のなかでは、一定波長をもつ電磁波としての光は、赤い色という感覚像のいわば"生みの親"であるから、それ自体はとうぜん色をもつことのない客観的実在ということになり、

そのかぎり感覚の起源，すなわち感覚像の実物として超感性的な物自体（外界）そのものである，とこういう思考過程がたどられたのではなかろうか。

しかし率直にいえば，これはやはり哲学問題と物理学問題との許しがたい混同というべきだろう。哲学の側からすれば，文句なしにルール違反であって，哲学的唯物論をたんなる物理学的唯物論に矮小化する以外のものではない。それはちょうど，哲学的存在論だけが問題にしうる哲学固有の《知覚－存在》関係——物自体の実在性にかかわる問題——のあることに気づかず，ひたすら心理学や物理－生理学などがあつかう自然科学上の，ごく一般的＝日常的な《知覚－存在》関係にしがみつき，それらの諸成果をたんに概括するだけの生理学的唯物論や生理学的認識論こそが唯物論哲学の本道である，と強弁するようなものである。(6)

一般に唯物論哲学者たちが展開する知覚論や認識論がどうにも物足りないのは，そこでは生理学的知覚論や生理学的認識論はくわしく展開されるのだが，哲学固有の「物自体」問題，すなわち，哲学的存在論における《知覚－存在》関係として特殊に把握されるべきバークリ《存在即知覚》命題の分析がほとんど無視され手抜きされているところに，その決定的理由があるように思われる。

たしかに，自然科学や社会科学の諸成果を無視してはどんな唯物論の哲学もありえないのは真実である。だからといって，哲学独自の「物自体」問題をそう安易に物理－生理学上の一問題にすりかえることが許されるわけではない。カント以降の近代哲学の根本課題でもあった「物自体」問題が，光としての電磁波が人間感官に物理－生理的な作用をおよぼして知覚像が生じるといった，たんなる自然科学上の因果理論をもって最終決着されるのは絶対にありえないことだ。レーニンの思惑とは逆に，物自体主義の哲学的アポリアは，たとえ物理－生理学上の知覚因果説をもってしても，本質的には少

しも解決されたことにはならないのである。

　そもそも超感性的とされる光や電子といえども，それらが確固とした現実的実在とみなされるためには，かならず測定装置（感官）により測定（感覚）されて一定の具象形態をとらなくてはならず，そうである以上は哲学の立場からすれば，それらは物理的対象という性格をけっして超えるものではない。物理的対象としての光が，人間の網膜を刺激して同じく物理的対象としての感覚的対象（赤い色）が生ずるという意味では，そこには物理学上の諸現象間の相互作用を超える特別なものはなに一つ存在しない。けっして哲学的物自体としての超経験的な"純粋無垢なもの"が，人間の網膜を刺激するわけではないのである。

　その点では，実在論者としてのカントが，このような物理的対象（古典力学的な極微小粒子）と物理的対象（有色有形の感性的事物）の関係をいみじくも「現象の現象」――物理的物自体の現象――と呼んで，本来の哲学的物自体の現象――先験的対象Ｘが感性を触発して現象がうまれる――とは明確なかたちで区別したのは，まことにもっともな話であった。(7) いいかえれば，実在論者カントは，みずからの"物自体触発説"の理論上の無理をはっきりと自覚することで，ついには物自体をたんなる「限界概念」とみなすようになったのである。ところが，レーニンの唯物論哲学では，このようなカントの理論的区別が少しも自覚され考慮されることなく，むしろ哲学的物自体と物理的物自体との積極的混同がすすんでおこなわれたのだ。

## 1-3-12　物自体主義のアポリアが解決されるとはどういうことか

　それでは，物自体主義の最大アポリアを哲学的に解決し克服するとは，いったい理論的にはなにを意味するのか。簡単にいえば，知覚外界像説と物自体主義そのものを廃棄すること以外のなにもので

もない。いいかえれば，知覚疎外としての知覚外界像説を克服することで，反対の知覚実在物説の立場に立つことにほかならない。それをそうせずに，あくまでも二つのドグマを肯定したままで解決しようとすると，レーニンの唯物論哲学がそうであるように，本来の哲学的物自体をたんなる物理的物自体（物理的微粒子）へと矮小化するといった，まったくの無概念的な理論態度しかとれなくなるのである。

そもそも哲学的物自体と物理的物自体とはまったく異質の意味をもったものである。哲学的物自体は知覚外界像説と不可分一体のものであって，あくまで知覚疎外の必然的産物として超越的実体にほかならない。これにたいして物理的物自体としての光や電子などは，測定（感覚）されないかぎり可能的実在にとどまるとはいえ，物自体主義の知覚疎外とはなんの関係もなく，どこまでも物理学上の具体的な外的対象という以外にはない。それゆえ，たとえこの"二つの物自体"に克服すべき理論上の困難が生じたとしても，その問題解決の仕方はそれぞれまったく異なっているはずである。哲学上の問題（知覚外界像説）と物理学上の問題（知覚因果説）とをそうたやすく混同したり同一視してはならないというのは，そういう意味をもっているのだ。

前者は，知覚事物の"知覚像と物自体"への二重分裂という知覚疎外をいかに解決し克服するか，とする哲学固有の「実在」問題であり，その正しい解決は，ただそうした主客絶対分離の二元論的立場そのものを破棄すること，すなわち，物自体の現実的実在性を否定して知覚実在物説の哲学的立場に立つこと以外ではありえない。また後者は，いわゆる知覚因果説など，物理‐生理学的な諸対象のあいだの法則連関とその本質把握の真偽をどこまでも実証的に追究し検証する，たんに自然科学上の一問題にすぎないのである。

以上から明瞭なように，もともと哲学問題と物理学問題とを同一

視することそれ自体に哲学的存在論上の決定的な無理があるといえよう。それと同時に，あの知覚疎外の批判原理をもたないレーニン唯物論の根本欠陥もまた，もはや指摘するまでもなく明白であろう。もしも唯物論者レーニンが正しく知覚疎外の批判観点をもっていたならば，哲学独自の「物自体」問題がもつ特殊歴史的な性格を無視して，それを物理学上の一問題に無造作に還元してしまうような理論態度は，けっしてとりえなかったはずである。物自体主義二元論の解決は，その原因である知覚疎外――《知覚事物の知覚像化》としての知覚外界像説――そのものを破棄する以外には，どんな有効な哲学的方策もありえないと思われる。

### 1-3-13 第1章の結語として

第1章を終えるにあたり，あらためて結論的に確認しておきたいのは，すでに1-1で強調したように，レーニン唯物論あるいは弁証法的唯物論は，カントの物自体をその不可知性（認識論）においては徹底して否定したが，その客観的実在性（存在論）においては徹底して肯定した，という否認しがたい事実である。

もっとも，これもそう単純な話ではない。すなわち，知覚外界像説をとり続けるかぎりは，唯物論哲学の物自体主義は，たとえカント不可知論をいかに拒否してみせても，じつは《感覚が物自体を模写する》という物自体主義の最大アポリア（知覚疎外）をどうしても原理的に解消することができないのである。そこで意識的であれ無意識的であれ，ともかくもレーニン唯物論がとった問題解決の方向は，哲学的物自体（純粋無垢なもの）を物理的物自体（超感性的な物理的微粒子）へと矮小化すること，つまり**知覚外界像説**にかかわる知覚疎外の哲学問題を，あっさりと**知覚因果説**にかかわる感覚発生の物理学問題へと重ね合わせて解消してしまうことであった。

おかげで外見上は，純粋無垢なものが人間感官に作用して感覚像

が生まれるという奇怪な哲学的アポリアは，そのかぎり見事に解決されることになった。じじつ多くの唯物論者たちは，これですべて一件落着であると確信して疑わなかった。だが，じっさいは知覚外界像説の立場をとるかぎり理論的にどう工夫しようとも，唯物論哲学の体系内部からカントの物自体が真の意味で除去されることは不可能なのである。物自体主義はたんに物理学問題（知覚因果説）の背後に隠蔽されて見えなくなっただけにすぎない。唯物論哲学がカントの物自体主義とその主客二元論をほんとうに克服するためには，やはり知覚疎外態としての知覚外界像説と物自体主義そのものを廃棄するほかにはない，といわなければならない。

感覚の起源とされる一定波長をもった光（電磁波）といえども，哲学の立場からすればけっして無規定の"純粋無垢なもの"ではなく，あくまでもなんらか規定された物理的対象としての現象にすぎないのであり，そのかぎりけっして哲学的物自体に取って代わることはできない。そもそも知覚事物の"知覚像と物自体"への二重分裂としての知覚疎外＝物自体主義をどのように克服するか，という哲学固有の「実在」問題を，なにか純粋な物理学上の問題——赤い色という感覚の物理的起源をめぐる知覚因果説の問題——として解決できると信ずるのは，私にはまったく問題の取り違えとしか考えられない。哲学における知覚外界像説と物理-生理学における知覚因果説では，もともとその理論上の目的も本質もまったく異なっているのだ。

一言でいえば，哲学上の**知覚外界像説**は，どこまでも自然科学上の知覚因果説をめぐる一つの解釈にすぎない。同じ意味において，**知覚実在物説**もまた一つの哲学的解釈なのである。それゆえ決定的に大切なのは，物自体主義二元論を克服するうえで，知覚因果説の正しい哲学的解釈としてどちらを選択するか，ということである。しかしこの点については，たとえば眼前に見える赤いリンゴはそも

そも"頭の中"に生ずる主観的な知覚像であるのか，それともあくまでも"頭の外"に生ずる主観的かつ客観的な知覚事物（知覚実在物）であるのか，という重要問題に関連させてあらためて検討することにしよう。

　残念ながら，それでも「物自体主義でいったいどこが悪いのか」と反対する伝統的唯物論者たちには，おそらく事欠くことはないのだろう。科学としての知覚因果説にもとづくかぎり，一定波長をもった光（電磁波）が赤い色の原因（起源）であり，それゆえ必然的に超感性的な客観的実在である以外にないとすれば，それを哲学的にも物自体（感覚像の起源）と考えてどこが誤っているのか，というわけである。

　そうなると，しかし筆者としては，どうしても知覚外界像説と物自体主義にかかわるその哲学的虚構性（知覚疎外性）をさらに暴きだす理論作業を続けないわけにはいかない。じっさい，この二つのドグマに固執するかぎり，私たちはこれまで以上に奇怪な哲学的パラドクスにいやでも遭遇せずにはいないのである。しかしながらまた，それをつうじて哲学固有の「実在」問題——「物自体」問題——にはらまれる最奥の理論的秘密が少しでも解明されることになれば，あるいは反論する唯物論者や実在論者たちも，そのドグマにとらわれた考え方をそれなりに訂正してくれるのではないか，と私はひそかに期待せずにはいられない。

# 第2章
# 知覚外界像説と物自体主義のパラドクス
## ——冷蔵庫のなかで赤いリンゴは実在しうるか——

## 第1節　近代人の思考様式としての主客二元論

**2-1-1　近代の根本的二元論をいかに批判し克服するか**

　前章で明確にしたように，唯物論哲学はいま大きな原理的困難につきあたっている。その基本の考え方をなにか根本的に刷新しないかぎり，この哲学はもうこれ以上は先へ進めないのではないか。弁証法的唯物論が知覚外界像説と物自体主義という二つのドグマに固執し続けるかぎり，この哲学がもはや克服されるべき主客二元論として時代から取り残される運命にあるのは避けられない。筆者はこのことを，レーニンの『唯物論と経験批判論』に展開されている哲学的唯物論の基本構造を検討するなかではっきりと指摘しえたと思っている。

　じっさい，現象学にしろ，分析哲学にしろ，あるいはポスト構造主義にしろ，現代哲学の主流といわれるものがその存在論-認識論上の中心問題として追究しているのは，結局は知覚外界像説と物自体主義という近代主客二元論の二つのドグマをいかに徹底して批判し克服するか，すなわち，この二つの古いパラダイムからいかにして脱却するか，という根本問題へとおのずと収斂されていくのではなかろうか。一般に，近代以後をめざす現代の諸科学や諸思想のもっとも原理的な課題の一つは，近代のあらゆる諸領域・諸分野にお

ける根本的二元論をいかに批判するか，また，それをいかに乗り超えるか，という点にあるといってよい。

たとえば近代資本主義における"経済と社会"の二元論的分裂をいかに克服すべきかは，この時代の根本の病弊に関心をもつすべての人びとにとってつねに第一級の理論的・実践的な課題となっている。社会全体をかたちづくる一構成部分にすぎない経済生活が，いわば社会全体から抜けだすかたちで市場経済として自立‐実体化して，疎外的に制御不能な自動機械になってしまっている。その結果，この下位システムとしてたんに部分契機にすぎない"自然現象化"した市場経済が，逆にその出生母体である上位システムとしての社会全体をまるごとブラックホールのように呑みこんで転倒的に支配・従属させてしまっている。あらゆる社会的な富，財がひたすら私的商品として生産されるような，そのかぎり経済利潤と経済効率だけを至上目的とするような，まさしく拝金的な《経済ブラックホール社会》の誕生である。

ちなみに，マルクスの社会主義思想なるものは，本来はこの経済疎外としての人間社会の"市場経済と社会"への二重分裂，すなわち，社会全体がいわば"経済的土台と上部構造"へと経済決定論的に分裂した近代資本主義という根本的二元論社会にたいする批判と，その非人間的な疎外顛倒性の克服をめざして確立されたのである。こうしてみれば，マルクス本来の社会主義思想は，頭の硬い人びとが考えているように「もはや時代遅れ」，どころではないのだ。

さらに自然科学の領域では，量子力学における"実在の危機"が哲学的に重大な問題となっている。多少ともこの学問に関心をいだく人間には周知の事柄だが，日常世界のマクロ的な通常物体とは異なって，量子力学のミクロ実在である原子や素粒子などには"波動性と粒子性"という，たいへん奇妙な矛盾した二重性質がみとめられる。たとえば電子は，測定装置をつうじて測定（観測）されては

じめて現実の具体的な量子的粒子となるのであって，そうでないときは，ひたすら"確率の波"としてふるまうだけで，いつまでも波動関数という数学上の抽象的身分にとどまっている。

きわめて興味ぶかいのは，これを哲学的にみると，あの悪名高いバークリの《存在即知覚》説——《存在とは知覚されることである》——をまるで地でいくように思われる点である。じっさい量子力学では，いまだ測定されない電子は，たとえばその位置や運動量をあらかじめ決まった状態としてはもっていない，と考えるのである。ところで，夜空に輝く月の場合とは本質的に区別されて，位置や速度という属性があらかじめ確定していない電子というものを，私たちは，それは**現実的**に実在しているのだ，とそう簡単にいいきれるものだろうか。もしも電子は，それが測定（観測）されないかぎりは，たんに波動関数として**抽象的＝可能的**にしか実在しえないとしたら，そのような量子実在の存在論上の哲学的身分はどう考えたらよいのだろうか。

いずれにしても，量子物理学では，検出器をつうじて測定（観測）されてはじめて，それまで抽象的な波動（数学上の確率波）にすぎなかった電子は，やっと具体的な量子的粒子となってその位置や運動量がじっさいに確率的に決定される，という考え方をするのである。

こうしてみれば，《量子力学的実在とはなにか》をめぐる実在の危機が，多くの物理学者や哲学者たちによっていまも問われ続けている理由は明瞭であろう。量子力学における量子実在の"波動性と粒子性"への二重分裂という根本的二元論をいかに哲学的に把握して解決するかは，まさしく現代哲学の存在論や認識論にとって最重要の原理的課題というほかはない。

ごらんのように，近代のあらゆる諸領域・諸分野における根本的二元論をいかに批判的に把握し解明して，かつ克服（止揚）するか，

さらにそこから新しい，いっそう高次の一元論的体系をどのように構築していくか，今日では，この根源の問題をそれぞれ独自の仕方で提起し解決することこそ，科学なり哲学（思想）なりが，真の現代性を獲得し維持するための第一の要件となっているのである。

## 2-1-2　近代哲学の存在論にたいする批判の核心はどこにあるか

　現代において，もしも哲学がいまだ存在理由をもち有効でありうるとするなら，そのもっとも根底の原理的問題として，いったい哲学はいま，なにを追究しなければならないのか。筆者の考えでは，それこそは《近代哲学の根本的二元論をいかに克服するか》という古くて新しい問題にほかならない。《現象-物自体》存在構造をいう近代の主客二元論は，いまだ真の意味においては，すなわち，いまだ知覚疎外の根本観点からは，ほとんどなんの解明も解決もされていないのである。

　たとえばレーニン唯物論あるいは弁証法的唯物論といわれるものを検討してみると，とりわけカント実在論の《現象-物自体》二元論を批判するにあたっては，もっぱら**物自体は不可知であるか否か**という，いわゆる不可知論批判がつねに問題関心の中心になっており，**《現象-物自体》存在構造そのものが理論的に正しいか否か**への問題関心はほとんど見当たらないのである。とはいえ，これはレーニン唯物論が，知覚疎外の根本視点を欠落させている事実からくる必然のなりゆきといってよい。本来あるべき唯物論（実在論）の哲学的立場からすれば，《現象-物自体》存在構造などは，それが知覚疎外から生じた主客二元論の存在構図にほかならない以上は，どんな仕方であろうとけっして容認されるべき筋合いのものではないのだ。どんなに理論的に手直しされようとも，知覚外界像説の立場にとどまるかぎり，物自体の現実的実在性をみとめることは知覚の空洞化，すなわち，知覚事物の知覚像への矮小化へとかならず直

結されざるをえず，そうなれば物自体はどこまでいっても知覚疎外態でしかありえない。それゆえ，物自体が哲学的存在論の主役となって登場するような学説は，どう強弁しようとも，それでもう万事終わりという以外にはないのである。

ところが，知覚疎外の批判原理をもたないレーニン唯物論あるいは弁証法的唯物論では，《現象‐物自体》存在構造が哲学的に問題ありとされるのは，たんに物自体は不可知とされるかぎりの話でしかない。そうではなく，物自体が認識可能とされる場合には，知覚外界像説の立場からすれば世界が《現象‐物自体》存在構造をもつのはむしろ当然なのである。

そこから，物自体こそが窮極の物質世界であり，現象世界は人間感覚による物自体世界の模写であるとか，あるいは，物自体が全体世界で，現象はその部分世界にすぎないとする，レーニンの弁証法的唯物論に特有の哲学的存在論が展開されることになる。しかも物自体と世界の存在様式についてこれほど重要な言説がおこなわれながら，唯物論哲学によるその存在論的基礎づけは，例の《感覚の外にある認識可能な未知なる物》という哲学的宣言だけなのである。いいかえれば，《物質イコール客観的実在イコール物自体》という，あの存在構図が提示されるだけなのである。

しかし物自体をどこまでも知覚疎外態とみなす筆者の立場からすれば，すなわち，新しい唯物論の哲学的存在論からすれば，《物自体は不可知であるか否か》などという問題意識や問題設定は，哲学史的にはともかくとして，現代ではもはやなんの有効な理論的意義をもつこともできない。なぜなら，認識されるべき実在的対象としての物自体などは，およそ形而上学的フィクションでしかなく，とうてい哲学の真面目な，生産的な議論対象にはなりえないからである。物自体をめぐる哲学的問題をたんに不可知論批判へと矮小化して満足するのではなく，すなわち，不可知な物自体にかわって認識

可能な物自体をもちだして良しとするのではなく，私たちはすすんで《知覚疎外態としての物自体の本質はなにか》という根本問題をとりあげるべきである。そのことで近代主客二元論の《現象‐物自体》存在構造を批判し克服しつづけながら，新しい唯物論や実在論の実在哲学を確立するために努力すべきではなかろうか。

一言でいえば，ガリレイ，デカルトに始まり，ロック，カントにいたって頂点にたっした《主観‐客観》二元論構図——真の実在世界は知覚から絶対的に独立である——がはらむ疎外顛倒性をあばきだして，その特殊歴史的な性格と限界がどこにあるかを解明すること，ここに近代哲学とその存在論批判の全核心があるといってよい。そして，この意味における近代の主客二元論（知覚外界像説と物自体主義）にたいする批判の原理となるのが，いうまでもなく知覚空洞化としての知覚疎外，すなわち，知覚の"知覚像化"と，存在の"存在自体化"にほかならないのだ。

近代の主客二元論哲学では，知覚と存在は，あくまでも知覚存在として，つまりは，それ自体で主観的かつ客観的な"知覚事物"として分離不可能な全体性であるにもかかわらず，かえって"知覚像と物自体"へと知覚疎外的・二元論的に絶対分離させられてしまうのである。

そして，とくに唯物論哲学にとっては，この知覚疎外の基本観点から知覚外界像説と物自体主義を徹底して批判し克服するという作業，すなわち，新しい「客観的実在」概念——人間にとって世界が客観的に実在するとはどういうことか——を確立するという作業，いいかえれば，唯物論の新しい存在論と認識論を構築するという作業は，今日，文字どおり第一級の原理的課題であるといえよう。唯物論の根本前提である「意識から独立の客観的実在」概念は，もはや物自体などという主客絶対分離の二元論的規定の仕方からはどうしても解放されなければならない。この哲学にとって真の意味の意

識から独立の客観的実在は，どこまでも《主客相関》内における《主観から独立の客観的実在》でなければならないのだ。そのためには，しかし知覚外界像説ではなく，反対の知覚実在物説の立場に立つことが絶対の必要条件であるのはいうまでもない。

　レーニン唯物論および弁証法的唯物論では，《主客相関》と《主観から独立の客観》とはまったく両立不可能とされているのが特徴的である。そのために，その存在論はいやでも《現象-物自体》存在構造——主客絶対分離により与えられた物自体の現実的実在性——を容認する体系構成にならざるをえない。こうしてみると，新しい「実在」概念と新しい唯物論の哲学的存在論の確立は，まさしく《主客相関》と《主観から独立の客観》という，外見上はまったく両立しがたい二つの対立した主客関係をいかに両立させて実現するか，という一点にかかっているといえよう。

## 2-1-3　近代人は主客二元論の思考様式を信じて疑わない

　さて，ここに一個の赤いリンゴがあるとしよう。常識的には，近代人である私たちは，このリンゴを，自分の眼に映じている一つの主観的な，つまりは百人百様の知覚像あるいは現象であると，ごく自然的態度でみなすであろう。しかし他方また，見えている赤いリンゴが主観的な知覚像にすぎない以上は，そこになんらかの実物（オリジナル）がなくては理屈にあわないから，その背後には客観的な外的世界ともいうべき超感性的な物自体リンゴが人間知覚から絶対的に独立して存在していると，これもごく自然的態度で考えるにちがいない。

　逆にいえば，そこに純粋客観である色なし物自体リンゴがあらかじめ窮極実体として実在するがゆえに，私たちの視覚をつうじて，それは赤いリンゴという知覚像となって現象するのだ，そのように考えるにちがいない。

ごらんのように，私たちがいま見ているリンゴが問題になるとき，《現象-物自体》存在構造をいう近代主客二元論の思考様式のもとでは，いいかえれば，ニュートン力学的な自然科学的世界像があまねく支配する近代社会にあっては，だれもが存在論-認識論上のごく自然な態度をもって，そのリンゴの知覚像は十人十色の"主観的なもの"であり，反対に物自体リンゴこそは万人共通の"客観的なもの"であるというふうに，リンゴを"主観的世界と客観的世界"，つまりは"主観と客観"へと二元論的に分裂させて二重化せずにはおかないのである。

　しかも注目すべきは，リンゴが"知覚像と外界"あるいは"写しと実物"へと分裂して主客二元論化することの正当性を，私たち近代人のだれもがごく常識的に容認してまったく疑わない点である。リンゴ世界のそうした二重分裂を，私たちはけっして知覚疎外（知覚空洞化）とは考えないのだ。

　いずれにしても，こうしてデカルト以降の主客二元論の機械論的自然観が支配する近代資本主義の時代にあっては，世界のあらゆる有色有形の事物・物体はそのままで確固とした知覚実在物であるのではなく，すべては《現象-物自体》存在構造における客観的な物自体のたんに主観的な現象あるいは知覚像として現われざるをえない。そしてそのかぎり，現象や知覚像はあくまでも物自体の模写（唯物論者レーニン）であり，あるいは，物自体の記号（実在論者ラッセル）(1)でなければならず，逆にいえば物自体はどこまでも現象や知覚像をうみだす窮極の物質実体でなければならない。このように，根本的二元論が支配的な資本主義時代に生きる近代人という意味では，私たちは《知覚像-外界》模写構造および《現象-物自体》存在構造という主客二元論の疎外された思考様式を，ごく日常的な自然的態度で身につけて少しも疑うことを知らないのである。

## 2-1-4　赤いリンゴが知覚像であるのは永遠の存在形態か

　そもそも人間によって知覚された世界——物・事物・物体——が，いわゆる知覚像や現象という存在形態をとることは，私たち近代人にとってそれがあまりにも人間生活に密着した自然的傾向であるがゆえに，なにか人類誕生とともにある永遠の形式であるかのように思われる。したがって，ごく一部の哲学者たちを別にすれば，この知覚世界の事物・物体が知覚像や現象という在り方をとるのは，あまりにも当然すぎて，これまではほとんど哲学的批判の対象となることがなかった。私たちの生きる経験的世界が《現象−物自体》あるいは《知覚像−外界》という基本構造をとるのは，私たち近代人に特有である知覚疎外，すなわち，知覚実在物の"知覚像と物自体"への二重分裂から生じたものであり，それゆえ近代の自然科学的自然観に固有な主客二元論の疎外顚倒性である，というような問題意識は，事実上，ほとんど哲学者たちの念頭にのぼることがなかったのである。

　もしもこのことを「まさか？」と疑問に思う読者諸氏がおられたら，以上の意味における知覚疎外の物自体主義二元論にたいして徹底的に対決したバークリとその《存在即知覚》学説が，哲学史上どれだけ信じがたい誤解と悪評にさらされ続けてきたか，という厳然たる哲学的現実にぜひとも注目していただきたい。もしも知覚外界像説と物自体主義はまちがいなく知覚空洞化による疎外顚倒性であると哲学者たちが理解していたなら，バークリ《存在即知覚》命題の哲学的運命はこれまでとは正反対になっていたはずである。というのは，知覚外界像説の知覚疎外性を正面から批判し克服できるのは，赤いリンゴを知覚像ではなく，直接に知覚事物とみなす知覚実在物説をのぞいてはおよそ考えられないからである。ところが，その意味の知覚実在物説は，じつはバークリの《存在即知覚》命題を不可欠の土台とせずには，まったく成立しえないのだ。というより

は，一定の留保と説明とが必要であるにせよ，《存在とは知覚されることである》とするバークリの哲学的存在論それ自体が，基本的にはそのままで知覚実在物説なのである。

バークリの《存在即知覚》命題は，たんに主観的観念論ときめつけて能事終われりといえるような単純なものではけっしてない。バークリとデカルト，ロック，カントのあいだの《実在とはなにか》をめぐる対立構図は，なによりも知覚疎外の主客二元論にかかわる知覚実在物説と知覚外界像説のあいだの根本対立であり，反物自体主義と物自体主義の直接対決なのである。もっとも，そうはいっても，その神学的側面をまでふくめてバークリ哲学をまるごと擁護するのは，およそ馬鹿げており論外である。しかしまた，バークリの《存在即知覚》命題──《知覚されるから存在する》──がもつ合理的契機を積極的にとりこむことなしには，物自体主義を克服した新しい唯物論（実在論）の存在論と認識論の構築がまったく不可能であるのは，少なくとも私には自明の事柄であるといってよい。こうした諸論点については，このあと，バークリ《存在即知覚》命題の哲学的分析をおこなった第3章以降において十分に検討するつもりである。

こうして，近代哲学批判の原理としての知覚疎外をつかんだ新しい唯物論哲学（実在論）にとっては，なにゆえ人間により知覚された事物や物体がそのままで知覚事物（客観的実在）とされることなく，あえて窮極実体とされる物自体のたんに知覚像や記号といった現象形態をとらざるをえないのか，その事実がいまや決定的問題になってくる。それはちょうど，近代資本主義社会においては社会的な富や財が生産されるとき，どうしてそれらがすべて"商品"という特殊歴史的な形態をとって生産されなければならないのか，という根本疑問が生じるのと事情はまったく同一であるといってよい。

それゆえ，社会的な富・財産がすべて私的商品という姿をとって

生産されることが,あきらかに労働疎外——人間労働の"私的労働と社会的労働"への二元論的分裂——の必然的産物であるとすれば,私たち人間の知覚に直接与えられる事物・物体がすべて知覚像や現象という姿をとることも,まちがいなく知覚疎外——知覚事物の"主観的知覚像と客観的物自体"への二元論的な絶対分裂——の必然的産物なのだ,という根本論点をこのさい確固として承認しておくことが大切である。

いうまでもなく,以上の諸事情こそは,社会と自然の両世界における近代の根本的二元論——労働疎外と知覚疎外——なるものを如実に示すものにほかならない。ところで,マルクスの『資本論』が,経済学として労働疎外の非人間的本質,つまりは《労働力の商品化》を徹底して批判し究明しているとすれば,同じように新しい唯物論と実在論は,哲学的存在論として知覚疎外の二元論的本質,つまりは《知覚事物の知覚像化》を徹底して批判し究明するものでなければならない。

さて,以上のような錯綜した理論的状況をしっかりと踏まえたうえで,ともかくも知覚外界像説と物自体主義とは主客二元論として決定的誤謬であることを読者諸氏にできるだけ納得していただくために,私はつぎに以下のような新たな議論をすすんで展開してみたいと思う。題して《冷蔵庫のなかで赤いリンゴは実在しうるか》という,従来の唯物論(実在論)に不可避にして固有な哲学的困難を追究し解決しようとする作業である。おそらくこれをみるならば,唯物論の知覚外界像説と物自体主義がいかに奇怪きわまる哲学理論であるか,この事実がごく日常生活の存在次元においてさえ,だれにとっても明瞭になるにちがいない。

## 第2節　冷蔵庫のなかで赤いリンゴは実在しうるか
―― 知覚外界像説と物自体主義のパラドクス ――

### 2-2-1　知覚外界像説と知覚因果説とは区別されるべきである

　ここに一個のリンゴがあるとしよう。私にはそれが赤いリンゴに見えている。このとき，私たち近代人は，あの科学としての知覚因果説がいうように，そしてそれがごく通常の態度なのだが，おそらく以下のように考えるのではなかろうか。(1) まずあらかじめ外界リンゴが存在していて，そこから反射した一定波長の電磁波（光）が私の眼球にとどく。(2) つぎに，その刺激が一種の電気的信号となって視神経をとおり私の大脳にまで達すると，(3) ある作用が生じて私の頭のなかに赤い知覚像リンゴが現われる。

　そこで，もしも以上のとおりだとすると，《知覚は外界の像である》という知覚外界像説はあきらかに物理‐生理学上の《外界→知覚像》因果構造を受け入れており，そのかぎり哲学上の知覚外界像説はそのまま自然科学上の知覚因果説に重なり合うかのようにみえる。

　だが厳密にいえば，これはやはり誤りというべきであろう。知覚外界像説と知覚因果説とは明確に区別されなければならない。どういうことかというと，哲学としての知覚外界像説では，知覚像はどこまでいっても知覚像であって，けっしてそれ以外のものであってはならない。しかし科学としての知覚因果説では，私の眼に映ずるものはかならずしも知覚像でなくてもよいのである。たまたま知覚因果説にたいする現行の解釈では，知覚過程の最終結果として私の眼に映ずるのは知覚像ということになっているが，じつはそれは知覚事物（知覚実在物）にほかならない，という受けとめ方をしてはいけない理論上の理由は少しもないのだ。

一言でいえば，この点はもっぱら《知覚因果説という科学理論をどのように解釈したらよいのか》にかかわる問題なのである。それゆえ，知覚因果説において私たちに与えられる赤いリンゴは"知覚像リンゴ"ではなく，あくまでも"実物リンゴ"なのだと理解したとしても，ある条件のもとではいっこうに構わないはずである。すなわち，たとえその新しい解釈がおこなわれても，知覚因果説の物理‐生理学上の実証的内容にはなんの変更もくわえる必要がない，という場合だけはそうである。そしてこの問題では，じっさいに見のとおりだ，と考えられるのである。

　それはちょうど量子力学において，波動関数を"物質的なもの"（実在）と理解するか，それとも"理論的なもの"（情報）と理解するか，あるいは"両者の中間的なもの"と理解するか，というようなものである。いずれの解釈を選択するにしても，それによって波動関数の数学的内容そのものはなんの実質的変更をこうむることもないのである。

## 2-2-2　知覚されないとき"赤いリンゴ"は物自体リンゴである

　議論をもとへ戻そう。すでに述べたように，いま私に見えている赤いリンゴを，私たち近代人は日常生活のごく自然的態度で，たんに自分の眼に映じている主観的な知覚像であるにすぎない，と考えるであろう。だが他方また，赤いリンゴがそのように十人十色の知覚像リンゴにすぎないとすれば，知覚外界像説に忠実であるかぎり，どうしても万人同一の外界リンゴがあらかじめその原因として先在するのでないと，どうにも理屈にあわなくなる。そしてこのとき，その客観的な実物リンゴなるものは，前もって人間知覚から絶対的に独立したかたちで，つまり，いまだ人間により知覚されない場合には色なし物自体リンゴのかたちで，どうしても実在せざるをえないだろう。そうでないと，知覚外界像説そのものが理論的にたちま

ち自己矛盾に陥り破綻してしまうからである。

　もっとも，たとえ唯物論者や実在論者といえども，そのような意味における超感性的な物自体リンゴという話になると，その素直な承認にはかなりの抵抗感をおぼえるのかもしれない。しかしまた近代の主客二元論がいう知覚外界像説と物自体主義を受けいれる哲学的立場にありながら，知覚されていないときの色なし物自体リンゴの客観的実在性がみとめられないようでは，みずからの教説にまぎれもなく論理的に違反していることになろう。

　そうだとすると，知覚外界像説と物自体主義をうけいれながら，しかも色なし物自体リンゴを容認せずにすむような哲学方式はありえないものだろうか。もちろん，そうしたことは理論的にまったく不可能というほかはない。知覚外界像説を採用しながら，しかも外的対象として前提される超感性的な外界リンゴや物自体リンゴをなんとか感覚的性質をもった赤いリンゴにとりかえようとしても，たちまち解決不能な哲学的困難につきあたってしまう。それでもどうしてもというのであれば，あとはもう知覚外界像説と物自体主義そのものを放棄する以外にはないだろう。

　じっさい，《知覚像‐外界》模写構造，同じことだが《現象‐物自体》存在構造において，私に知覚される以前のリンゴが，なにかはじめから赤いリンゴであるとすると，いったい知覚外界像説はどうなってしまうか。もちろん，それの完全な自己崩壊であろう。というのは，この場合，リンゴは私に知覚される以前にすでに赤いリンゴのわけだが，そうだとすると，この赤いリンゴはいったいだれによって知覚されて，赤いリンゴであるのだろうか。それが私の知覚でないとすると，とうぜん，君によって，彼によって……つまりは，だれかにより知覚されたからこそ，赤いリンゴであるのだろう。しかしまた，その君も，彼も……ようするに，もしもすべての人間によって知覚されなかったとして，それでも，そのリンゴはやはり赤

いリンゴでありうるのだろうか。

　さて，ここでの議論の核心がどこにあるか，もはや指摘するまでもないだろう。だれからも知覚されないとき，赤いリンゴはじつは色なし物自体リンゴであるほかはない，という筆者の批判的指摘がどうしても気にいらなければ，そうした人びとはそのかわりに，だれからも知覚されなくても，それでも知覚された赤いリンゴがあらかじめ存在する，という根本の矛盾撞着を，それも知覚外界像説を維持したままで解決してみせなければならない。ようするに，知覚なしの知覚像をみとめる，ということである。こうなると，しかしあのバークリ主教にあやかって神の知覚でももちださないかぎり，もはやこの理論上の袋小路をぬけだすのはまったく不可能ではなかろうか。

　こうして，(1) 通説的に理解するかぎりでは，《存在即知覚》をとなえるバークリの《主客相関》哲学によれば，赤いリンゴは知覚されないとき，じつは存在消滅してしまうはずである。(2) 他方また，知覚外界像説と物自体主義をとなえる《主客絶対分離》の唯物論哲学によれば，赤いリンゴは知覚されないとき，じつは色なし物自体リンゴとして存在しているのである。(3) そして最後に，唯物論者や実在論者たちは，もしも知覚と存在の関係をめぐる以上の二つの哲学的立場をともに承服しがたいのであれば，それにかわって，こんどは《知覚されなくても，それでも知覚された赤いリンゴがあらかじめ存在する》という，すなわち，あの知覚なしの知覚像という矛盾撞着を，それも知覚外界像説と物自体主義に立脚したままで，どうあっても解決してみせなければならない。

## 2-2-3　唯物論は近代主客二元論の哲学路線をすすんだ

　結局のところ，世の唯物論者（実在論者）たちと，その唯物論哲学（実在論哲学）は，ともかくも色なし物自体リンゴに象徴される

ガリレイ，デカルト，ロック的な主客二元論——近代自然科学的実在観——の哲学路線をみずからすすんで選択したのである。つまり，レーニン唯物論および弁証法的唯物論は，知覚外界像説と物自体主義という二つのドグマに呪縛されているかぎりでは，実在とはなにか，あるいは，物自体とはなにか，という近代哲学の根本問題にたいしては，いやでも物自体リンゴの客観的実在性をみとめる主客二元論の存在論‐認識論をもってしか対処できなかったのである。

そしてこのときから，唯物論（実在論）にとって真の実在世界とは，人間知覚から絶対分離された色なし骸骨リンゴであるほかはなくなった。物質世界と呼ばれるものは，色あり，匂いあり，……の全体的な具体的実在から離れて，ますます一面的・部分的な抽象的実在へと脱色されていったのである。ガリレイ，とりわけロックの近代二元論哲学でいわれる《第一性質のみをもつ物質的実体》，あるいは，それをいっそう純化させたところの，実在論者カントがいう《物自体》などはその典型といってよいだろう。

もともとは思考の抽象力により赤いリンゴという具象的事物から《感覚》捨象的にとりだされた，純粋抽象の色なし物自体リンゴが，あろうことか，その本家本元である赤いリンゴにとってかわって，いまや真の実在世界という姿に仮装して，ついには疎外顚倒的に自立‐実体化してしまったといえる。私たちが生きる経験的な知覚世界（全体世界）から抽出された，そのかぎり，たかだか純粋思惟物にすぎない物自体（部分世界）なるものが，知覚されるのは知覚事物ではなく知覚像であるとする知覚疎外（知覚外界像説）のおかげで，われこそは独立自存の窮極実在なり，と大きな顔をして自称するにいたったのである。

以上から容易に推察されるように，知覚外界像説と物自体主義を中心にすえるかぎりは，色なし骸骨リンゴに象徴される，知覚から

絶対的に分離した純粋抽象の物自体（外界）があらかじめ真の実在として時間-空間的に先在していることが，一般に唯物論や実在論の哲学的存在論がそれとして成立するための根本前提になっているのだ。ところで，この知覚外界像説と物自体主義の立場は，そこをつらぬく内的論理をどこまでも徹底させると，日常世界のごく普通の生活場面においてすら，唯物論に特有の深刻かつ不可解な哲学的パラドクスに陥ってしまうとしたら，いったい唯物論の存在論-認識論はどうなってしまうのだろうか。そして，二元論的唯物論に固有な知覚疎外の顛倒性にはかならない"冷蔵庫のなかの色なし物自体リンゴ"という事態こそが，じつは私たちがここで追究し解決しなければならない決定的問題なのである。そこで以下では，一つの思考実験をつうじて，この哲学的パラドクスの疎外的本質をできるかぎり徹底して検討してみることにしよう。

## 第3節　思考実験としての"冷蔵庫のなかの物自体リンゴ"

### 2-3-1　ふたたび知覚因果説と知覚外界像説について

　さて，その思考実験を始めるまえに，哲学的な知覚外界像説がその科学的基礎としている知覚因果説について，あらためてもう少し詳細に述べてみたい。

　たとえば，私がいま赤いリンゴを見ているとき，私の視野にはとうぜん赤いリンゴの見え姿がある。このとき，知覚因果説はこのような知覚事象をつぎのように説明する。(1) まずなによりも，そこにリンゴ対象があらかじめ存在しなければならない。(2) つぎに，そのリンゴ対象に当たって反射することで，リンゴにかんする一定の情報を私の眼球にとどける光（電磁波）が存在しなければならない。(3) さらに，私の眼球にとびこんだ反射光はその網膜を刺激するこ

とである種の電気的信号に変えられ、そのまま視神経をとおって大脳へと到達する。(4) このように、一定波長の光（電磁波）を媒介にしたリンゴから大脳に至るまでの物理‐生理的過程をつうじてようやく、私の頭のなかに赤いリンゴという知覚像が生ずることになる。(5) そして、多くの物理学者や生理学者たちは、以上の意味の知覚因果説を、人間の頭のなかにいかに知覚像が生まれるか、というその仕組みを説明する科学理論であると考えている。そのかぎりでは、科学上の知覚因果説は、そのまま哲学上の知覚外界像説に重なり合うかのようである。

およそ以上が、筆者の理解する知覚因果説と呼ばれるものである。あきらかなように、たんに外界リンゴが存在するだけでは、もちろん、赤いリンゴという知覚像が生ずることはありえない。それにくわえて光（電磁波）がなければならず、さらには人間の眼球や視神経、大脳がなければならない。少なくとも正常な条件のもとでは、私たちの頭のなかに赤い知覚像リンゴが現われるためには、外界リンゴと、それを知覚する人間とその大脳、さらには両者を媒介する光線（電磁波）、という三つの基本要因がなければならないのだ。

そして、このとき決定的に重要なのは、知覚因果説（知覚外界像説）によるかぎり、そこに眼球や視神経、大脳をもつ人間が存在していて、あらかじめ存在する外界リンゴを直接に、しかも現にいま知覚していなければ、赤い知覚像リンゴはけっして生まれることができない、という事実をしっかりと確認することである。前もって外界リンゴが存在しており、その色なし物自体リンゴが人間により知覚されてはじめて、そこに赤い色をした知覚像リンゴが与えられるわけである。それゆえ、もしもだれにも知覚されなくなれば、それまで見えていた赤いリンゴはそのまま存在し続けるであろうが、しかしまったく脱色された超感性的リンゴになる以外にはなく、たちまち知覚以前の色なし物自体リンゴへと逆もどりしてしまうはず

である。

　以上から明瞭なように,科学としての知覚因果説のこれまでの理論解釈に忠実であるかぎり,どうしても上述したような物自体主義の考え方をすすんで採用せざるをえない。さらに,そのような知覚因果説（科学）を基礎にすえた知覚外界像説（哲学）に忠実であるかぎり,これもどうあっても色なし物自体リンゴの客観的実在性をすすんで根本前提せざるをえない。この点では,ただ知覚実在物説の立場だけが,こうした物自体主義一元論の考え方から完全に免れることができるといえよう。

## 2-3-2　冷蔵庫へ入れられた赤いリンゴは哲学的にどうなるか

　ひき続き,ここに一個の赤いリンゴがあるとしよう。つぎに,視覚・触覚・嗅覚・味覚など人間のすべての感覚（感覚器官）から絶対的に分離遮断するという意味で,この赤いリンゴを,私は冷蔵庫のなかへ入れて,その扉を閉めてしまうことにしよう。ただし,この冷蔵庫には少し細工がしてあって,扉が閉まっても内部の電灯は消えない仕組みになっている。こうして,赤いリンゴは冷蔵庫のなかへ入れられた。

　さて,そこから生ずるきわめて興味ある哲学上の問題とはなにか。一言でいえば,《知覚像-外界》模写構造あるいは《現象-物自体》存在構造という主客二元論の哲学的因果関係のもとで,この赤いリンゴは,冷蔵庫のなかへ移された瞬間に,いったいどのようなリンゴになってしまうか,という唯物論や実在論の存在論-認識論に深くかかわる問題がそれである。

　知覚外界像説や物自体主義の内的論理に忠実であるかぎり,まちがいなく冷蔵庫へ入れられたリンゴは,それまでの感性的な"赤いリンゴ"から瞬時にして超感性的な"色なしリンゴ"へと変質してしまうはずである。なぜなら,冷蔵庫のなかには,電灯の明かりを

あびた色なし外界リンゴから発せられる反射光（刺激）をうけとめることで，リンゴの赤い色（知覚像）を生じさせる人間の感覚器官とその作用機能がまったく存在しないからである。

　冷蔵庫のなかでは，人間に知覚されてはじめて現われうる赤いリンゴは，そもそも原理的に存在することができず，ただ絶対的に知覚以前の，そのかぎり超感性的な純粋無垢なものというべき抽象的な物自体リンゴだけが存在しうるにすぎない。

　なにしろ冷蔵庫のなかには，赤いリンゴという結果が生まれるための決定的要因——感官をもった知覚主体の存在——がまったく欠如しているからである。光（電磁波）と色なし外界リンゴという条件だけでは，赤いリンゴという知覚像はけっして現われることができない。したがって，冷蔵庫のなかには色なし物自体リンゴだけが存在するのでなければ，知覚外界像説の立場としては，ただもう理論整合性の大きな破綻をきたすのみであろう。この点に関連して，たとえば近代主客二元論の始祖ともいうべきガリレイは，その著作『偽金鑑識官』のなかですでに以下のように語っている。

　　物質を理解するのに，その物質が白いか赤いか，苦いか甘いか，音を出すか出さぬか，芳香を発するか悪臭を放つか，などといった条件をふくめて理解しなければならないとは，私は考えません。……これらの味や匂いや色彩などは，それらがそこに内在している主体の側〔色や味などをもつ当の事物〕からみれば，たんなる名辞にすぎないのであり〔色や味などの感覚的性質は当の事物には属さないのであり〕，たんに感覚主体〔感覚する人間〕のなかにそれらの所在があるにすぎない，そのように私は考えるのです。それゆえ，感覚主体が遠ざけられると，これらの〔感覚的〕性質はすべて消失してしまうのです。(2)（〔　〕内の補足は引用者）

ごらんのように, ロックのいわゆる事物の《第一性質と第二性質》学説の先駆者である主客二元論者ガリレイの面目躍如たるものがある。まぎれもなく, ここには知覚因果説にしたがった近代固有の物自体主義が実質的には説かれているといってよい。リンゴの赤い色は, 人間がリンゴを知覚 (感覚) しているかぎりのもので, 知覚 (感覚) されなくなれば, 赤いリンゴはたちまち色なし物自体リンゴ (第一性質だけをもった物質的実体) へと逆もどりしてしまう, そのように主張されているのである。

　そこで, 以上のガリレイによる物自体主義の議論をそのまま私たちの場合へと移しかえてみよう。そうすると, いま私に見えている赤いリンゴは, それが冷蔵庫のなかへ入れられた瞬間に, 知覚主体とその知覚 (感覚) から完全に遠ざけられて, たちまち色なし骸骨リンゴへと変身してしまう, こういう話にならざるをえない。

　そうなると, 決定的に重要になってくるのは, この場合, 冷蔵庫のなかの色なし物自体リンゴをいったい哲学的にはどう規定したらよいのか, という存在論上の根本の問題であろう。なにしろ超感性的なリンゴであるはずだから, そもそも知覚的イメージをもつこと自体がまったく論理的に不可能というほかはない。たとえば「真っ黒なリンゴ」という単純規定すらできないはずである。というのは, 「黒い色」もまた, 見ることによって生ずる感覚的性質にほかならないからである。結局, 私たちが冷蔵庫のなかの物自体リンゴについて哲学的にいいうるのは, それは見ることも触ることもできない, いわば純粋無垢とでもいうべき不可解な"物以前のモノ"である, という点だけである。ただ"有る"といえるだけの奇怪至極な"のっぺらぼう存在"であるほかはない。その意味では, ただ純粋な思惟抽象物, すなわち, ただ頭だけで理解しうる"或るなにものか"である, としか規定のしようがないのである。

**2-3-3　リンゴは冷蔵庫のなかでも赤いリンゴでなければならない**

　こうして，(1) あの《存在即知覚》命題をいうバークリの《主客相関》哲学では，赤いリンゴは冷蔵庫のなかでは，じつは色なし物自体リンゴですらなく，なに一つ痕跡をのこさず存在消滅してしまう。そうさせないためには，バークリは哲学者ではなく聖職者となって，永続的な神の知覚に救いの手を求めなくてはならない。少なくとも定説的なバークリ理解によれば，そう考える以外にはなさそうである。

　(2) 他方，その対極にある典型的な考え方として，知覚と存在の関係をひたすら主客絶対分離（知覚像と存在自体）の仕方でとらえる唯物論と実在論の哲学的立場がある。その立場がとる知覚外界像説と物自体主義によれば，赤いリンゴは冷蔵庫のなかでは，知覚されなくなった瞬間に感覚的性質をすべて消失させてしまい，つまりは素っ裸の物自体リンゴであるほかはなくなる。そして，そんな得体の知れない色なし骸骨リンゴにしたくなければ，あの"シュレーディンガーの猫"[3]でおなじみの"ウィーグナーの友人"よろしく，あらかじめ冷蔵庫のなかに私の友人を入れておき，そのまま彼にそのリンゴを知覚してもらうほかはない。そうすれば，リンゴはまちがいなく赤いリンゴのままでとどまっているはずだ。

　もっとも純論理的には，冷蔵庫の外部にいる私には，あらかじめその内部にいる私の友人もまた，じつは超感性的な"物自体人間"でないとまったく理屈にあわないだろう。そうだとすると，しかし外部にいる私やその他の人間にとっては，冷蔵庫の内部では，なにやら不可解な"物自体人間"が，同じく不可解な"物自体リンゴ"を，これまた不可解な"リンゴX"として知覚するという，なんとも奇怪きわまる存在論上の乱脈構図ができあがらざるをえない。

　もとより，そうはいっても冷蔵庫の内部においては，これと正反対にすべてが正常そのもので，私の友人はそれこそ嬉々として赤い

リンゴと戯れている，という次第である。もっとも私の友人では不満というのであれば，あらかじめ冷蔵庫のなかに一匹のゴキブリを入れておいてもよいだろう。もちろん，ゴキブリにも見る眼はあるわけだから，そのとき，はたしてリンゴはどのようなリンゴになるのであろうか。しかしなんらかの理由で，もしもゴキブリが死んでしまえば，とうぜん，冷蔵庫のなかのリンゴはふたたび本来の実存形態である色なし物自体リンゴへと逆もどりしてしまう。

　それにしても，扉一枚を境にした冷蔵庫の外部と内部におけるこの存在論上の信じがたい実在の落差——感性的なものと超感性的なもの——を，私たちはいったい哲学的にはどう把握し規定したらよいのだろうか。こうなると，二元論的唯物論の知覚外界像説と物自体主義という根本欠陥が，奇怪な哲学的パラドクスとして一挙に噴出したということだろう。

　ここでは，リンゴにかかわる知覚像と外界，あるいは，現象と物自体のあいだの二元論的な断絶構図が，冷蔵庫の外部と内部で表わされる知覚と存在の絶対分離の関係に，それこそピッタリと重なり合っているのだ。扉を境にした冷蔵庫の外部は，知覚＝知覚像＝現象という，リンゴが知覚されている状態に，さらにその内部は，存在＝外界＝物自体という，リンゴが知覚されていない状態にそれぞれ対応しあっており，そのことで冷蔵庫の外部と内部の関係は，そのまま知覚と存在の二元論的な絶対分離の関係をピッタリと表示するものになっているのである。知覚外界像説と物自体主義の立場をとるかぎり，そのように考える以外にはないのではなかろうか。

　(3) そして最後に，上述のような弁証法的唯物論の出口なしの大混乱を，いい加減な嘘をいうな！　といって非難する一部の頑迷な唯物論者たちには，あくまで知覚外界像説と物自体主義に立脚したままで，あるいは，神の知覚という手助けなしに，あの《だれにも知覚されていないのに，つまりは冷蔵庫のなかでも，知覚されてい

る赤いリンゴが実在している》という存在論上の決定的な矛盾撞着を，ぜひとも理論的に納得できるかたちで解決してくださるようお願いしたい。

　いずれにしても，知覚外界像説をとるかぎり物自体主義は必然であり，さらに物自体主義の立場をとるかぎりは，日常生活のごく平凡な場面においてすら不可解な物自体の登場は不可避なのである。じっさい，それはなにも思考実験としての"冷蔵庫のなかの物自体リンゴ"などと大袈裟なことをいう必要は少しもないのだ。

　極端な例をとれば，真夜中に隣の部屋で私の妻がふすま一枚へだててひとり熟睡しているとしよう。このとき彼女は知覚外界像説にしたがえば，私がこっそりと外から覗き見でもしていないかぎり，論理必然的に，なにか得体の知れない奇怪な"物自体人間"（超感性的な純粋無垢なもの）となって眠っているはずである。熟睡中の妻がまさか自分で自分を知覚している，というわけでもあるまい。そして，それがもしも絶対に不条理だと考えるのであれば，それこそ知覚外界像説も物自体主義も，ともにまちがいなく不条理なのである。つまりは，従来の唯物論も実在論も，哲学的存在論としては決定的に誤っている，ということである。

　ところで，哲学的には，もとより冷蔵庫のなかには，ほんとうは赤いリンゴが入っているのでなければならない。しかしまた冷蔵庫のなかに赤いリンゴを存在させるためには，どうしても知覚外界像説と物自体主義そのものを放棄しなければならない。

　明白であるのは，冷蔵庫のなかには赤いリンゴが存在することを論証する哲学的課題がたとえいかに解決困難であろうとも，それが正しく実現されないかぎり，近代の主客二元論哲学は真の意味ではけっして批判克服されたことにはならない，という事情である。じっさい，現代哲学において《実在とはなにか》という根本問題があらためて存在論‐認識論上の重要課題になっているとすれば，それ

は《冷蔵庫のなかで赤いリンゴはいかに客観的に実在しうるか》という問題を正しく哲学的に解決することで，知覚外界像説と物自体主義という近代の主客二元論を批判し克服する作業をついに完遂させる以外のなにものをも意味しないのである。

　もっとも，あの哲学上の実証主義者たちは，冷蔵庫のなかのリンゴが赤いか否かを問うことなど，まったく無意味な問題にすぎないと主張するにちがいない。つまり実証主義者たちによれば，冷蔵庫のなかには，哲学的にはあくまでも"無意味なリンゴ"が存在するにすぎないことになる。もちろん，しかしこれは理論的にはまぎれもない負け犬根性であり，たんなる逃げ口上でしかない。真の唯物論（実在論）にとっては，冷蔵庫のなかに"無意味なリンゴ"が入っているようでは完全な哲学的敗北であって，どうあっても赤いリンゴが存在するのでなければならない。ここでも，冷蔵庫の外部における赤いリンゴと，その内部での"無意味なリンゴ"とでは，その実在落差があまりにも大きすぎて話にならない。そもそも"無意味なリンゴ"とはどのようなリンゴであるのか。ようするに，提起されている問題をすすんで解決する哲学的能力がまったくない，ということの無気力な哲学的告白そのものではないのだろうか。

　いずれにせよ，冷蔵庫のなかで赤いリンゴはいかに実在しうるか，という哲学的存在論の問題は，たとえば針先にどれだけの天使が座れるか，という中世の哲学者たちを悩ませたとされる，それこそ文字どおり無意味なスコラ的問題とはその本質も性格もまったく異なるものだ。哲学上の実証主義者たちには，この両者の相違点がまるで理解できないようである。

## 2-3-4　知覚外界像説と物自体主義による奇怪な魔術二元論ショー

　さて，もはやことの次第はあきらかであろう。二元論的唯物論の知覚外界像説に忠実であるかぎり，生きた具体的対象である赤いリ

ンゴは，私によって冷蔵庫のなかへ移されて，扉が閉められた瞬間に，その感覚的性質をいっさい失って，純粋抽象の摩訶不思議な"純粋無垢なもの"へと変質してしまう。それにもかかわらず，この冷蔵庫のなかの色なし骸骨リンゴは，冷蔵庫の閉じた扉が開かれるや否や，ふたたび私に知覚されて，あら不思議！　一瞬にしておのが肉体を取りもどし，またもや赤いリンゴとなって立ち現われる，というわけである。

　こうしてみれば，知覚外界像説と物自体主義の唯物論哲学にみられる，これ以上に奇怪な哲学的パラドクスがあろうとは思われない。この摩訶不思議な魔術二元論ショーこそは，もともとは《知覚存在》(知覚実在物)として分離不可能な全体性をなす《知覚と存在》とが，いわば強制的に絶対分離させられて《知覚の知覚像化》と《存在の存在自体化》がおこなわれ，さらには，そのような《知覚像と存在自体》の関係が不可解な反映論によって関連づけられるという意味では，まさしく転倒した知覚疎外ショー以外のなにものでもないのである。とはいえ，知覚が知覚像ではなく，存在が存在自体ではないとすると，知覚と存在は，いったい哲学的には相互にどのような内的関係(構造)にあるものとして把握され規定されるべきなのだろうか。

　一言でいえば，知覚と存在とは，知覚外界像説がいうように，存在自体が模写されて知覚像が生まれるという主客絶対分離の関係ではなく，かえって知覚実在物説がいうように，分離不可能な知覚存在(知覚事物)として私たち人間にははじめから同時的に与えられるという主客相関の関係において理解されなければならない。もっとも，これが具体的になにを意味するかについては，以後の諸章でくわしく検討することにしよう。

### 2-3-5 冷蔵庫のリンゴは第一性質だけをもつ物質的実体であるか

ここで、もう一つ指摘しておくべき大切な問題点がある。それは、近代主客二元論の二つの哲学的ドグマを信奉する伝統的な唯物論者たちにとっては、これまでの筆者の批判的議論は、ほんとうはなんの不思議さも奇怪さもないはずだ、という点である。むしろ、冷蔵庫のなかのリンゴについて、それが色なし物自体リンゴであるという哲学的帰結を否認することのほうが、知覚外界像主義者（物自体主義者）にとっては、自己の哲学的立場にたいして理論的にずっと不誠実であるというべきだろう。それゆえ、"冷蔵庫のなかの物自体リンゴ"という思考実験も、あくまで色なし骸骨リンゴの現実的実在性を確信してやまない二元論支持の唯物論者からすれば、「いったい物自体リンゴのどこに哲学的パラドクスがあるのか」と、まさに馬の耳に念仏ということにならざるをえない。だれがどう批判しようとも、色なし物自体リンゴが頑として冷蔵庫のなかに客観的に実在する、というわけである。また、じっさいそうでなければ、知覚外界像説に基礎をおく弁証法的唯物論は、それこそ理論的にひどい矛盾撞着を犯していることになろう。

さて、事情はそういうことであるが、いま仮に百歩ゆずって、筆者としては知覚外界像説をひとまず容認するかたちにして、冷蔵庫のなかにはまさしく物自体リンゴが実在する、ということにするとしよう。では、そのうえで、いったい私にとってはなにが理論上の決定的問題であるのか。

簡単にいえば、知覚外界像説の唯物論哲学においては、外界リンゴとか、色なしリンゴとか、つまりは物自体リンゴといわれる超感性的対象は、その客観的実在性を当然のごとく強調されているにもかかわらず、それを存在論的にどのように概念規定するかという点になると、残念ながらまったく曖昧なままに放置されている、という現行の哲学的状況こそが重大な問題なのである。

いうまでもなく，弁証法的唯物論の「物自体」規定としては，あのレーニンの「私たちの感覚の外にある認識可能な未知なるもの」（前章を参照のこと）という周知の説明があるが，もとより，これはまったく不十分なものであって，とうてい厳しい哲学的検討に耐えうるものではない。知覚外界像説に基礎をおくレーニンの弁証法的唯物論によれば，赤いリンゴは，冷蔵庫のなかでは必然的にいっさいの感覚的性質を消失して，たんなる"認識可能な未知なる物"へと変身してしまうはずである。しかしこう主張されたからといって，これでなにか存在論‐認識論上の重要な問題が少しでも積極的に解決され前進したと考える人間は，ごく特別な人たちではなかろうか。ここでいわれる"未知なる物"は，知覚外界像説に立脚するかぎりは，結局はカント本来の物自体をたんに言葉のうえでいいかえたものにすぎない。

　それとも考えてみるに，唯物論がいう知覚外界像説における色なし骸骨リンゴとか，物自体リンゴとかいわれるものは，デカルト以降の近代二元論哲学，とりわけロックのいわゆる《第一性質のみをもった物質的実体》のことなのだろうか。すなわち，もっぱら幾何学と力学で扱われる或る形や或る大きさ，さらには或る運動状態だけをもった，そのかぎり色なし味なし臭いなしの……ニュートン力学的な微粒子的物体（物質）のことなのであろうか。

　じっさい，《物質とはなにか》をめぐるニュートン力学的な近代主客二元論と弁証法的唯物論のあいだの存在論上の否定しがたい共通点を思えば，このような理解の仕方はとうぜん許されるであろう。なぜなら，"冷蔵庫のなかのリンゴ"を，ロックがいう第一性質のみをもつリンゴ実体と考えるのは，それが超感性的リンゴを意味するかぎりでは物自体リンゴと理論的に同一視されても，けっして不自然とはいえないからである。

　そして，もしもそれすら許さないというのであれば，もちろん唯

物論者たちは，物質的実体としての色なしリンゴや物自体リンゴとはいったい哲学的にはなにを意味するのか，それは具体的にいかに概念規定されるのか，という問題をそれこそ存在論‐認識論的にしっかりと説明してみせる義務があるというものだろう。それをそうせずに，ただいたずらに物自体リンゴの客観的実在性だけを強調したところで，しょせん，それは怠惰な哲学的独断というものではなかろうか。

## 第4節　事物の第一性質と第二性質について

### 2-4-1　第一性質と第二性質の区別は哲学的フィクションである

　さて，唯物論における物自体リンゴが，もしも上述した意味におけるデカルト，とりわけロックがいう第一性質のみをもつ物質的実体であると考えることが許されるならば，そのように哲学的に把握されうるものは，とうぜん，第二性質である色や硬さ，香り，味などの主観的な感覚的性質(4)をまったくもたない純粋に客観的な実在でなければならないだろう。そのかぎりでは，そのような客観的実在は，唯物論哲学にとって，窮極の物質実体であるとされる理論上の資格を十分にそなえているといえよう。

　じっさい，すでに引用したように，近代の主客二元論者であるガリレイによれば，物体の色や香り，味といった人間の側にのみ属する感覚的性質（第二性質）は，もしも知覚主体がいなくなれば，必然的にすべて主観的なものとして消失してしまうのだ。あとに残るのは，ただ形や大きさ，運動といった幾何学‐力学的な性質だけをもった客観的な，なにか物質の固まり（第一性質）といわれるものにすぎない。ところでガリレイにとっては，人間知覚から絶対的に独立したこの意味の真の物質世界とは，結局はニュートン力学がい

う超感性的な微小粒子としての自然世界そのものなのである。

こうしてみれば，このようなガリレイ的な「物質」概念が，知覚外界像説と物自体主義という唯物論の立場にその基本部分で一致するものであるのは明瞭であろう。物自体リンゴをあの不可解な"物以前のモノ"や"純粋無垢なもの"，さらには"或るなにものか"といった純粋抽象の規定以上のものにしようとすれば，唯物論哲学はどうしてもガリレイやロックがいう，いっさいの感覚的性状（第二性質）をもたない，ただ第一性質のみをもつ物質的微粒子という二元論的な考え方をとらざるをえないのではないか。

いうまでもなく，「物質」概念の極端な抽象化という点では，あのデカルトもまた，ガリレイやロックとまったく同類である。デカルトにとっても，物体がもつ色や香り，味などは，どこまでも人間意識のなかのたんなる主観的感覚にとどまっている。それゆえ，たとえばリンゴという具体的物体から，赤い色や甘酸っぱい香りと味，硬さの手触り，といったすべての感覚的性質を順々に捨て去っていき，さて最後に《なにが残るか》といえば，そこに残るとされる"窮極のもの"こそは，リンゴという物体に固有の属性（それなしにはリンゴがリンゴでなくなる本具的性質）にほかならない。そしてデカルトは，これこそ"物体そのもの"であるとして，「長さと幅と深さの広がりをもった或るもの」[5]というふうに概念規定するのである。一般にデカルト哲学にいわれる三次元形状としての"延長するもの"とは，こうした意味における物質実体をいう以外のものではない。

私たちにとって重要なことは，デカルトにとってもまた，冷蔵庫のリンゴは，どこまでも「長さと幅と深さの広がりをもった"或るもの"である」とまったく抽象的にしか規定することができない，という点である。そのかぎりでは，デカルトの"延長するもの"は，やはり筆者がいう得体の知れない"純粋無垢なもの"そのものだ，

と考えざるをえないのである。

　もっとも読者諸氏のなかには,「いや,デカルトがいう延長もまた,やはりガリレイ,ロックがいう一種の微粒子的物体なのであって,それは形や大きさ,運動状態をもっており,そのかぎり,冷蔵庫のなかでも十分に意味があるものである」と強く反論される人たちがいるにちがいない。

　しかしながら,ここで決定的に問われているのは,じつはこのように事物の第一性質と第二性質を本質的に区別すること自体と,それを主張する哲学的存在論そのものの是非なのである。デカルトやロックは事物の第一性質と第二性質という区分をまったく当然視しているが,もしもそれが廃棄されるべき哲学的フィクション,すなわち,知覚疎外としての近代主客二元論にすぎないとしたら,いったい冷蔵庫のなかのリンゴはどうなってしまうのか。そうなれば,リンゴはもはや第二性質である色や味や香りのみならず,第一性質である形や大きさをも持ちえない純粋抽象物としか規定のしようがないだろう。こうなると微粒子的物体どころではないのである。

## 2-4-2　事物の第一性質と第二性質は不可分一体である

　同じように,事物の第一性質と第二性質という近代哲学に固有の区別が,もしもなんの科学的基礎づけもないただのイデオロギー的仮説にすぎないとしたら,いったい唯物論や実在論の哲学的存在論はどうなるのだろうか。じっさい,第一性質と第二性質の問題については,すでにバークリやヒュームによっても論じられており,その批判的見解の正当性はもはや古典的な意味をもっているといってよい。

　それによれば,(1) 事物の第一性質としての大きさ・形といった幾何学的性質と,第二性質としての色・硬さ・味・香りといった感覚的性質とのあいだには,なんら存在論‐認識論上の本質的な身分

区別はありえないとされる。(2) 両者はもともと不可分一体であって，可感的な第二性質から絶対的に分離され自立化した第一性質，すなわち，ガリレイやロックがいう第一性質のみをもった物体などは，およそ想うことも了解することも不可能だというのである。(3) さらにまた，仮に大幅に譲歩して，第一性質だけをもつ物体的実体をたとえ頭のなかでは理解できたとしても，私たち人間は，知覚とは絶対的に無関係な，そうした主客絶対分離の"物以前のモノ"とでもいうべき純粋な思惟抽象物（形而上学的実体）にたいしては，これに対象的‐感性的に接近するためのいかなる手がかりも，いかなる具体的方策ももつことができない，というのである。

じっさい，ある事物の客観的とされる幾何学的性質（第一性質）の形や大きさを，その主観的とされる感覚的性状（第二性質）の色をまったく考えずに，はたして正しく把握できるものだろうか。たとえばリンゴの色をまったく抜きにして，そのような色なしリンゴがどのような形や大きさをしているのか，私たちはそれを想ったり了解したりすることができるだろうか。リンゴがある特定の形や大きさをもちながら，しかもそれに色がまったくないとしたら，それこそたいへん奇妙な話ではなかろうか。

結論的にいえば，色を抜きにした形や大きさ，つまり，第二性質から絶対分離された第一次性質，同じことだが第一性質のみをもった物質的実体というようなものは，けっして客観的に実在しているわけではなく，あくまでも一つの形而上学的仮定としてたんなるイデオロギー的構築物にすぎないのである。

もっとも誤解を避けるために一言しておけば，以上のように主張したからといって筆者は，第一性質と第二次知覚の区別がなんの理論的意義をもつこともない，とはまったく考えていない。たしかに，近代自然科学の数量的方法においては，大きさや質量といった第一性質だけを備えたものが「物質」と規定されたのであり，しかもそ

れによってニュートン力学は絶大な成功をおさめたのである。それにもかかわらず、この第一性質のみをもつ物質的実体の実在性という、近代物理学にとって不可欠の根本前提は、いささかも確固とした経験的事実からひきだされたわけではなく、そのかぎり、たんにア・プリオリに想定された一つの形而上学的仮定としかいいようがないのである。

　さて、議論をもとへ戻そう。あるいは、以上の問題にかかわって読者諸氏のなかには、「冷蔵庫のなかではリンゴに色彩がないとはいえ、それでも真っ黒とか、無色透明とかではあるにちがいない」と反論する人たちがいるかもしれない。しかしだれが考えても明瞭なように、リンゴが真っ黒や無色透明であるという状態もまた、じつは人間が知覚する（見る）ことと無関係にはけっして語りえない感覚的性状ではなかろうか。このように、私たちがいう哲学的パラドクスの核心は、冷蔵庫のなかでは、リンゴは黒い色であるとか、無色透明であるとか、それすらも理論的に主張しえない点にあるといってよいのである。

　こうしてみると、ここでの問題の中心が、いっさいの感覚的性質をもたないにもかかわらず、つまりは、人間知覚から絶対分離された色なしリンゴであるにもかかわらず、それでもそのリンゴに特定の形や大きさをもたせることなどはたして可能であろうか、という一点に集中してくるのは明白であろう。そして、もしそれが可能でないとしたら、もちろん冷蔵庫のなかには、じつは第一性質も第二性質ももたない、それこそ得体の知れない純粋抽象物である"リンゴX"が入っていることにならざるをえない。とすれば、そのようなリンゴはもはや"空間そのもの"とまったく区別ができないのではなかろうか。

　それにしても、こうなると冷蔵庫のなかには、ただもう"有る"としかいいようのない、なにかヘーゲル流の"論理学的リンゴ"（純

粋有）が入っていることにもなりかねない。弁証法的唯物論者たちはこの点をいったいどう考えるのだろうか。もしも「とんでもない」と反論するのであれば，冷蔵庫のなかの色なし骸骨リンゴとはなんであるのか，ぜひとも知覚外界像説と物自体主義に立脚したままで哲学的に納得しやすく説明してもらいたいものだ。まさかこの期におよんで，じつは冷蔵庫には赤いリンゴが入っているのだ，というわけでもあるまい。といって，知覚外界像説と物自体主義を放棄しないかぎり，それも不可能であるのはいうまでもない。

こうして，《色なしの形》などおよそ想うことも了解することも不可能であるとすれば，現実的事物にその感覚的性質とされる色がないとき，じつはその現実的事物の幾何学的形状とされる形や大きさもまたないのである。いいかえれば，第一性質も第二性質も，二つながら頑として現実的実在の感覚的性質なのであって，両者は本来的に不可分一体なのである。そうした分離不可能な第一性質と第二性質が一体化されてはじめて，じつは知覚実在物という本源的世界がつくりあげられているのだ。私たちが生きる，この日常的な実在世界は，もともとは第一性質と第二性質とが不可分に統一された無数の知覚事物の総体としての全体世界にほかならない。第一性質と第二性質とが分離されうるのは，ただ思考の抽象力によってのみである。物理学に登場する"質点"などは，そういう意味での典型的な抽象物といえよう。

それをそのように考えずに，ひとたび第一性質と第二性質とを絶対分離させてしまえば，第一性質だけはますます自立的になって実体化＝客観化されるのに反して，第二性質はますます非自立的になって主観化されざるをえない。そうなれば，知覚実在物としての全体世界（本源的世界）は，いやでも十人十色の主観的世界と万人共通の客観的世界——知覚像世界と物自体世界——へと二元論的すなわち知覚疎外的に分裂するほかはないのだ。

もはや明瞭であろう。知覚事物の総体としての本源的世界から第一性質だけが自立的に抜けだして物自体的なものとして実体化してしまうのだ。そして不遜にも「われこそは真に客観的な実在世界なり」と宣言するのである。逆にいえば，第二性質としてあとに残されて，いわば脱け殻となった本来世界（本家本元）は，もはやたんなる主観的な，十人十色の知覚像世界へと矮小化されてしまう。こうして，知覚と存在とが"知覚存在"として一体であるような知覚事物の全体世界は，第一性質と第二性質という哲学的フィクションと深く絡みつつ，いまや"知覚像と存在自体"（主観的世界と客観的世界）という二つの部分世界へと二元論的に分裂させられて，ここに知覚空洞化としての知覚疎外の顚倒性構造——《現象‐物自体》存在構造——がみごとに完成するのである。純化された姿としては，カント物自体主義の二元論哲学こそがその近代的典型であるといえよう。

　ごらんのように，およそ以上が近代二元論哲学の批判され，克服されるべき《主観‐客観》構図といわれるものの本質である。第二性質と第一性質の絶対分離は，知覚と存在の絶対分離，いいかえれば，知覚事物の"知覚像と存在自体"への二元論的分裂にほとんど重なり合うものなのだ。これを考えるならば，事物の第一性質と第二性質とをイデオロギー的に仮定して，かつ両者をそれぞれ《客観的と主観的》へとふりわけ区別することが，いかに近代のニュートン力学的な自然科学的自然観（実在観）の誕生および確立と深くむすびついた一つの哲学的フィクションにすぎないかは，もはや語らずとも一目瞭然ではなかろうか。知覚外界像説と物自体主義の近代主客二元論が秘める最奥の哲学的秘密とは，以上の事実をいう以外のなにものでもないのである。

## 第5節　新しい哲学的存在論はいかにあるべきか

### 2-5-1　新しい唯物論の哲学的存在論はいかにあるべきか

いうまでもなく，真の唯物論（実在論）の哲学的存在論としては，冷蔵庫のなかでも，リンゴはどうしても赤いリンゴのままで実在するのでなければならない。色なし物自体リンゴを本源世界とみなす，逆立ちした主客二元論を拒否する新しい唯物論や実在論哲学にとっては，知覚実在物としての赤いリンゴこそが真の本源世界でなければならない。この存在論的立場によれば，物自体リンゴなるものは，第一性質と第二性質の統一体である知覚事物としての赤いリンゴから，いわば思考の抽象力によって《感覚》捨象的にとりだされて自立‐実体化させられた純粋な思考構成物，つまりは哲学的フィクションにすぎないのである。この意味の抽象リンゴはけっして現実的実在であることはできない。もしもこの点を否定するなら，あの魔術二元論ショーの哲学的パラドクスがたちまち不可避なものになってしまう。

そうではなく，冷蔵庫の外部であろうが内部であろうが，あるいは，人間が知覚しようが知覚しまいが，リンゴは始めから終わりまで赤いリンゴとして規定されなければならない。しかしそれには，知覚されたリンゴは知覚像ではなくどうしても知覚事物でなければならない。もしも知覚されたリンゴが知覚像にすぎないとすれば，それは主観的なものとして"頭の中"にある以外にはないから，冷蔵庫のなかのリンゴはいやでも色なし物自体リンゴであるほかはなくなってしまう。

反対に，もしも赤いリンゴがそのままで知覚事物であるならば，それはそれ自体で主観的かつ客観的なものとして"頭の外"にあると考える以外にはないから，したがって冷蔵庫のなかでも，リンゴ

はどうしても赤いリンゴとして存在し続けないわけにはいかない。少なくとも哲学的存在論としてはそう理解しないと、かえって理屈にあわなくなる。

 ところが、このように知覚と存在とを始めから知覚存在、あるいは知覚実在物とみなす新しい唯物論哲学の立場は、裸の存在自体こそが根源的実在であるとする知覚外界像説と物自体主義のもとでは、いわば原理的にまったく閉ざされてしまうのである。いいかえれば、知覚と存在とを主客相関物として分離不可能な全体性である知覚存在と捉えながら、しかも同時にそれを「知覚から独立である存在」と規定しうるような真の唯物論哲学への道は、残念ながら弁証法的唯物論の伝統的立場ではまったく不可能なのである。

 こうしてみれば、それが従来の唯物論であれ実在論であれ、知覚外界像説と物自体主義にもとづいて知覚と存在の絶対分離をとなえる主客二元論をすすんで批判し克服するという哲学課題は、《冷蔵庫のなかで哲学的にいかに赤いリンゴを実在させるか》という根本問題を解明する以外のなにものでもないことが、もはやだれにとっても明瞭であろう。(6)赤いリンゴはどこまでも主観的かつ客観的な知覚実在物なのであって、けっしてたんなる主観的な知覚像ではないのだ。新しい唯物論（実在論）の哲学的存在論がすすむべき正道はいまやおのずと明白であるといってよい。

# 第3章
# バークリ《存在即知覚》命題の哲学的分析 (1)


## 第1節 レーニン《実在モデル》とバークリ《実在モデル》

### 3-1-1 唯物論と観念論の最大の対立点はなにか

　レーニン唯物論とバークリ観念論の対決は，少なくとも唯物論者にとっては前者の圧倒的な勝利ということになっている。しかし私の考えでは，それはあくまでも《レーニン唯物論は物自体主義の主客二元論ではない》という前提に立ってはじめて通用する話ではなかろうか。それがそうでないとすると，レーニンははたしてバークリの《存在即知覚》説を真の意味で批判しきっているのか，たいへん疑問になってくる。というのは，もしもレーニン唯物論が主客二元論であるとすると，その誤った哲学的立場が正しいバークリ批判をなしとげたことになり，なんとも奇妙な事情になってくるからである。それどころか，レーニン唯物論が克服されるべき物自体主義であることになれば，むしろ逆に，ほんとうはバークリ《存在即知覚》説のほうが正しいのではないか，という存在論上の根本疑惑すら生じかねないのだ。

　すでに検討してきたように，《実在とはなにか》という哲学的存在論の根本問題をめぐっては，レーニンはひたすら主客絶対分離の立場から，反対にバークリはひたすら主客相関の立場から，それぞれこれに取り組んでいるといってよい。それではこの場合，レーニ

ン唯物論とバークリ観念論のあいだの哲学的存在論における最大の対立点は，いったいなんであるのか。

　一言でいえば，主客絶対分離をとなえる物自体主義が正しいのか，それとも主客相関をとなえる知覚実在物説（バークリ命題）が正しいのか，これが根本の争点である。レーニン唯物論とバークリ観念論という二つの敵対しあう哲学的存在論のうち，どちらが「実在」概念を真の意味で正しく把握して定式化しているか，これが問題の全核心である。

　レーニン唯物論の根本特徴は，その主客絶対分離の立場からは，物質としての客観的実在がどうあっても超感性的な物自体であるほかはない，という点にあった。しかもそのような超経験的な物自体が私たちの感官に作用して感覚像・知覚像がうまれる，という不可解な議論にならざるをえなかった。それでは，こうした物自体主義の「実在」概念は，これをとくに知覚と存在の関係において捉えるとき，いったい哲学的にはいかに理解され定式化されるのだろうか。というのは，レーニンによれば，《主観なしに客観はなし》とするのが観念論哲学の最大特質であったが，この主観と客観の相関関係を，さらに具体的に知覚と存在の相関関係（知覚存在）へと変換させてみせたのが，ほかならないバークリの《存在即知覚》命題であったからである。よく知られているように，レーニンはそのようなバークリの哲学的存在論にたいして，これを《知覚なしに存在はなし》とする典型的な主観的観念論であるとして徹底的な批判をくわえたのである。

　簡単にいえば，《知覚されるから存在する》あるいは《知覚されなくては存在しない》と主張する，バークリの主客相関の哲学的存在論からは，神の知覚という援軍なしには意識から独立の客観的実在を承認することは絶対に不可能である，というのが唯物論者レーニンの決定的確信であった。レーニン唯物論および弁証法的唯物論

が二元論的唯物論であるといわれるのは、バークリの《主客相関》哲学の克服を可能にする主客絶対分離の観点こそが唯物論哲学の土台であり、同じことだが、主観なしの純粋客観（客観自体）の現実的実在性をみとめるのが唯物論の哲学的存在論の原理・原則である、とするその物自体主義の根本姿勢に起因するといってよかったのである。そしてもちろん、そのような弁証法的唯物論の哲学的存在論からは、バークリ観念論とは正反対の《存在するから知覚される》あるいは《知覚されなくても存在する》命題が、それこそ声高らかに主張されるのだ。

しかしながら、私たちはここで硬直した発想をもう少し自由に泳がせる理論努力をしてみたらどうだろう。そこで、たとえば《存在即知覚》をいうバークリーの《主客相関》原理をとりあえず素直にうけいれて、そのうえで、神の知覚なしでも、つまりは知覚されていなくても、知覚された事物はそのままで客観的実在として知覚から独立に存在できるのではないか、とともかくも自問自答してみるのである。その結果、たとえば赤いリンゴは、だれからも知覚されていなくても、その赤い見え姿のままで知覚事物として客観的に実在しているという、そういう実在モデルをもしも理論的につくりあげ定式化することができるならば、これこそが物自体リンゴの主客二元論をただちにお払い箱にしうる真の唯物論（実在論）の哲学的存在論であるにちがいない。

じっさい、そのような主客相関にして、主観から独立の客観を定式化した実在モデルがもしも正しく構築されるならば、主客二元論の物自体や知覚像などはたちまち"オッカムの剃刀"（余計なもの）として厄介払いされてしまう。なにしろ、知覚される事物は、「物自体の感覚像」などという複雑怪奇な概念装置をもちださずとも、そのままで客観的実在そのものなのである。私たちが自分の眼で眺

め，手で触れる赤いリンゴは，けっしてなにかの写しではなく，そのままで実物の赤いリンゴなのである。私たちは日常生活のなかで，なにか知覚像や知覚表象をとおしてただ間接的にだけ事物や物体に接しているわけではない。つねにじかに実物としての赤いリンゴに接しているのである。これこそが，私たちの日々の生活実践に深く裏打ちされた，人類太古からの真の唯物論的立場というものではなかろうか。

この真に唯物論的な素朴実在観（自然観）が，デカルトやロック，とりわけカントにより《現象－物自体》存在構造にまで純化された近代二元論哲学の出現によって，文字どおり徹底的に破壊されたのである。すなわち，私たちがごく日常的に受けいれている知覚実在物説は，物自体リンゴの反映像や記号としての現象リンゴを食べるとか，あるいは，主観的な知覚像リンゴをつうじて客観的な物自体リンゴを食べるとかいった，なんとも不可解な主客二元論の実在観へと，いやでもその変質を余儀なくされたのである。

残念ながら，レーニン唯物論と弁証法的唯物論はその格好のお手本であるというほかはない。じっさい，もしもリンゴの赤い色が，知覚実在物としてのリンゴ自体にそなわる哲学的意味での客観的性質，つまりは頭の外に存在する意味での客観的性質ではなく，たんに頭の中に生ずる意識現象（主観的感覚像）にすぎないとしたら，「赤いリンゴを食べる」という言葉にどれだけ事実としての重みがあるというのだろう。

こうなると，リンゴの赤い色は，あたかも子どもの"ぬり絵あそび"ででもあるかのように，私たちの頭の外にある白地の物自体リンゴにむかって，奇怪にも頭の中からなにかの手段をもって塗られた色彩ということになってしまう。いいかえれば，外部に存在する色なし物自体リンゴへむかって，私たちの頭の中からそれにピッタリと重なり合うかたちで投射された知覚像としての赤い色というこ

とになってしまう。いったい頭の中にあるどんな魔法のクレヨンを使ったら、頭の外にある無地の物自体リンゴにたいしてそのような摩訶不思議な"ぬり絵"——寸分違わぬ重ね塗り——ができるのだろうか。そもそもそんな不条理な"ぬり絵"を可能にする頭の中から頭の外へとむかう、いかなる公認された物理-生理的な作用過程が存在するというのだろう。反対に頭の外から頭の中へとむかう作用過程（知覚因果説）であれば、まだしも話はわかるというものであるが。

もはやこれ以上いかなる説明も必要としないだろう。バークリの《存在即知覚》命題の唯物論的把握とは、知覚外界像説と物自体主義に起因する、こうした頭の外の知覚事物が頭の中の知覚像に矮小化されるという知覚疎外の転倒性を、なんの気負いもなく、頭の外に存在する赤い実物リンゴをじかに食べるという素朴実在観（知覚実在物説）の立場から積極的に批判し克服する試み以外のなにものでもないのである。

### 3-1-2 《知覚》×《存在自体》式か，《知覚＝存在》式か

さて、以上に述べた根本論点をふまえたうえで、ここでレーニン唯物論ならびに弁証法的唯物論の「実在」概念を、いわば図式的に一つの実在式・実在モデルとして定式化してみたいと思う。それは、バークリの《存在即知覚》命題にたいする直接の反テーゼとして、つぎのように記述することができる。

以下は、《私は赤いリンゴを知覚している》および《私は赤いリンゴを知覚していない》というとき、レーニンの弁証法的唯物論における物自体主義の実在モデル（実在式）では、いったい赤いリンゴはどのように把握され定式化されるのか、その点について述べたものである。

## レーニン唯物論の実在式

- 赤いリンゴは**知覚されているとき**，
  《**知覚**》×《**存在自体**》式で表わされ"知覚像リンゴ"である。

  ‖

  《赤い知覚像リンゴが現われる》

- 赤いリンゴは**知覚されていないとき**，
  《□□》×《**存在自体**》式で表わされ"物自体リンゴ"である。

  ‖

  《物自体リンゴが実在する》

（ただし《×記号》は知覚と存在の《分離性》を示す）

つぎに，バークリ観念論は「実在」概念をいかに理解するのだろうか。そこで以下は，《私は赤いリンゴを知覚している》および《私は赤いリンゴを知覚していない》というとき，バークリの《存在即知覚》命題の実在モデル（実在式）では，赤いリンゴはどのように把握され定式化されるのか，その点について述べたものである。

## バークリ観念論の実在式

- 赤いリンゴは**知覚されているとき**，
  《**知覚＝存在**》式で表わされ"知覚存在リンゴ"である。

  ‖

  《赤い知覚物リンゴが存在する》

- 赤いリンゴは**知覚されていないとき**，
  《□□＝□□》**知覚存在ゼロ式**で表わされ"ゼロ対象"となる。

  ‖

  《リンゴは存在消滅する》[1]

（ただし《＝記号》は知覚と存在の《相関性》を示す）

第3章 バークリ《存在即知覚》命題の哲学的分析（1）

ごらんのように，レーニン唯物論の実在モデルでは，客観的実在とその知覚による認識は，存在するから知覚されるという《知覚》×《存在自体》式のかたちで定式化される。ところで，この物自体主義の唯物論においては，知覚されているとき，赤いリンゴはあくまでも頭の中の知覚像にすぎないことに注意していただきたい。その反面，知覚されていないとき，赤いリンゴは《□□》×《存在自体》式で表わされ，超経験的な，いわば純粋無垢というべき物自体リンゴ（存在自体）である以外にはなくなってしまう。レーニン唯物論が物自体主義二元論とされる理由がここにある。

　他方，バークリ観念論の実在モデルでは，客観的実在としての外的対象は，知覚されるから存在するという《知覚＝存在》知覚存在式のかたちで定式化される。注意すべきは，唯物論とは異なって，赤いリンゴは知覚されているときは知覚存在であって，けっして知覚像ではないという点である。とはいえ，知覚されていないときは知覚ゼロとなるがゆえに，赤いリンゴは必然的に《□□＝□□》知覚存在ゼロ式で表わされざるをえず，文字どおりあとかたもなく存在消滅してしまう。そうならないためには，窮極の存在保証として神の知覚という手助けが不可欠であり，通説的に理解すれば，バークリの《存在即知覚》説が待ったなしの観念論哲学といわれるゆえんである。

　こうしてみると，レーニン唯物論の《知覚》×《存在自体》実在モデルにせよ，またバークリ観念論の《知覚＝存在》実在モデルにせよ，それぞれが哲学的存在論としてはたいへんな根本欠陥をかかえていることが明白であろう。なにしろ前者は，超越的物自体の現実的実在性をア・プリオリに根本前提しなければならないし，後者も，神の知覚という窮極の存在保証なしには，常識的意味の哲学的存在論としてはもはやそれ以上はやっていけない。とくにバークリの場合には，こうなると，哲学というよりはむしろ神の天地創造を

たたえる神学的存在論とでもいうべきであろう。

ところで，ここで留意すべきは，物自体にせよ神の知覚にせよ，その哲学的負債の重みという点では，両者ともに理論的にはまったく同等であるという事実である。唯物論者たちが語るように，神の知覚をもちだすから誤りであり，物自体ならば正しい，などと都合のよい議論には絶対にならない。哲学的疎外態としては，両者のあいだにはいかほどの相違もないのである。

しかしそれとともに，新しい唯物論（実在論）の哲学的存在論への正道は，レーニンの《知覚》×《存在自体》実在式とバークリの《知覚＝存在》実在式，つまりは《存在するから知覚される》命題と《知覚されるから存在する》命題という二つのものが，そのまま内的・構造的に統一された地平にこそあるのではないか，という明るい理論展望がおのずと開けてくるのである。

いうまでもなく，バークリの《知覚＝存在》実在式が意味しているのは，知覚と存在とは，なによりも知覚存在（知覚事物）として分離不可能な全体性をなしている，という主客相関の哲学原理にほかならない。ふつう定説的には，これは知覚なしに存在はなしという典型的な主観的観念論とみなされている。そのために，知覚されないとき，その《知覚＝存在》式はたちまち《□□＝□□》知覚存在ゼロ式となってしまい，これでは神の知覚にすがらないと外的対象（既存事物）の存在消滅にたいして手の打ちようがなくなる。これがバークリ実在モデルの最大の泣きどころである。

それにもかかわらず，この知覚存在という主客相関の哲学的立場をすすんで全面否定してしまうと，この意味の《知覚と存在》の一体的関係は，どうしても《知覚像と存在自体》というように知覚疎外的＝二元論的に分裂した仕方でしか把握できなくなってしまう。しかしこうなれば，あとはもう感覚が物自体を模写するという感覚

模写説（奇怪な哲学物語）の誕生となる以外にはない。冷蔵庫のなかには物自体リンゴが実在するしかなくなり，あの哲学的パラドクスが不可避ということである。

さて，こうした錯綜した理論状況に直面するとき，もしも私たちが唯物論者（実在論者）であるとしたら，いったい私たちはいずれの哲学路線を選択すべきなのだろうか。やはり唯物論の知覚外界像説と物自体主義の立場をあくまでも固守すべきなのか。それとも，思いきってバークリの知覚実在物説への困難な道をなんとか模索しつつ進んでみるべきなのか。

結局のところ，私たちはここで，バークリの《知覚＝存在》実在モデルをごく素直な態度でうけいれてみようではないか。そうすれば，その主客相関の哲学原理のおかげであの物自体の人間感官への作用とか，物自体の感覚像とかいった物自体主義二元論の知覚疎外からはなんなく逃れることができる。これは哲学的にはきわめて重要な前進ではなかろうか。

もっとも逆にそのために，通常のバークリ理解によれば，たとえば赤いリンゴは日常生活において知覚から独立した客観的実在であることができなくなってしまう。いま私が見ている赤いリンゴは，私によって見られなくなった瞬間に，たちまち存在消滅してしまう，とされるのである。

こうして，ここでの全問題の決定的核心がどこにあるか，いまやだれにとっても明瞭になってくる。主客相関か主客絶対分離か，バークリかレーニンか，という機械的な二者択一ではなく，バークリの主客相関の立場でもあれば，レーニンの主客分離の立場でもあるような哲学的存在論こそが追究されなければならない。それがいかに実現困難であろうとも，《知覚》相関的でありながら，しかも同時に《知覚》独立的であるような，すなわち，主観的かつ客観的な

知覚存在（知覚事物）こそが真に本源的な実在世界である、とする新しい哲学的存在論がすすんで確立されなくてはならないのだ。

### 3-1-3　バークリ実在モデルとレーニン実在モデルの内的統一

そこで以下では、バークリの実在モデルとレーニンの実在モデルとをいわば内的・構造的に結合させるとき、いったいそこに哲学的存在論のどのような新しい基本実在式（実在モデル）が誕生することになるか、まずはこの点を検討してみたいと思う。

最初に、バークリ観念論とレーニン唯物論における二つの実在モデルをあらためて記述してみると、すでに見てきたとおり以下のようである。

- **バークリの実在式**　《知覚＝存在》知覚存在式
   《**知覚されるから存在する**》
   ……（式1）

- **レーニンの実在式**　《知覚》×《存在自体》物自体式
   《**存在するから知覚される**》
   ……（式2）

つぎに、（式2）のレーニン《知覚》×《存在自体》実在モデルにおける右辺の《存在自体》項に、（式1）のバークリ《知覚＝存在》式をそっくりそのまま代入してみよう。哲学的にはこれは、物自体ではなく知覚存在、つまりは知覚事物こそが真の外的対象（客観的実在）である、と主張する私たちの新しい存在論的立場からすれば当然のことである。そうすると両者が内的・構造的に統一されて、以下のような新しい実在式（式3）がおのずと成立する。

（式2）へ（式1）を代入する

　　　　　　　左辺　　　　　右辺
　　　　　《知　覚》　×　《知覚＝存在》式　　……（式3）
　　　　　　　∥　　　　　　　∥
　　　　《知覚する主体》　《知覚存在》
　　　　　　　　　　　外的対象そのものを表わす
　　　　　　　∥　　　　　　　∥
　　　　　（レーニン式）　（バークリ式）

　さらに、こんどはこの（式3）の《知覚》×《知覚＝存在》式の左辺と右辺とを相互に入れかえてみよう。そうすると、以下のように（式3）が変形されたさらに新しい基本実在式（式3-1）がうまれるはずである。

　　　　　《知覚＝存在》　×　　《知　覚》式　　……（式3-1）
　　　　　　　左辺　　　　　　　右辺
　　　　　　　∥　　　　　　　　∥
　　　　　《知覚存在》　　　《知覚する主体》
　　　　　外的対象そのもの　主体がそれを知覚する
　　　　　　（バークリ式）　　（レーニン式）

　これは哲学的には、バークリの《知覚＝存在》式が分離不可能な全体性としての知覚存在（知覚事物）を表わし、それゆえ知覚されるべき外的対象そのものを表示しているので、それをまず基本実在式の左側にもってくる意味がある。このとき、右側へまわったレーニン式における《知覚》項は、そうして成立した外的対象（知覚存在）をいわば外部から"覗き見"するかたちで知覚したり、知覚しなかったりする《知覚主体》とその知覚行為そのものを言い表わす

ものと理解していただきたい。

　こうして（式3-1）のレーニン命題とバークリ命題の統一された基本実在式は、さらに以下のように最終的に変形される。このように成立した実在式（式4）こそは、もっとも基本的というべき新しい実在モデルにほかならない。

**基本実在式　《知覚＝存在》×《知覚　主体》式……（式4）**
　　　　　　　　　　‖　　　　　　　　　‖
　　　　　《知覚存在》を　《私は外部から知覚している》
　　　　　　　　　　　　　　‖
　　　　知覚存在としての《外的対象》そのものを表わす
　　　　　　　　　　　　　　‖
　　　　バークリの《存在即知覚》命題が意味するもの

　さて、（式4）は以下のように解釈する。知覚存在（知覚事物）としてあらかじめ現実的に実在している外的対象（たとえば赤いリンゴ）を、知覚主体（認識主体）は、いわば外部から"覗き見"するかたちで直接に知覚している。あるいは、あらかじめ与えられている外的対象（赤いリンゴ）が、知覚主体（認識主体）によって外部から"覗き見"されるかたちで直接に知覚されている、といっても同じことである。いうまでもなく、唯物論がとなえる知覚外界像説と物自体主義とに固有な《物自体が模写されて感覚像が生ずる》といった主客二元論の考え方が出番となる機会は、ここにはまったくないといってよい。

## 第2節　知覚現在・知覚中断・知覚捨象という新しい概念

### 3-2-1　知覚現在と知覚中断について

ところで，物自体主義二元論を克服するために，（式2）のレーニン唯物論の実在式にいわばバークリの《存在即知覚》命題をそのまま内的・構造的にとりいれて成立したこの基本実在式（式4）にとって決定的問題となるのは，この新しい実在モデルによって，はたしてバークリ学説最大の泣きどころである《知覚されなくては存在しない》という哲学的観念論をほんとうに克服できるのだろうか，という根本の疑問である。もしそれが無理難題というのであれば，新しい基本実在式はそれこそ理論的になんの値打ちもないことになる。つぎに，私たちにとって重要なこの問題点をさらに掘り下げて吟味してみよう。

そこでたとえば，知覚主体である私は一個の赤いリンゴを見ているとしよう。赤いリンゴは，私によって現に知覚されており，かつ現に存在しているような知覚存在——左辺の《知覚＝存在》式で表示される——として，まぎれもなく外的対象であるといってよい。このとき，この知覚事物である赤いリンゴを，新しい実在モデルの《知覚＝存在》×《知覚　主体》式に直接にあてはめてみよう。さて，赤いリンゴの客観的実在性はどうなるだろうか。

- **《赤いリンゴは知覚されている》——知覚現在——**

　　**実在式　《赤いリンゴ》　×　《知覚　主体》式　……（式5）**
　　　　　　　　‖　　　　　　　　　　‖
　　　　　外的対象としての　　　　私はその既存事物と
　　　　　赤いリンゴがあら　　　　しての赤いリンゴを

| かじめ既存事物と | 現に外部から知覚し |
|---|---|
| して存在している。 | 認識している。 |

**《赤いリンゴはあらかじめ存在し，かつ現に知覚されている》**

ごらんのように，知覚主体により外部から知覚されているとき，知覚存在（知覚事物）である赤いリンゴは確固とした客観的対象として実在している。そこで，このような知覚と存在の哲学的関係を，私たちは**知覚現在**，あるいは**知覚現在の存在次元**と呼ぶことにしよう。厳密にいえば，知覚現在とは，あらかじめ外的対象は現実的に実在しており，かつ，それは知覚主体（認識主体）によって現に外部から知覚されている，ということである。

それではつぎに，私によって知覚されなくなるとき，それでも赤いリンゴは存在消滅することなく，そのまま客観的に実在し続けるであろうか。この点について，同じく（式4）の新しい実在式を使って吟味してみよう。

▪ **《赤いリンゴは知覚されていない》**──知覚中断──

**実在式　《赤いリンゴ》　×　《□□　主体》式**　……（式6）
　　　　　　　‖　　　　　　　　　‖

| 赤いリンゴは外的 | しかし私はその |
|---|---|
| 対象＝知覚存在と | 赤いリンゴをい |
| してあらかじめ存 | ま知覚し認識し |
| 在している。 | ていない。 |

**《赤いリンゴは"知覚されなくても"存在している》**

さて，（式5）における右辺の《知覚　主体》式は「私は赤いリンゴを知覚している」を意味するものと了承していただきたい。そ

して，このような《知覚　主体》式が（式6）の《□□　主体》知覚ゼロ式へと移行すると，こんどは「私は赤いリンゴを知覚していない」（知覚中断）を意味することにしよう。そうすると（式5）と（式6）から明白なように，知覚されようと知覚されまいと，つまり，**知覚現在**であろうと**知覚中断**であろうと，そのことは外的対象である赤いリンゴの客観的実在性にはなんの影響もおよぼすことがない。赤いリンゴはあいかわらず知覚から独立して《知覚＝存在》知覚存在式のままで客観的に実在している。けっして知覚存在リンゴの実在消滅を表わす《□□＝□□》知覚存在ゼロ式になったりしないことがわかる。一言でいえば，赤いリンゴは，知覚主体によって知覚（認識）されなくても，けっして《□□＝□□》×《□□　主体》赤いリンゴ・ゼロ式となって存在消滅したりはしないのである。

　そこでとくに，外的対象（知覚存在）としての赤いリンゴは《知覚されなくても存在している》という，このような知覚と存在の哲学的関係を，私たちは**知覚中断**，あるいは**知覚中断の存在次元**と呼ぶことにしたい。厳密にいえば，知覚中断とは，外的対象はあらかじめ現実的に実在しているので，それは知覚されなくても実在している，または，外的対象はあらかじめ現実的に実在しているのだが，それはいまだ知覚（認識）されていない，ということである。

　以上，ご理解いただけたであろうか。ともかくもバークリ実在モデルとレーニン実在モデルとは内的・構造的にきれいに統一されて，ここに新しい唯物論哲学の新しい基本実在式（式4）が確立されたのである。知覚事物としての赤いリンゴは知覚されないときでも，それとは無関係にその見え姿のままいつまでも実在し続けるのである。（式6）の《赤いリンゴ》×《□□　主体》式は，この意味の**《知覚されなくても存在する》**という知覚中断の存在事象をあますところなく定式化するものになっている。

一般に，私たちが日常的に外的対象を知覚しているとか，知覚していないとかいう場合には，上述した意味での知覚現在の存在次元，あるいは，知覚中断の存在次元における外的対象の知覚過程のことがいわれているのである。この知覚現在と知覚中断という二つの存在領域では，知覚されるべき赤いリンゴは，《知覚＝存在》式のかたちであらかじめ現実的に実在している知覚存在リンゴであり，それゆえ，そのような外的対象の客観的実在性もまた当然あらかじめ根本前提されている。そのうえで，このすでに現実的に人間に与えられていて，"不可逆的な既存事物"となっている赤いリンゴは，ただたんに知覚主体によって外部から知覚される（知覚現在），あるいは知覚されない（知覚中断）という，ごく通常の認識過程にかかわっているにすぎない。いずれの場合にも，赤いリンゴは，知覚から独立した客観的実在として存在している。赤いリンゴの客観的実在性は，既存事物である知覚事物をたんに外部から覗き見するだけの知覚現在や知覚中断という知覚の在り方，つまり，通常の認識過程には少しも影響されることがない，ということである。

　ちなみに，ふつう心理学や認知科学，さらに物理‐生理学などが研究対象にする知覚や知覚過程（認識過程）といわれるものは，すべて上述の意味におけるあらかじめ外的対象が現実的に実在している知覚現在と知覚中断という二つの存在次元，すなわち，知覚されても知覚されなくても，外的対象はそれとは無関係に存在しているような実在領域にのみ関連している，ということができよう。

　さらに，一般に唯物論や実在論の哲学においては，物質としての外的対象は《知覚されなくても存在する》ものとして，その知覚から独立の客観的実在性が徹底して強調されるのであるが，こうした主張もまた，ひたすら知覚中断の存在次元，つまりは《知覚＝存在》×《□□　主体》知覚されなくても知覚存在（既存事物）は存在している式にのみ関係する問題であることは，あらためて指摘する必

要もないだろう（厳密には，唯物論や実在論の哲学的存在論では，この意味の外的対象は知覚存在（知覚事物）ではなく，かならず物自体にならざるをえないのだが，いまはこの点はとりあげない）。

しかしながら，そうであるとすると，ここに一つの新しい問題が生じてくるのは避けられない。すなわち，あのバークリ観念論の《知覚されなくては存在しない》という根本命題は，いったい存在論的にはどこに，どのように位置づけされるべきなのだろうか。それはたんに，知覚中断の《知覚されなくても存在する》という唯物論の根本命題を，ただひたすら全面否定するだけのごく単純な，しかも誤った対立命題（観念論の考え方）にすぎないのだろうか。

### 3-2-2 とりわけ知覚捨象の存在次元について

こうして最後に，残されたもう一つの重要な実在式（実在モデル）をどうしても検討しなければならない。ここでは中心の問題は，これまでの知覚現在や知覚中断という二つの存在次元とは本質的に区別されて，外的対象である赤いリンゴはあらかじめ現実的に実在していないという，きわめて特異な存在領域にかかわっている。知覚中断の場合のように，認識対象としての赤いリンゴは，知覚される以前にすでに実在している**既存事物**＝現実的実在であるとはけっしていえないのだ。つまり，この存在次元では，知覚されてはじめて現実的に実在することのできる**未存事物**として，赤いリンゴはあくまでも可能的実在としか存在論的に規定のしようがないのである。認識主体にとって，赤いリンゴのそのような存在次元は，なにも知覚されず，なにも存在しないという，そのかぎり《□□＝□□》知覚存在ゼロ式という仕方でしか記述しえないような《潜在的実在》世界の領域なのである。

このように，知覚されるべき外的対象（知覚存在）がいまだ現実的に実在していない，そのかぎり《知覚されるから存在する》とし

か説明しようのない未存事物＝可能的実在にのみかかわる，いわばゼロ存在の特異次元のことを，私たちはとくに**知覚捨象の存在次元**と呼ぶことにしよう。

　そこで以下，このゼロ存在の特異次元をとらえる実在式（実在モデル）を定式化してみると，つぎのように（式7）のかたちで述べることができる。ただし，ここでは読者諸氏の理解を容易にするために，はじめに（式5）の知覚現在の存在次元からはじめて，つぎに（式6）の知覚中断の存在次元へ，さらに最後に（式7）の知覚捨象の存在次元へとすすむことにしたい。

　　まずは（式5）　　《赤いリンゴ》×《知覚　主体》式
**《知覚現在》**

　　　　　　　　　赤いリンゴはあらかじめ現実的に存在しており，しかも現にいま外部から知覚されている。

　　つぎに（式6）　　《赤いリンゴ》×《□□　主体》式
**《知覚中断》**

　　　　　　　　　赤いリンゴはあらかじめ現実的に存在しているが，いまだ知覚されていない。一般的には，赤いリンゴは知覚されなくても存在している。

　　そして（式7）　　《□□＝□□》×《□□　主体》式
**《知覚捨象》**

　　　　　　　　　赤いリンゴはあらかじめ現実的に存在していないので（左辺式），それは原理的に主体によって知覚されえない（右辺式）。そ

れゆえ，知覚存在としての赤いリンゴが現実的に存在しうるためには，まずは知覚されなければならない。つまり，知覚存在（《知覚＝存在》式）となってまずは現実的に立ち現われなくてはならない。このような知覚捨象の存在次元では，赤いリンゴは知覚されないかぎりは，いまだ抽象的な可能的実在＝未存事物にとどまっており，《知覚されなくても存在している》というわけにはとてもいかない。ここでは，外的対象としての赤いリンゴは，知覚されてはじめて，現実的に実在することができる。こうしてみると，知覚捨象のバークリ次元では，知覚されて現実的に立ち現われないかぎり，外的対象はたんに潜在的実在，あるいは，"無"であるとしか規定のしようがなく，《□□＝□□》知覚存在ゼロ式で表わされる可能的実在の抽象的世界（論理的世界）というほかはない。(2) いいかえれば，物自体リンゴなるものは実在しない，ということである。

　以上，ごらんのとおりである。ここではとりわけ（式7）に注目していただきたい。この知覚捨象の実在式を解釈すると，あらかじめ現実的に存在してない赤いリンゴ（左辺式）は，また原理的に主体によって知覚することができない（右辺式），ということである。赤いリンゴはあらかじめ現実的に存在していないを表示する左辺の《□□＝□□》リンゴ未存式においては，知覚事物としての赤いリ

ンゴは《知覚されなくては存在しない》のであり，あるいは《知覚されるから存在する》のである。

　なにも知覚されず＝なにも存在しない《□□＝□□》知覚存在ゼロ式から《知覚＝存在》知覚存在式へと移行してはじめて，赤いリンゴはそれまでの抽象的な未存事物（可能的実在）から具体的な既存事物（現実的実在）へと存在飛躍して，ほんとうに現実的に実在することができる。

　くりかえすと，このように，いまだ現実的に外的対象として実在していない未存事物－可能的実在にのみかかわる《□□＝□□》知覚存在ゼロ式として記述される実在領域を，私たちは**知覚捨象の存在次元**，または**知覚捨象**というカテゴリーで呼ぶことにしたい。この知覚捨象の存在領域では，物自体の現実的実在性をみとめるのなら話は別であるが，そうでなければ，外的対象としての知覚存在は，どうしても《知覚されなくては存在しない》のである。《知覚されなくても外的対象はあらかじめ現実的に存在している》と主張するのは，少なくとも知覚捨象の存在次元においては，物自体主義の立場をとらないかぎりけっして許されるものではない。

　じっさい，知覚捨象の実在領域における以上のような事実は，（式4）の実在モデルである《知覚＝存在》×《知覚　主体》式を少しでも詳細に吟味するならば，ただちに了解できるにちがいない。当然ながら，そのときには，知覚存在を表わす左辺の《知覚＝存在》式こそが中心の問題関心になってくる。この外的対象そのものを意味する《知覚＝存在》知覚存在式において，もし"知覚"項がゼロ知覚となって知覚されないになれば，それとともに"存在"項もまたゼロ存在になって存在しないになるのは，もとより論理的必然というべきであろう。それゆえ知覚されないときは，外的対象（知覚存在）を表わす《知覚＝存在》式はいやでも《□□＝□□》知覚存在ゼロ式である以外にはなく，これではそもそも外的対象（知覚存

在)は現実的に立ち現われようがないのである。

　知覚捨象の存在次元というのは，このように，すべてのものが《知覚されなくては存在しない》ような哲学的存在論上の特異な抽象的世界，すなわち，可能的実在＝未存事物の潜在的世界なのである。知覚されないときに，外的対象を表わす《知覚＝存在》式が，なにか"存在"項だけを自立-実体化させた物自体主義の《□□》×《存在自体》実在式になることはけっしてないのだ。

　しかしながら，私たちにとって理論的にいっそう重要なのは，以上のような知覚捨象の存在事象を，これまでとは異なって，まったく逆の順序過程でとらえた場合であろう。すなわち，まず最初に，物自体をも含めてなにも知覚されず＝なにも存在しない《□□＝□□》知覚存在ゼロの実在次元がなによりも始元としてあるということ，これが知覚捨象をめぐる全問題の出発点なのである。

　ところで，そのような《□□＝□□》ゼロ世界式で表わされる知覚捨象の存在次元においては，哲学的には，外的対象としての知覚存在はそもそもいかなる仕方により現実的に立ち現われるのだろうか。じつはこの点が大問題なのである。外的世界として物自体ではなく知覚存在（知覚事物）を考えるとすれば，《□□＝□□》ゼロ世界式が現実に《知覚＝存在》知覚存在式へと移行するという存在論上の一大飛躍をとげるためには，どうしても知覚されてはじめて存在することができるという意味において，主客相関による同時的な立ち現われの仕方をとるのでなければ，およそ不可能ではなかろうか，ということが大問題なのである。

　つまり私たちは，なにも知覚されず＝なにも存在しない知覚捨象という特殊な実在領域（《□□＝□□》式）においては，あの《存在とは知覚されることである》という，バークリの《存在即知覚》命題の正当性をどうしても了承せざるをえないのだ。知覚捨象の存在次元にたいしても，知覚中断の存在次元にのみかかわる唯物論の

《知覚されなくても存在する》命題をそのまま機械的に拡大適用してしまうと、いやでも知覚されなくても物自体は存在しているとなってしまって、そのために物自体の客観的実在性をすすんで根本容認せざるをえなくなり、たちまち物自体主義二元論へと転落するほかなくなってしまう。

　一言でいえば、左辺の《知覚＝存在》式で表わされる知覚捨象のバークリ次元では、知覚されなくなると、すでに実在している外的対象（既存事物）がたちまち存在消滅してしまう、という意味の議論にはけっしてならないのである。これでは、典型的な主観的観念論であるといわれても仕方がないだろう。そうではなく、いまだ《□□＝□□》知覚存在ゼロ式という、はじめから原理的に可能的実在の抽象的世界にすぎないのだから、知覚されないかぎり、そもそも外的対象は具体的な知覚存在となって立ち現われようがないではないか、バークリの《存在即知覚》説はただそう主張しているにすぎないのだ。このようにバークリ命題がいう可能的実在＝未存事物の特異次元においては、どんな意味でも外的対象はいまだ現実的に実在していないがゆえに、もともと存在消滅しようにも、はじめから存在消滅すべきもの（消滅すべき既存事物）それ自体がどこにも、なにも見当たらないのである。これではバークリ命題がいかに観念論になろうとしても、いわば論理的になりようがないのではなかろうか。

　こうしてみると、バークリの《存在即知覚》命題がいう知覚捨象の存在次元とは、本来的に観念論の考え方がなりたたない世界なのだ、ということがいまや明瞭であろう。《存在とは知覚されることである》というバークリの哲学命題は、いまだ抽象的な未存事物＝可能的実在であるものは、知覚されれば具体的な既存事物＝現実的実在となって立ち現われることができるが、しかし知覚されなければ知覚存在として現実的に立ち現われることはできない、つまりは、

そのまま抽象的な未存事物＝可能的実在にとどまっているほかはない，ただそのような意味での"万人共通の客観的真理"を記述しているにすぎないのである。そして以上の事実は，知覚されなくなると，あらかじめ既存事物＝現実的実在として存在している外的対象そのものが存在消滅してしまうという，あの観念論哲学に特有の立場とは，文字どおり本質的にはなんの関係もないものなのだ。

　あきらかなように，私たちの議論展開のここまでの段階においてすら，バークリの主観的観念論とされる《存在とは知覚されることである》命題については，すでに上述のような肯定的な，つまり観念論の考え方とはまったく関係のない積極的内容をすすんで述べることが可能なのである。そこでつぎに，知覚捨象の存在次元をめぐる以上の錯綜した考察を，さらに理解しやすいかたちに整理してみよう。

### 3-2-3　知覚捨象の存在次元をとりあえず総括してみる

　(1) もしも知覚されなくなると，外的対象を表わす《知覚＝存在》式はたちまち《□□＝□□》知覚存在ゼロ式へと転化しそうである。一見すると，文句なしに知覚存在の存在消滅，したがってバークリ観念論を思わせるこの移行過程には，しかし理論的にはなんの問題点も見当たらない。なぜなら，なにも知覚されず＝なにも存在しない《□□＝□□》ゼロ式から，ひとたび《知覚＝存在》式のかたちで外的対象として立ち現われた知覚存在は，もはや不可逆的な既存事物になってしまっているからである。それゆえ知覚されなくなると，この意味の外的対象がふたたび以前の《□□＝□□》知覚存在ゼロ式へと逆もどりして存在消滅するとは，この日常世界では原理的にまったく考えられない。《□□＝□□》知覚存在ゼロ式という可能的実在から確固とした《知覚＝存在》式という現実的実在となって立ち現われることで，すでに既存事物となった知覚存在＝外的

対象は、このあとは、もはやたんに知覚中断の存在次元、すなわち、唯物論がいう《知覚されなくても存在する》命題にのみ関係しうるにすぎない。そのかぎりここには、ただ常識的な意味の唯物論の「実在」問題——実在は知覚から独立して存在しているか——があるだけである。そして以上の事実を、ひたすら知覚中断の存在次元として定式化しているのが、知覚されなくても赤いリンゴは存在しているという、(式6)の《赤いリンゴ》×《□□ 主体》知覚中断式にほかならない。

(2) そうではなく、真に根本の「実在」問題であるのは、なにも知覚されず＝なにも存在しない《□□＝□□》知覚存在ゼロ式から、いかなる仕方によって外的対象(既存事物)を表わす《知覚＝存在》知覚存在式が現実的に立ち現われることができるか、というあくまでも知覚捨象の存在次元にのみかかわる課題なのである。

(3) そして、この知覚と存在はいかにして知覚存在(外的対象)として現実的に立ち現われうるかという最深部の「実在」問題については、あの物自体主義を根本前提にするのでなければ、結局はバークリ命題の《存在とは知覚されることである》あるいは《知覚されるから存在する》という仕方による主客相関の同時的な実在生成を考えるのでなければ、その正しい解決はおよそ不可能ではないのか、というのが筆者の積極的な提言にほかならない。

知覚捨象の存在次元をつらぬく内的論理の必然性としては、知覚と存在はそれこそ知覚存在として同時にかつ一挙に立ち現われる、いいかえれば、知覚なしに存在はなく、存在なしに知覚はなしという、どうしても知覚と存在の分離不可能な全体性を考えざるをえない。知覚と存在は、そのような一体的関係として始めから終わりまで主客相関的なもの(知覚事物)だということである。そして、それはまた、あらかじめ外的対象が現実的に実在していないような、つまりは抽象的な可能的実在にのみかかわる知覚捨象の存在次元で

あればこそ理論的に容認されうる事柄なのである。

　こうして，以上から帰結されうる必然的かつ決定的な結論は，バークリの《存在とは知覚されることである》命題はどこまでも知覚捨象の存在次元，すなわち，知覚捨象のバークリ次元をありのままに捉えたものとして，万人が承認すべき普遍的な哲学真理を定式化したものだ，という事実である。そのかぎり，それは観念論であるどころか，正真正銘，哲学的存在論上のきわめて重要な真理命題なのである。

　ただそうはいっても，このバークリの《存在即知覚》命題が，本来属すべき知覚捨象の存在次元（未存事物）から切り離されて，唯物論の《知覚されなくても既存事物はそのまま存在している》とする知覚中断の存在次元へまで不当に拡大適用されるとき，それはたちまち《知覚されなくては既存事物は存在することができない》という，それこそ一大歪曲された観念論的内容へと変質してしまう。そうなればあとは，バークリ命題はあたかも唯物論を克服するだけが中心目的の誤った対立命題であるかのように誤解されること必定である。世にいうバークリの主観的観念論なるものは，その根底の本質においては，じつはこうした哲学上の根本理由によって誕生することになったものなのだ。従来の哲学および哲学史において，バークリの哲学的存在論がほとんど全面的に否定されてきたのは，そこに考慮されるべき重大な時代的制約があるとしても，きわめて問題ありというべきであろう。

### 3-2-4　知覚中断と知覚捨象の本質的差異について

　以上にわたる考察から明白になった基本論点はなんであろうか。哲学的存在論として明確に主張しうることは，外的対象があらかじめ現実的に実在しているので，それは《知覚されなくても存在する》

あるいは《存在するから知覚される》という知覚中断の存在次元のほかに、外的対象があらかじめ現実的に実在していないので、それは《知覚されなくては存在しない》あるいは《知覚されるから存在する》という知覚捨象の存在次元のあることが、いまや確固とした哲学的事実になったという点であろう。

　《知覚されなくても存在する》命題の知覚中断と、《知覚されなくては存在しない》命題の知覚捨象との区別は、そのまま二つの存在次元の本質的な差異性を表わしており、いわば理論的に絶対的なものである。それゆえ、この二つの命題は、じつは両者しも《知覚中断》という同一共通の存在次元にのみかかわっており、そのかぎり相互に全面的に否定しあう対極命題である、すなわち、唯物論と観念論として根本的に敵対しあっている、などと素朴に考えることは本来的に不可能なのだ。二つの命題は、それらが属する固有の存在次元（知覚中断と知覚捨象）においては、それぞれが普通的な真理なのである。

　とりわけ知覚捨象の存在次元という、未存事物＝可能的実在だけしか存在しない《□□＝□□》知覚存在ゼロ式の抽象的領域では、**知覚項**なしにはどんな**存在項**もありえないし、逆に**存在項**なしにはどんな**知覚項**もありえない。知覚捨象のバークリ次元においては、知覚と存在とはどうしても《知覚されるから存在する》という仕方をつうじて分離不可能な全体性である知覚存在（外的対象）として同時的＝相関的に立ち現われることができるだけだ、そのように考える以外にはないのである。それとも唯物論者たちは、たとえ知覚捨象のバークリ次元であろうとも、同時的＝相関的な知覚存在の立ち現われではなく、あくまでも《知覚されなくても存在する》というかたちで知覚から絶対分離した存在自体があらかじめ先在していて、それが模写されることで知覚像として現象するのだ、とどうしても強弁するのだろうか。

しかし筆者からすれば,《知覚されなくても存在する》という知覚中断の存在次元における既存事物の現実的実在性にのみかかわる「実在」問題を,不当にも《知覚されなくては存在しない》という知覚捨象の存在次元における未存事物の可能的実在性にのみかかわる「実在」問題へと拡張することによって,どうしてもバークリ次元における物自体の客観的実在性を主張してやまないこうした哲学的立場こそは,まちがいなく独断的唯物論そのものではないのか,と思われてならない。もっとも,同じように超経験的な"或るなにものか"を理論的にどうしても設定せざるをえない実在論哲学の立場もまた,その点では独断的実在論と規定しないわけにはいかないのだろう。

　もともとは知覚中断の存在次元にのみ適用が許される《知覚されなくても存在する》という唯物論の命題は,本来的に,その本質がまったく相違する《知覚されなくては存在しない》という知覚捨象の存在次元へは,つまりは物自体の客観的実在性にかかわる本来の「実在」問題へは,けっして機械的に拡大延長されてはならないのである。たとえ二つの命題のなかに,いかに「知覚されない」という共通の言葉がみられようとも,両者はけっして同じ存在次元,つまり,知覚中断の存在次元において唯物論と観念論として敵対しあう二つの対極命題である,とみなされてはならないのだ。

　結局,唯物論者（実在論者）といわず,観念論者といわず,これまですべての哲学者たちは,この「知覚されない」という一点をたがいに共通させる知覚中断の《知覚されなくても存在する》と,知覚捨象の《知覚されなくては存在しない》という二つの存在命題（存在次元）の本質的関連を,それこそ共通する二つの「知覚されない」のごく無造作な同一視をつうじて,残念ながらみごとに把握しそこなったのである。どういうことかというと,この存在次元を基本的に相違させる二つの命題は,誤って両者ともに等しく知覚中

断の存在次元にのみ関係するものと理解されてしまい，その結果として，ひたすら唯物論と観念論として対立しあう，ごく平板な相互敵対の命題へと卑小化されてしまったのである。

こうして実際には，私たちの日常生活に深く基礎をおく《知覚されなくても存在する》命題だけが，ごく当然のように唯物論（実在論）の哲学的立場としてすすんで正当化されることになった。両命題はもっぱら知覚中断の存在次元にのみかかわる相互敵対的な存在命題であるかのように誤解されて，一方は正しい唯物論（実在論），他方はそれを頭から否定する誤ったバークリ観念論というふうに，きわめて不当な一方的議論へと矮小化されてしまったのである。いいかえれば，世の哲学者たちは，あのバークリ本人を除けば，これまで知覚捨象の存在次元をけっして本格的な哲学探求の対象にすることがなかった，ということである。

### 3-2-5　知覚中断と知覚捨象の本質的関連について

たんなる知覚中断の存在次元において，知覚主体である私が知覚したり，知覚しなかったりするだけで，たとえばリンゴがじっさいに生成したり消滅したりするようでは，哲学的には主観的観念論といわれても仕方がないだろう。しかし知覚捨象の存在次元においては，いまだ《□□＝□□》ゼロ式として未存事物＝可能的実在にすぎない抽象的リンゴは，知覚されることによって《知覚＝存在》式にならないかぎりは，どうにも赤いリンゴという具体的な既存事物＝現実的実在となって立ち現われようがないのである。そのかぎり，赤いリンゴは《知覚されなくては存在しない》のである。もちろん，このように主張したからといって，それは観念論の考え方とはなんの関係もないことはいうまでもない。

こうしてみると，従来のようにレーニン唯物論とバークリ観念論

とをただ同一列上にならべて直接対決させるような常識的な考え方は，いまや知覚中断と知覚捨象という二つの存在次元（二つの「知覚されない」）の本質的区別が厳密に規定された以上は，とうてい許されるものではなかろう。知覚捨象の存在次元と知覚中断の存在次元とは，けっして観念論と唯物論として敵対的に対立しあう相互関連にはないのである。この存在論上の疑いえない事実は，いうまでもなく（式4）の基本実在式（実在モデル）によっても容易にみてとることができる。そこで以下，この点を総括的に検証してみよう。

## 知覚捨象と知覚中断とは存在次元がまったく相違する

**基本実在式 《知覚＝存在》 × 《知覚　主体》式……（式4）**
‖　　　　　　　‖
知覚捨象の次元　　知覚中断の次元
‖　　　　　　　‖
《知覚存在》を外部から　《私は知覚する》
《外的対象》を外部から　《私は認識する》
‖　　　　　　　‖
《知覚されなくては存在しない》・《知覚されなくても存在する》
《知覚されるから存在する》　・《存在するから知覚される》
‖
バークリ命題　　　　レーニン命題
従来の観念論である　従来の唯物論である

二つの「知覚されない」（知覚される）の存在次元は本質的に異なっている。それゆえ，二つの命題を観念論と唯物論として同一の存在次元（知覚中断の存在次元）において対極的に対立させるのは誤りである。

もはやこれ以上の説明をする必要もないだろう。バークリ観念論の《知覚されなくては存在しない》命題と，唯物論（実在論）の《知覚されなくても存在する》命題とでは，それぞれその適用されるべき存在次元がまったく異なっているのである。前者はただひたすら左辺の《知覚＝存在》式——知覚されるべき外的対象（知覚存在）がはじめて現実的に立ち現われる——にのみかかわり，後者はただひたすら右辺の《知覚　主体》式——そのように与えられた外的対象（知覚存在）を根本前提にしたうえで，そうした既存事物が認識主体にとってたんに外部から知覚される・知覚されない——にのみかかわっているにすぎない。

　こうして，知覚中断と知覚捨象——《知覚されなくても存在する》命題と《知覚されなくては存在しない》命題とは，たがいに対立的関係にあるどころか，むしろ積極的に一つの補完的関係にあることが明白である。というのは，知覚捨象の存在次元における"知覚存在の立ち現われ"なしには，そもそも知覚中断の存在次元において，知覚主体が認識すべき外的対象そのものがあらかじめ与えられないからである。そうかといって，あの"冷蔵庫のなかの物自体リンゴ"という哲学的パラドクスを覚悟したうえで，あえて物自体こそは真の実在なりとする古い唯物論（実在論）で満足するのであれば，もとより問題はまったく別様に展開されるのであろうが。

　従来の唯物論は，私たちがいう知覚中断と知覚捨象という二つの存在次元の本質的区別については理論的にまったく無頓着であった。《知覚されなくても存在する》命題と《知覚されなくては存在しない》命題のあいだに横たわる存在論上の一大深淵にまったく気づくことがなかったのだ。そのために唯物論者（実在論者）たちは，バークリ命題をたんに唯物論哲学（実在論哲学）を否定するとんでもない主観的観念論にすぎないとごく無造作に理解して，それ以上は理論的にまったく掘り下げようとしなかったのである。

しかもそれが大きな理由となって唯物論者や実在論者はいうにおよばず、世のほとんどの哲学者たちが、これまでバークリの《存在即知覚》命題をたんなる主観的観念論としてどれほど安易な理論的姿勢をもって取り扱ってきたことだろうか。理由はどうであれ、これまでの哲学と哲学史の全体が、バークリ《存在即知覚》説の真の存在論的本質を、それこそごく気軽に見逃してきたのである。


## 第3節　バークリの《存在即知覚》命題の正当性

### 3-3-1　バークリ命題の全面否定は哲学史上最大の誤解である

　ここで重要なことは、バークリの《存在即知覚》命題はその真の本質からすれば観念論でもなんでもなく、あくまで知覚捨象の存在次元をありのままに捉えて記述した事実命題にほかならない、という基本の考え方を私たちがどこまで積極的に承認できるかという点である。そして、もしも以上の筆者の立場をどうしても了承できないのであれば、そのような人びとには、物自体主義に陥ることなく、どうしたら《存在するから知覚される》という知覚中断の唯物論的次元において"知覚されるべき外的対象"があらかじめ哲学的に与えられうるのか、この点をぜひとも説得的に説明してもらいたいと思う。知覚疎外態としての物自体の客観的実在性を承認するのならともかく、《知覚されるから存在する》という知覚捨象のバークリ次元（バークリ命題）をすすんで根本前提することなしには、以上がおよそ不可能であることは、私にはまったく自明の事柄のように考えられる。

　こうして、近代観念論の典型として哲学史上もっとも悪評高いにもかかわらず、バークリの《存在即知覚》説はその本質規定においては、じつは正真正銘ただしい哲学的存在論なのだという逆説的真

理が、いまやだれにとっても明白なものになってくる。バークリの《存在即知覚》命題の全面否定こそは、まちがいなく哲学史上最大の誤解にほかならない。

### 3-3-2　読者諸氏からの反論、知覚存在もまた消滅するはずだ

しかしながら、ここで読者諸氏は激しく反論するのではなかろうか。どういうことかというと、（式4）の私は知覚存在としての赤いリンゴを知覚しているという《知覚＝存在》×《知覚　主体》式について、それが私は知覚存在としての赤いリンゴを知覚していないへと移行するときには、この実在式は、知覚存在である赤いリンゴもまた存在しなくなるという意味では、どうしても知覚捨象の《□□＝□□》×《□□　主体》式（式7）になるのでなければ、理論的にまったく理屈に合わないのではないか、という当然の批判である。けっして知覚されなくても赤いリンゴは存在しているという意味における知覚中断の《知覚＝存在》×《□□　主体》式（式6）にはならないのではないか、という当然の反駁である。

なぜなら、赤いリンゴが認識主体によって知覚されないときには、右辺の《知覚　主体》知覚する式がいやでも《□□　主体》知覚しない式になるのは必然としても、同時に、外的対象である赤いリンゴ自体を表わす左辺の《知覚＝存在》式もまた"知覚されない"になるので、それはとうぜん、知覚存在リンゴの存在消滅を意味して《□□＝□□》知覚存在ゼロ式になるのでなければ、どうしても理論的に辻つまがあわないからである。

じっさい、知覚中断をいう《知覚　主体》式にも、さらには知覚捨象をいう《知覚＝存在》式にも、ともに「知覚」（知覚される）が共通して含まれている以上は、このことを理論的に疑う余地はないはずである。もしこの意味における二つの知覚が同一共通の「知覚される」であるとすれば、知覚中断の存在次元で「知覚されない」

(《□□　主体》知覚しない式)になる以上は，それに準じて知覚捨象の存在次元でも「知覚されない」(《□□＝□□》知覚存在ゼロ式)になるのでなければ，たしかに理論的にはきわめて不整合であるといわざるをえないだろう。

　そして，もしもそのとおりであるとすれば，ここで《知覚＝存在》式として表示される外的対象（既存事物）としての赤いリンゴは，認識主体により知覚されなくなると（《□□　主体》式），たちまち《□□＝□□》知覚存在ゼロ式となって存在消滅する以外にはなく，これはもう弁護の余地のないバークリの観念論哲学そのものではないのか，とこういう読者諸氏の厳しい批判的指摘にもなってくるわけである。

　以上のかぎりでは，いかにも適切な読者諸氏の反論であるといえよう。このような読者諸氏の批判にたいして理論的に正しく対処できないようでは，これまでの筆者の考察も，しょせんはただの無駄話にすぎなかったことになる。それでは，この反論にむかって私はいかに反撃するのだろうか。

　一言でいえば，読者諸氏の反論は，あきらかに理論的にある一つの決定的な根本前提を仮定することにもとづいており，ただそれに依拠するかぎりで有効な反論でありうるにすぎない。それゆえ，もしもその根本仮定そのものに誤りがあれば，読者諸氏の批判的指摘もまた，とうぜん誤りであることにならざるをえない。しかしそれは具体的にはどういうことか。

　さて，私の議論を読者諸氏が反駁するさいに，それが依存している理論上の根本前提とは以下のとおりである。（式4）の私は外的対象（既存事物）を現に知覚しているを表示する《知覚＝存在》×《知覚　主体》**知覚現在**式において，私は知覚しているを意味する右辺の《知覚　主体》式における知覚と，さらに外的対象＝知覚存

在そのものを意味する左辺の《知覚＝存在》外的対象式における知覚とは，両者ともに理論的にまったく"同一の知覚"である，とする根本仮定がそれである。

あらかじめこうした根本仮定がなされていればこそ，あの《知覚＝存在》×《知覚　主体》実在式において，右辺の《知覚　主体》知覚する式が《□□　主体》知覚しない式に変わるとき，それと同時に外的対象そのものを表わす左辺の《知覚＝存在》式もまた必然的に《□□＝□□》知覚存在ゼロ式となって，たとえば知覚存在としての赤いリンゴはただちに存在消滅するのでないと，理論的になんとも道理にあわないと考えられてくるのである。

こうしてみれば，筆者による再反論の理論的意図がどこにあり，それがなにを意味するかは，もはや指摘するまでもなかろう。右辺の《知覚　主体》式における知覚と，左辺の《知覚＝存在》式における知覚とは，あきらかにその本質規定をまったく相違させた二つの知覚にほかならないのだ。それぞれが帰属する存在次元（知覚中断と知覚捨象）がまったく異なるので，たとえ右辺の《知覚　主体》知覚する式が《□□　主体》知覚しない式になろうとも，それにつれて左辺の《知覚＝存在》式までが《□□＝□□》知覚存在ゼロ式になる理論的必然性は少しもないのである。それだからこそ，知覚中断の《□□　主体》式のかたちで私はリンゴを知覚していないとなっても，赤いリンゴは知覚捨象の《知覚＝存在》式（知覚事物）のままで不可逆的に既存事物として存在し続けることができるのだ。つまり知覚中断の存在次元において，赤いリンゴは知覚から独立の外的対象である，あるいは知覚されなくても存在していることが可能となるのである(3)。

ようするに，唯物論の《知覚されなくても存在する》命題と，バークリ観念論の《知覚されなくては存在しない》命題とは，そこに

共通にふくまれる二つの知覚(知覚されない)がまったく異なるもの(別次元のもの)であるゆえに,その意味内実からして,たがいに非対立的な二つの命題という以外にはないのである。

それにもかかわらず,なお二つの命題のあいだに緊密な理論的関係があるとすれば,(1)それは知覚捨象の存在次元がいわば論理的にどうしても知覚中断の存在次元に先行するのでなければ,そもそも知覚され認識されるべき知覚存在＝外的対象それ自体があらかじめ現実的に実在することも,また私たち人間にあらかじめ現実的に与えられることも不可能になってしまう,という事情なのである。《知覚されるから存在する》とともに,それゆえに《存在するから知覚される》のである。内的理論としては,まずはバークリの存在命題が先にあって,つぎに唯物論(実在論)の存在命題が後にあるのでなければならない。そうすることではじめて,物自体主義二元論は真に克服されるのだといえよう。

(2)こうして,もしも両命題のあいだに以上のような内在化された補完関係がないとすると,そもそも認識主体が知覚存在として立ち現われた外的対象(既存事物)を知覚したり,知覚しなかったりする知覚現在と知覚中断の二つの存在次元そのものが,まったく成立不可能になってしまう,という深刻な事情にもなってくるのである。といって,私たちが物自体主義の立場をとって,じつは私たちは物自体(物自体リンゴ)を直接の認識対象にしているのだ,というのであれば話はまったく別様になるのはいうまでもない。

ところで,以上の二つの決定的論点は,これまで世の哲学者たちによってはまったく気づかれずにきたのであった。そのおかげで,バークリ命題はそれこそ一方的に歪曲され誤解されてしまったのである。すなわち,唯物論や実在論の《知覚されなくても存在する》命題をただ全面否定するだけの途方もない観念論的妄想にすぎないかのように,少なくとも従来の哲学と哲学史ではなんの疑問もなく

取り扱われてきたのである。もっとも，これには，じつはバークリ本人の理論上の不手際が大きな原因にもなっている事情があるのだが，この点については次章で具体的に検討することにしよう。

　さて，知覚中断の存在次元において認識主体により知覚されなくなると，それにつれて知覚捨象の存在次元に立ち現われた赤いリンゴという知覚存在＝外的対象もまた存在消滅しないとどうしても理屈に合わないのではないか，という読者諸氏の当然ともいえる疑問も，以上にわたる議論をつうじて基本的には解消されたものと考えたい。それにしても，知覚中断と知覚捨象という二つの存在次元にかかわって，私たちは《二つの知覚とはなにか》という根本の問題をあらためてさらに追究しなければならないようである。

# 第4章

# バークリ《存在即知覚》命題の哲学的分析 (2)

## 第1節 "シュレーディンガーの猫"の謎について若干

**4-1-1 前章の総括として——二つの知覚を区別する**

この第4章では,二つの知覚をめぐる問題のさらなる解明をつうじて,バークリ命題の真理性をいっそう説得的に論証してみたい。そのためにも,これまで検討してきた知覚と存在の存在論的関係をあらためて確認することから始めたいと思う。

あらかじめ現実的に実在している外的対象が,認識主体によりたんに外部から知覚されることを表わす《知覚＝存在》×《知覚 主体》基本実在式が,私たちに理論的にもたらした積極的なものは,要約すれば以下のようになる。

（1）基本実在式の《知覚＝存在》×《知覚 主体》式において,知覚されるべき外的対象を示す左辺の《知覚＝存在》式は,どこまでも未存事物＝可能的実在のみにかかわる知覚捨象の存在次元に属している。反対に,その知覚捨象のバークリ次元をつうじて与えられた外的対象（知覚存在）が根本前提されて,それを知覚主体がたんに外部から覗き見することだけを意味する右辺の《知覚 主体》式は,既存事物＝現実的実在にのみかかわる知覚現在と知覚中断という,日常的＝古典的な二つの存在次元に属するにすぎない。

このように，いまだ《□□＝□□》知覚存在ゼロ式という未存事物＝可能的実在にすぎないものが，じっさいに《知覚＝存在》式という既存事物＝現実的実在として立ち現われるような実在領域は，一般に知覚捨象の存在次元といわれる。バークリ観念論がいう《知覚されるから存在する》命題あるいは《知覚されなくては存在しない》命題は，この意味における知覚捨象のバークリ次元に固有のものである。

　他方，そのように知覚存在として立ち現われることで不可逆的な既存事物＝現実的実在となった外的対象があらかじめ根本前提されて，たんに外部から知覚主体により覗き見されるかたちで，常識的に知覚されたり認識されたりするだけの実在領域は，一般に知覚中断の存在次元といわれる。唯物論がいう《存在するから知覚される》命題あるいは《知覚されなくても存在する》命題は，この意味における知覚中断の日常次元に固有のものである。

　(2)　こうして，知覚されるべき外的対象の生成次元（未存事物から既存事物へ）そのものにかかわる知覚捨象の《知覚＝存在》式における知覚と，すでに立ち現われた既存事物を外部から認識する知覚中断の《知覚　主体》式における知覚とは，あきらかにその存在論上の本質をまったく別にした，二つの異なる知覚であるのは明白だといってよい。バークリ《存在即知覚》命題における知覚は，本来的にはこの前者である知覚捨象の存在次元にのみ関係している。それゆえ，この意味の知覚——《知覚されないと可能的実在は現実的実在として立ち現われない》命題——が，たとえ知覚中断の存在次元へと機械的に延長適用させられて《知覚されないと現実的実在は存在消滅してしまう》命題という観念論的主張がなされたとしても，それはあくまでバークリ命題が曲解されて生じた誤った理論的帰結にすぎない。バークリの《存在即知覚》命題そのものには基本的になんの理論的責任もないということである。

(3) その結果，同じことだが，唯物論の《存在するから知覚される》命題と，観念論の《知覚されるから存在する》命題もまた，その本質規定からすれば，じつは相互に非敵対的な二つの存在命題にすぎないことが決定的になった。すなわち，唯物論と観念論として敵対しあう対極命題という意味では，この二つの命題はけっして本来的にはそのような排斥関係にはないことが明瞭になった。なぜなら，二つの命題がかかわる実在次元そのものが，それぞれ知覚中断と知覚捨象というようにその存在論的本質をまったく相違させているからである。

 (4) それでは，知覚捨象と知覚中断とは，いかなる意味でも理論的になんの相互関連もないのだろうか。もちろん，そのようなことは考えられない。そもそも外的対象（知覚存在）がじっさいに立ち現われて，私たち人間に所与の事物として与えられる知覚捨象の存在次元なしには，そうした外的事物＝既存事物の現実的実在性をあらかじめ根本前提するかたちで，それが外部から知覚され認識されるという知覚中断の存在次元そのものがまったく成立しえないのである。そのかぎり，両者はきわめて緊密な，いわば相互に補完的ともいうべき理論関係にあるのは明瞭であろう。そして，もしも以上の考え方を拒否しようものなら，そのような哲学的立場はたちまち物自体主義二元論に転落しないわけにはいかないのだ。

 従来の常識的理解からすればいかに不可解であろうとも，バークリ観念論がいう《知覚されるから存在する》命題があらかじめ論理的に先行しなければ，唯物論がいう《存在するから知覚される》命題そのものが，物自体主義を正しく拒否した姿ではまったく成立不可能なのである。そのかぎりでは，バークリ観念論なしには，じつは新しい真の唯物論はありえないのだ。少なくとも従来の意味での唯物論と観念論の対立と，そこでの唯物論（実在論）の一方的な勝利という公認された一般的構図は，もはやその有効性をまちがいな

く失ってしまったのである。結果論としていえば，唯物論者や実在論者たちは，この理不尽で不快きわまる存在論的帰結からなんとか逃れるために，物自体主義の主客二元論をいやでも選択するのを余儀なくされた，とでもいう以外にはなさそうである。

(5) そして，さらに残された重要な問題は，唯物論の《知覚されなくても存在する》命題と，観念論の《知覚されなくては存在しない》命題における二つの「知覚されない」とは，いったい哲学的にはいっそう具体的になにを意味するのか，という根本の疑問である。もちろん，これを《存在するから知覚される》と《知覚されるから存在する》という両命題における二つの「知覚される」といいかえても，問題の本質は少しも変わらない。

いずれにせよ，二つの知覚，およびそれらがかかわる二つの存在次元——《知覚》中断と《知覚》捨象——を明確に区別することが正当であり，その哲学的本質が正しく解明されるならば，近代の主客二元論を真の意味で克服する新しい哲学的世界が，それこそ一挙に開けてくるにちがいない。


じっさい具体的には，たとえば量子力学をめぐる哲学上の存在論や認識論についても，いわゆる「測定」概念と「観測」概念の正しい区別と理解とにかかわって，それはまちがいなく決定的な影響を与えるにちがいない。すなわち，「測定」と「観測」の両概念には，じつは知覚捨象と知覚中断という二つの存在次元が，それぞれ直接的に対応するものになっている，ということである。多少とも量子力学の「観測」問題に関心をいだく人間であれば，これだけの示唆でも理論的にはすでに十分すぎるはずである。

そこで，あの"シュレーディンガーの猫"の謎についていえば，生きた猫と死んだ猫との《重ね合わせ》状態は，検出器であるガイガー・カウンターが放射性物質の崩壊を記録した段階ですでに収縮

してしまっている。私たちの新しい哲学的存在論の言葉でいえば，このとき，知覚捨象の存在次元において可能的実在（波動）から現実的実在（粒子）への存在飛躍にかかわる**測定**（感覚作用）という立ち現われ過程が，まちがいなく実現されたのである。とはいえ，すでに猫の生死がいずれかに確定してしまって，そのすでに現実的に与えられている測定の客観的結果（記録データ）を，研究者が外部から覗き見するかたちで認識（知覚作用）するかしないかは，あくまで知覚中断の存在次元における現実的実在（量子的粒子）にのみかかわる**観測**という，一つの主観的な認識行為にすぎないのだ。

そのさい，哲学的に重要なことは，量子力学においては，知覚捨象の存在次元におけるすでに**測定**（感覚過程）されてどちらかに決定してしまっている猫の生死の客観的結果を，私たちは知覚中断の存在次元においてすぐさま**観測**（認識過程）することなく，そのままの状態でいつまでも放置しておくこともできる，という事実であろう。つまり知覚捨象のバークリ次元における猫の生と死の《重ね合わせ》状態という**可能的実在**は，この知覚中断の存在次元では，すでに観測（認識）とは無関係な，それから完全に独立した**現実的実在**，すなわち，知覚＝観測されなくても存在しているという古典的な，不可逆的な**既存事物**（客観的記録）になってしまっている。

そして，このような測定と観測（感覚と知覚）の現実的分離は，すなわち，知覚捨象と知覚中断という二つの存在次元の現実的分離は，リンゴや三毛ネコのような通常物体のマクロ世界ではおよそ不可能であり，そこではたんに抽象的な論理的分離だけが必然的に想定されうるのみなのだ。しかしながら，原子や素粒子のような量子実在のミクロ世界では，それが文字どおり具体的なかたちで実現されるのである。この測定過程と観測過程の現実的分離，あるいは知覚捨象と知覚中断という二つの存在次元の現実的分離こそは，波動関数で表わされる可能的実在（可能性の重ね合わせ）が根本の出発

点となって成立する量子力学の真の哲学的土台なのである。いいかえれば、量子力学こそは、あらかじめ外的対象が現実的に実在していないような、そのかぎり未存事物＝可能的実在のみかかわる知覚捨象のバークリ次元とその物理的構造を直接の研究対象にする科学にほかならないのである。

　ともかくも、量子実在をたんなる可能的実在（波動関数）から現実的実在（量子的粒子）へと現実的に立ち現われさせる測定（感覚）なるものは、すでに知覚捨象の存在次元において、すなわち、ガイガー・カウンターが放射性物質の崩壊を機械的に記録した段階において、まちがいなくおこなわれてしまったのである。それゆえ、この知覚捨象のバークリ次元における機械的＝無意識的な測定過程（感覚過程）には、観測者の主観的な意識作用がじかに介入して影響を与えるような余地は、いわば最初から皆無であるといってよい。そうしてみれば、猫の生死をめぐる現実的な立ち現われという**測定過程**（感覚過程）と、知覚中断の存在次元においてすでに不可逆的な既存事物として立ち現われて、それが忠実に記録された客観的結果を、研究者がたんに外部から認識するにすぎない**観測過程**（知覚過程）とは、それこそ哲学的に厳密に区別されなければならない。同時にそれはまた、知覚捨象と知覚中断という二つの存在次元が哲学的に厳密に区別されるべきことを意味するものだ。

　いずれにしても、知覚捨象と知覚中断という二つの存在次元がはっきりと存在論的に分別されてみれば、これまで"シュレーディンガーの猫"について提起されてきた数々の哲学的謎なるものは、そのすべてが基本的には解決されてしまうのではなかろうか。観測とはなにか、あるいは、観測はいつ、どこで、だれがおこなうのか、つまり、原子の崩壊はガイガー・カウンターが観測しているのか、それとも認識する人間の意識（自我）が観測しているのか、そもそも測定と観測とは区別される必要があるのか、もし必要があるとす

ればその哲学上の根拠はなにか，といった諸問題は，知覚捨象と知覚中断という二つの存在次元の本質が究明されることで，すべて哲学的に十分な説得性をもって解決し説明しうると思われる。

(6) 最後に，レーニン唯物論あるいは弁証法的唯物論の二元論的本質，つまりは物自体主義という根本欠陥は，その直接の理論原因としては，レーニンを中心にした唯物論者たちが《二つの知覚》という決定的問題の所在にまったく気づくことがなかった，という一点に起因すると考える以外にはなさそうである。

唯物論がいう知覚中断の《知覚されなくても存在する》命題と，バークリ観念論がいう知覚捨象の《知覚されなくては存在しない》命題とにおける二つの本質的に異なる「知覚されない」を，レーニンは迷うことなく，たんに知覚中断の存在次元における同一共通の「知覚されない」にすぎないと判断したのである。そのうえで唯物論哲学者レーニンは，《知覚されなくては存在しない》と主張するバークリの存在論は，それこそ唯物論哲学の根本命題《知覚されなくても存在する》を真正面から否定するとんでもない主観的観念論である，といささかも躊躇することなく一方的に断罪したのだ。

## 第2節　バークリ《存在即知覚》命題はどう理解されているか

### 4-2-1　哲学史におけるバークリ命題の一般的解釈

世界が客観的に実在するとき，唯物論者や実在論者たちは，世界は《知覚されなくても存在する》という言い方をする。いわゆる《知覚から独立した客観的実在》という定式は，このような唯物論や実在論の哲学的存在論をきわめて簡潔かつ適切に言い表わしたものだ。反対に，それに正面から挑むように観念論者たちは，世界は《知覚されなくては存在しない》という言い方をする。哲学史的には，バ

ークリの《存在即知覚》説——存在とは知覚されることである——が, この近代観念論の真髄をみごとに定式化したものとされている。それの定説的な解釈によれば, 私たちが見ているものは疑いもなく外的実在であるが, この知覚事物は, しかしだれかによって絶えず見られていなければ, じつは存在しないのである。

 こうして,《知覚されなくても存在する》という唯物論の立場と,《知覚されなくては存在しない》という観念論の立場とは, たがいに哲学的存在論としては正面から敵対し排除しあうことになる。もっとも常識的には, その勝負のゆくえは, いわばけじめから決まっているようなものだ。どう理論的にとりつくろっても, いま私に見えているリンゴが, 私の眼が閉じられ, 知覚されなくなった瞬間に存在しなくなる, というのはなんとも理不尽な話というほかはない。まさにそれが理由で, 近代観念論の完璧な定式化とされるバークリの《存在即知覚》命題は, 哲学史上もっとも評判の悪い学説の一つになっている。とりわけ実在論者カントが『純粋理性批判』(第2版)のなかで, バークリの《存在即知覚》哲学をあからさまに「独断的観念論」と断罪して以来というもの, バークリにたいする哲学史上の評価はいよいよ悪評きわまりないものへと定着してしまった。

 いうまでもなく, こうしたバークリ悪役説は, もちろん現代にあっても, 哲学的存在論におけるバークリ理解の正論として哲学者たちのあいだで圧倒的に支持されている。その言い分をみると, それは以下のとおりである。

 哲学的存在論としては,《知覚されなくても存在する》という唯物論 (実在論) の命題はまちがいなく真であり, 他方また,《知覚されなくては存在しない》という観念論の命題はまちがいなく偽である。なぜなら日常世界における生活実践のあらゆる諸経験が, 私たちにこの判断の正当性をほとんど絶対的なかたちで確信させてくれるからである。当然ながら, それは同時に近代観念論の原理的な

総仕上げとされるバークリの《存在即知覚》学説が，知覚なしに存在はなしとする主客相関の存在消滅論であるがゆえに誤りとされることと不可分一体である。

ごらんのように，これが現代哲学においても，学派を問わず圧倒的に容認されているバークリの哲学的存在論にたいする一般的理解の傾向である。それぞれが独自多彩な諸学説を展開している哲学者たちも，こと「実在」問題となると，《知覚されなくても存在する》という唯物論や実在論の根本命題をまるごと拒否することは滅多にないといってよい。そのかぎりでは，ほとんどの哲学者たちは徹底した反バークリ主義者であり，《知覚されなくては存在しない》というバークリ存在論の根本命題を頭から嘲笑してやまない。神の知覚に実在世界の窮極の存在保証を求めるくらいなら，まだしも物自体に求めるほうがましだ，というわけなのだろう。

こうして，現代哲学における哲学的存在論は，そのほとんどが反バークリ主義という点ではきれいに足並みをそろえている。ガリレイ，デカルト以降における近代主客二元論の哲学，つまりはニュートン力学に基礎をおく近代の自然科学的世界像——真の世界は知覚から絶対的に独立である——は，現代にあってもなお時代の中心思想として強大な支配力をふるっており，そこをつらぬく物自体主義（《現象－物自体》存在構造）の基本論理は，バークリの《存在即知覚》説をいささかでも受容する余地をのこさない。

4-2-2　もしもバークリの《存在即知覚》命題が正しいとしたら……

哲学史上でのバークリ哲学の評価はおよそ以上のとおりであるが，ここでもしもバークリの《存在即知覚》命題は誤りであるどころか，その本質規定からすれば，じつは正真正銘ただしいのだとしたら，私たちは現代の哲学と哲学史とをいったいどう見直すべきなのだろうか。とりわけ従来の唯物論と観念論の対立関係はどうなってしま

うのだろうか。

　世の哲学者たちの多くは，これまでバークリ存在論の根本命題——存在とは知覚されることである——を近代観念論の真の定式化とみなして，これを全面的に否認してきた。しかし筆者の考えでは，それこそは哲学史上最大の誤解であり誤謬であったというほかはない。なぜなら，バークリ命題の隠されていた真の本質が哲学的に明確に分析され取りだされてみると，そこには非難されるべき観念論の契機など少しも見当たらない事実に，だれもがたたちに気づくからである。

　理論的にすぐさま推察できるのは，もしもバークリの《存在即知覚》説が世評に反して正しいとすると，これまでの唯物論と観念論の対立関係はたちまち錯綜して不可解なものになってしまう，という事情であろう。なぜなら，バークリの《知覚されなくては存在しない》命題がもしも真であるとすると，それとは対極の関係にある唯物論の《知覚されなくても存在する》命題は，とうぜん偽にならざるをえないからである。だが，これはあきらかに私たちの日常の生活体験に反するものだ。私の眼前にあるリンゴは，たとえ私が眼を閉じることで知覚されなくなっても，まちがいなくそのまま存在し続けている。この点で，唯物論（実在論）の哲学的存在論の真理性を信じないでいるのはきわめて困難である。

　そうであるすると，しかし私たちの新しい哲学的立場ではすでにバークリ命題が積極的に肯定されている以上は，《知覚されなくても存在する》命題と《知覚されなくては存在しない》命題という，たがいに排斥しあう二つの存在論はそれぞれが正当である，ということになるのだろうか。だがこれでは，対極的に敵対しあう唯物論も観念論もともに正しいという議論になってしまって，なにやらわけがわからなくなってくる。とりわけ唯物論者や実在論者にとっては，とうてい我慢のできる話ではないだろう。

そうしてみると，やはりバークリ肯定説はそもそもが無理な筋立てなのであろうか。じっさい，いま私に見えている赤いリンゴは，じつは知覚されていないと存在しなくなるのだといわれても，そのまま素直にバークリ存在論の真理性をうけいれる人間がいるとは，筆者の私でさえとても考えられないことだ。この点では，バークリ《存在即知覚》命題の誤謬性を信じないでいるのは，ほとんど不可能である。

　リンゴは《知覚されなくても存在する》という唯物論の命題が真であるならば，論理的には，これを否定して《知覚されなくては存在しない》とするバークリ観念論はどうしても偽でなければならない。唯物論か観念論かの二者択一ではなく，両者（両命題）がともに正しいなどとは，哲学的常識からすればまったく論外ということだろう。ところが，それでも私は，バークリの《存在即知覚》命題はその本質規定においては，じつは観念論の考え方をなに一つ含むことのない万人に普遍的な哲学的真理である，とあくまでも強調したいのである。とすれば，バークリの存在命題があの神の知覚という窮極の存在保証なしでも真であるのは，いったいどういう理論上の意味内容においてなのだろうか。

## 第3節　唯物論と観念論における対立の二重構造

### 4-3-1　従来の唯物論と観念論の対立は止揚されるべきである

　ひとたびバークリ《存在即知覚》命題の真理性をみとめる立場に立ってみると，唯物論と観念論の対立をめぐるこれまでの議論がいかに一面的で皮相な理論水準にとどまっているか，この点がじつによく理解できるといってよい。そして，そうした観点からすれば，両者のあいだの従来の古い対立形態はただちに止揚されるべきであ

り，あらためて《唯物論とはなにか，観念論とはなにか》が徹底して考え直される必要があると思われる。

じっさい，バークリの存在論をすすんで真理であると仮定してみると，従来の唯物論と観念論の関係は，ある意味では両者ともに正しいが，ある意味では両者ともに誤っている，というふうになんとも不可解かつ錯綜した対立構図になってしまうのである。哲学的存在論の領域における唯物論と観念論のたたかいは，これまでのように唯物論の一方的勝利には終わらず，観念論（バークリ）もまた正当であるという意味では，どうしてもドグマとしての知覚外界像説と物自体主義という唯物論の誤謬性を承認せざるをえなくなり，いわば両者ともにまったく互角の勝負になってしまうのだ。

ようするに，私たちはバークリ命題の真理性をついに探り当てることによって，これまでの唯物論（実在論）がはらむ物自体主義の主客二元論という根本欠陥を，いまようやく，それとして理論的に確固としたかたちで認識できるようになったのである。

こうして，古い《唯物論と観念論》の一面的な区別性と対立性がすてされて，そのかわりに双方のそれぞれの真理性をあわせ統一するような新しい唯物論（実在論）の可能性がぜひとも追究される必要があきらかである。これまでの哲学と哲学史では，哲学的存在論における唯物論と観念論のいわば単層的な対立関係だけが注目されてきたにすぎなかった。少なくとも現行の哲学的存在論においては，唯物論（実在論）は絶対的に真であり，観念論は絶対的に偽である，という意味ではバークリ全面否定のまったく単層的な対立構図だけが正論として通用してきたのである。

とはいえ，これまで唯物論とされ，あるいは観念論とされてきたものは，私たちの新しい観点からすれば二つながら正しいのは明白であって，両者のあいだの一方的な真偽関係——唯物論（実在論）の絶対優位性——に固執するのは，もはや克服されるべき主客二元

論の古い哲学的立場にすぎないのである。従来の唯物論と観念論の対立関係を，私たちは従来のように一面的に把握するのではなく，どこまでも二重の視点から把握しなければならない。

　ごく端的にいえば，唯物論が正しいとき観念論は誤っており，反対に観念論が正しいとき唯物論は誤っている，というふうに従来の唯物論と観念論のあいだには，ほんとうはきわめて複雑な二重の対立関係が隠されているのである。それゆえ，（1）この対立の二重構造にひそむ最奥の哲学的秘密をあばきだすこと，（2）それをつうじて従来の唯物論と観念論のあいだの古い対立関係をすすんで止揚（廃棄と保存）すること，（3）結局は，唯物論あるいは実在論における新しい哲学的存在論の在り方をすすんで探りだすこと，これらの諸課題こそは，私たちがいま追究し解決すべき現代哲学のもっとも重要な理論目標の一つであることに疑いはないと思われる。


## 第4節　バークリ《存在即知覚》命題の二面性

### 4-4-1　バークリ命題の二面性と《唯物論と観念論》の対立の二面性

　筆者のいう二重の観点からすれば，唯物論哲学の存在命題《知覚されなくても存在する》が真であるときには，観念論哲学の存在命題《知覚されなくては存在しない》——は偽であり，反対に，観念論がいう《知覚されなくては存在しない》命題が真であるときには，唯物論がいう《知覚されなくても存在する》命題は偽なのである。しかしそうはいわれても，従来の唯物論と観念論のあいだには，このような二重対立の相互関係がはたしてほんとうに隠されているのだろうか。

　すでに述べてきたように，一方の唯物論の存在命題は，たとえばリンゴの客観的実在性——既存事物は知覚から独立に存在する——

を正しく把握して定式化しているのにたいして、他方のバークリ観念論の存在命題はまったくそうではなかった。そうだとすれば問題の核心は、それにもかかわらず、もしもバークリ存在論は正しいとされる理論局面がありうるとするなら、それはいかなる実在の領域においてなのか、という一点におのずと収斂されざるをえないだろう。そもそも《知覚されなくては存在しない》とするバークリ命題でなければ把握することも定式化することもできないような存在次元など、はたしてありうるのだろうか。それが通常物体であるリンゴのような日常的な既存事物の存在次元でないことだけは確実である。なぜなら、そこでは、リンゴはあらかじめ外的対象として現実的に実在するものとして、まちがいなく《知覚されなくても存在している》からである。

こうして、《知覚されなくては存在しない》ような可能的実在（未存事物）の実在領域がもし本当にあるとすれば、バークリの《存在即知覚》命題は、そうした存在次元の唯一正しい定式化（反映）ということになってくる。そしてすでに検討してきたように、真実そのとおりだったのである。バークリの存在命題は観念論であるどころか、万人が承認すべき正しい哲学命題にほかならなかった。いうなれば、《客観的実在のバークリ次元》ともいうべき新しい実在領域に対応した、その本質を正しく捉えた真理命題そのものだ、といわなければならない。

こう考えてくると、バークリの《存在即知覚》命題には、まぎれもなく理論内容上の二面性のあることが明白であろう。一方は、リンゴのような日常生活の実在世界に適用された場合であり、他方はこれから検討するもう一つの新しい実在世界に適用された場合である。バークリの存在論は、哲学上のある特異な《可能的実在の存在次元》――あらかじめ外的対象が現実的に与えられていない――で

はまちがいなく真理であるが，リンゴのような日常的な《現実的実在の存在次元》——あらかじめ外的対象が現実的に与えられている——ではまちがいなく誤謬なのである。

これまで隠蔽されてきた唯物論と観念論の《二重の対立関係》——唯物論と観念論はともに正しく，ともに誤っている——は，こうしてみると，このようなバークリ《存在即知覚》命題の二面性——ある局面では真であり，ある局面では偽である——とは不可分一体であり，むしろ同一の事柄の二つの側面とでもいうべきであろう。そうして，バークリ命題にこの意味内容上の二重性が発見されるとともに，従来の唯物論と観念論の対立関係にもおのずと二重性が確認されるようになったのである。いいかえれば，現行の唯物論や実在論にみられる物自体主義の主客二元論という根本欠陥を，私たちはバークリ命題における一方の《真である》側面を新たに見つけだすことによって，いまようやく明確に認識するとともに，また徹底して批判できるようになったのである。

バークリの《存在即知覚》命題は，日常生活における**既存事物の客観的実在性**にかかわるときは誤りであるが，他方では物自体を否定するという**客観的実在のバークリ次元**（未存事物の可能的世界）にもかかわっていて，そこではまちがいなく正しいのである。バークリ命題の二面的性格とは，こうした事実をいう以外のなにものでもない。それにしても，私たちは**物自体世界の否定**——逆にいえば**可能的実在世界の肯定**——にかかわって「客観的実在のバークリ次元」という新しい概念（術語）をもちこんだが，いったいそれは理論的になにを意味するのだろうか。

### 4-4-2　客観的実在の日常次元と客観的実在のバークリ次元

結局のところ，《存在とは知覚されることである》というバークリ命題の真の存在論的内容とはどのようなものか。それは，(1) こ

の世界には客観的実在のバークリ次元といわれるものが哲学的にまちがいなく存在すること，(2) しかし，そのバークリ次元には物自体は実在しないこと，いいかえれば，バークリ次元はあくまで可能的実在の抽象的世界にとどまること，(3) それゆえこの未存事物の世界では，知覚と存在とは，知覚像と存在自体に分裂するのではなく，どうしても相関的な知覚存在として同時的に立ち現われ，そのかぎり私たち人間にはつねに一つの分離不可能な全体性として与えられること，以上の三点に集約されるといってよい。

これを哲学史的にみると，ここでバークリがいう物自体とは，カントがいう本来の物自体（先験的対象X）ではなく，ロックの《第一性質のみをもった物質的実体》であるのは指摘するまでもない。とはいえ，両者のこの相違点はここではなんら本質的なものではない。いずれにせよ，いっさいの感覚的性質を剥奪された，そのかぎり超経験的な抽象的物質，つまりは物自体の現実的実在性をこそ，バークリは必死になって問題にしているのであり，これを全力で否定しているのである。

このとき，《物自体は客観的に実在するか》という哲学に固有の，特異な「実在」問題が生ずるような存在の領域を，私たちはとくに**客観的実在のバークリ次元**と呼ぶことにしたい。これにたいして，リンゴや三毛ネコのような《通常事物は客観的に実在するか》という一般的な「実在」問題が生ずるような存在の領域は，これを**客観的実在の日常次元**と呼ぶことにしよう。

こうして，私たちはふたたび知覚捨象と知覚中断という問題へと立ち戻ってきたわけである。いま述べた客観的実在のバークリ次元および客観的実在の日常次元という二つの存在次元が，あの知覚捨象の存在次元と知覚中断の存在次元とにそれぞれ対応する同一事象であることは，あらためて指摘するまでもないだろう。

とりわけ，客観的実在のバークリ次元と知覚捨象の存在次元とい

う二つの事象が，その意味内容からいえばまったく同等であることに注目していただきたい。この二つの抽象的な存在次元では，外的対象はあらかじめ現実的に実在していないのである。つまり客観的実在のバークリ次元には，物自体は実在しないということだ。そして同じことだが，知覚捨象の存在次元では，知覚されないかぎり，外的対象はただ未存事物＝可能的実在の状態において存在しうるにすぎない。

　そうしてみれば，バークリの《存在即知覚》命題の意味するものが，真の本源的実在は主客絶対分離の物自体ではなく，主客相関の知覚存在であるという，この一点に尽きるのはもはや明瞭であろう。しかしまたそうなると，そのような知覚存在（外的対象）は《知覚》相関的であるにもかかわらず，どうして知覚されなくても存在するとして《知覚》独立的である，といった矛盾撞着にも等しいことがあえて主張しうるのか，これが私たちにとっては理論的に大きな問題になってくるのである。

## 第5節　ふたたび知覚捨象の存在次元について

### 4-5-1　知覚捨象とは一種の思考実験である

　以上にわたる考察を十分に踏まえようとすると，物自体は実在しないという客観的実在のバークリ次元の本質を，同じことだが，知覚されないかぎりあらかじめ外的対象は現実的に実在していないという知覚捨象の存在次元の本質を，私たちはあらためて理論的にさらに追究し解明せざるをえなくなる。

　もっとも，あらためて知覚捨象の存在次元を問題にするといっても，ここで特別に目新しい理論材料をもちだすつもりはない。ごくありふれた既成の理論材料を使って議論するにすぎない。肝心なの

は，その見慣れた話をいかに見慣れない話へと変換するかであって，しかもどこまで新しい話として展開することができるか，という点である。

そういうわけで，ここでふたたび赤いリンゴに登場してもらうことにしよう。そして要求されるのは，"冷蔵庫のなかの物自体リンゴ"の場合と同じように，私たちの思考の抽象力にもとづく，なによりも赤いリンゴを対象にした一種の思考実験なのである。

さて，知覚捨象の存在次元をめぐりまず再吟味したいのは，なにゆえ筆者は「知覚捨象」といった聞きなれない術語をあえて使用したのか，という問題である。あるいは，たんに「知覚捨象」とはどういう理論上の局面において使用される用語なのか，といってもよいだろう。たしかに，知覚中断の存在次元についても同じことがいえようが，しかし「知覚中断」という言葉には，知覚が中断されても存在するという既存事物の客観的実在性をみごとに表現している利点がごく容易にみてとれる。それでは「知覚捨象」なるカテゴリーは，どのような理論上の理由にもとづいて採用されたのだろうか。じつはその論拠をはっきりと理解することが，そのまま知覚捨象の存在次元の本質をさらにほりさげて理解することに直結しているのである。以下，この点を検討してみたい。

ここに一個の赤いリンゴがあるとしよう。このリンゴは赤い色をしているだけでなく，部分的には緑色でもあり，さらには丸い形，一定の大きさ，滑らかで，やや硬く，やや重い手ざわり，甘酸っぱい香りと味，等々，それこそ無数の感覚的諸性質からなる一つの総体としての果物である。

つぎに，このリンゴがもっている色・形・大きさ・重さ・硬さ・香り・味などすべての可感的な諸性質を，頭の中で抽象力によって一つひとつ剥奪していってみよう。もちろん，このとき理論的に厳

密には，さらにリンゴにかかわるすべての思考可能な諸規定をも剝奪すべきなのだが，いまはこの点は問わないことにする。

そうすると，そこにすぐさま生じてくる哲学上の重要な問題は，リンゴのもつ可感的諸性質（属性）が一つひとつ除去されていって，ついに思考実験的にその極限（ゼロ）にまで知覚捨象（感覚捨象）されていったとき，そのあとには，いったい存在論的にはなおもなにが残るかという根本の疑問である。「知覚捨象」とは，言葉の文字どおりの意味では，この思考実験における外的対象がもつ感覚的性質をすべて抽象力によって極限的に捨象してしまうという思考上の操作過程を言い表わす以外のものではない。

いうまでもなく，知覚されなくては存在しないというバークリの《存在即知覚》命題は，この意味の知覚的なものがすべて捨象されたあと，なおもそこになにが残るかという存在論上の根本問題にたいする直接の解答になっている。バークリはけっして，赤いリンゴがいま現に見られているという，その意味の知覚が中断されたときに，通常物体（既存事物）である赤いリンゴの客観的実在性はどうなってしまうか，を問うているわけではないのだ。

哲学史的エピソードによれば，このとき，「なにも残らない」（物自体は実在しない）と主張したのは，いわずとも観念論者バークリである。ところが，実在論者カントはこれに答えて，いや「物自体が残る」と強く論駁している。ただ懐疑論者ヒュームだけは，かなりバークリの見解に傾きながらも，結局は「どちらともいえない」と主張したとされている。

しかし日常生活の常識的立場（知覚実在物説場）からいえば，この場合，哲学的には「なにも残らない」とするバークリの見解こそがいちばん正しいのではなかろうか。たんなる知覚中断の存在次元とは本質的に区別されて，外的対象が私たちのいう知覚捨象されて，ついに完全に感覚されなくなったとき，知覚捨象の存在次元ではリ

ンゴはまちがいなく存在消滅して，たんなる抽象的な可能的実在（未存事物）になってしまうはずである。

　そして私たちは，このような眼に見えない，手に触れない……，すべての感覚的性質が捨象されてもはやなにも知覚されえない抽象的リンゴを食べて空腹を満たすわけにはいかないのである。すべてが知覚捨象されたあとは，リンゴはもはや現実的に実在しないという以外にはない。赤いリンゴは，具体的な既存事物＝現実的実在から抽象的な未存事物＝可能的実在になってしまうのだ。筆者がいう知覚捨象の存在次元とは，そういう特異な存在事象を説明するための特別な哲学的カテゴリーなのである。

　もっとも以上のような言い方をすると，なかには知覚捨象と知覚中断という二つの存在次元の区別が理論的に曖昧になり混乱してしまう読者諸氏がいるかもしれない。しかしこの点は，まったく問題はないのである。

　知覚捨象の存在次元とは，いまだ《□□＝□□》知覚存在ゼロ式という抽象的な未存事物＝可能的実在であるものが，どのようにして《知覚＝存在》式という具象的な既存事物＝現実的実在となって現実的に立ち現われることができるか，という意味における「実在」問題だけにかかわっている。これに反して知覚中断の存在次元とは，すでにバークリ次元において既存事物＝現実的実在となって立ち現われたものについて，それは知覚から独立して存在しているか，という意味におけるような「実在」問題だけにかかわっている。

　それゆえ赤いリンゴがその感覚的性質をすべて知覚捨象されて，その結果として，なにも知覚されなくなり，あとになにも残らない，という言い方をたとえ筆者がしたとしても，それは知覚捨象の存在次元におけるいわば始元ともいうべき未存事物＝可能的実在という《□□＝□□》バークリ次元式のゼロ存在世界を導出するための，やむをえない叙述上の方策だったのである。たんなる知覚中断の存

在次元にかかわって，あらかじめ既存事物＝現実的実在として与えられている赤いリンゴが，観念論でいわれる存在消滅の意味をこめて，知覚されなくなると，あとになにも残らない，と主張されたわけではけっしてない。

　赤いリンゴが頭の中の主観的な知覚像ではなく，それ自体で頭の外にある主観的かつ客観的な知覚事物（知覚存在）であるとすれば，もはやそれを背後でささえる物自体リンゴなどという窮極実体はまったく必要ないのである。赤いリンゴが確固とした知覚事物である以上は，その感覚的性質がすべて剥奪されていって，その意味で知覚されなくなったとき，あとになにも残らず，なにも存在しないのは，文字どおり事柄それ自体にはらまれる哲学上の理論必然性というほかはない。感覚的性質がすべて捨象されたあと，それでもまだ実体的なもの（物自体）がそこに残ったりすれば，それこそ赤いリンゴはたんなる主観的な知覚像にすぎず，けっしてそれ自体で主観的かつ客観的な知覚事物とはいえないだろう。そうなれば，私たちはたちまち知覚外界像説と物自体主義という主客二元論へと逆もどりするほかはないのである。

　知覚捨象の存在次元とは，なにも知覚されない＝なにも存在しないという徹底した《□□＝□□》知覚存在ゼロ式の抽象的世界なのである。知覚捨象されて外的対象からすべての感覚的性質が剥奪されれば，哲学的には，あとに残るのは可能的実在（未事物）としかいいようがないのである。逆にいえば，それだからこそ，知覚から絶対分離した存在自体（物自体）が実在しえないとすれば，この《□□＝□□》知覚存在ゼロ式からいかなる仕方によって外的対象を表わす《知覚＝存在》知覚存在式がじっさいに立ち現われることができるのか，という「実在生成」問題がいやでも最大の理論関心事にならざるをえないのだ。

知覚実在物説の立場をとるバークリが理論的に自覚してか無自覚にか、ともかくも必死になって取り組んだのは、以上の意味における哲学的存在論の根本問題、すなわち、知覚と存在の関係において単独の存在自体（抽象的物質）が実在しないとすれば、外的対象としての知覚存在はいかにして捨象的な未存事物から具象的な既存事物となって立ち現われることができるか、という根本問題にほかならなかった。もとより、物自体の客観的実在性をあらかじめ承認するのであれば、たしかに理論的にはすべてが苦労なしの天国といえよう。しかしそのかわりに、あの奇怪な感覚が物自体を模写するという感覚模写説に基礎をおく物自体主義二元論、結局は哲学的パラドクスとしての"冷蔵庫のなかの物自体リンゴ"という高価な代償はどうあっても支払わないわけにはいかなくなる。

### 4-5-2　捨象された《感覚的性質》は知覚像ではなく感覚存在である

　しかしながら、それでもなお納得のいかない読者諸氏のために、さらに以下のような議論を展開してみたい。

　なによりも提起したいのは、上述の思考実験における赤いリンゴからすべての感覚的性質を一つひとつ剥奪していく捨象過程を、ちょうど映画フィルムを逆まわしするように、こんどはそれと正反対の仕方でおこなったら、いったいいかなる存在論上の結果が生ずるだろうか、という問題である。ただし、これはあくまでも、私たちが赤いリンゴを知覚像ではなく知覚存在とみなす知覚実在物説の立場からの議論であるのはいうまでもない。

　先ほどの思考実験では、色あり、形あり、大きさあり、硬さあり、重さあり、香りあり、味あり……という知覚事物としてのリンゴ対象から、そのいっさいの可感的性質が一つひとつ除去されていって、ついにすべてが知覚捨象されたとき、そのあとには、結局はなにも知覚されず＝なにも存在せずという抽象的世界（可能的実在）のほ

かはなにも考えられない,という結論になった。知覚捨象の存在次元を表わす《□□=□□》×《□□　主体》式以外の事実はなにも考えられない,ということである。

そこでこんどは,この知覚捨象という思考実験過程をまったく逆の仕方でたどってみたら,いったいどういう理論結果になるのだろうか。知覚事物としての赤いリンゴから剝奪されていったすべての個々の感覚的性質を,こんどは逆に元へ戻すかたちで,そのまま順々に《重ね合わせ》していったら,さて最後にいかなる存在論上の事態が生ずるであろうか。

まちがいなく,そこには,一つの無数な感覚的性質の複合体(無数の感覚存在の重ね合わせ)というべきものが生まれるにちがいない。そして,もしもそれがリンゴの捨象された以前の感覚的性質をすべて備えているならば,いわば論理的必然として,それ自体で主観的かつ客観的な知覚事物としての最初の赤いリンゴが,まさしく元の姿のままで忠実に復元されるはずである。もしも復元されなければ,それは赤いリンゴがけっして知覚実在物ではなく,たんに物自体の知覚像にすぎないからであろう。

現実的に実在している外的対象から知覚捨象された個々の感覚的性質というものを,客観的な感覚存在ではなく,たんに主観的な感覚像であると考えるならば,そうした個々のものをいくら重ね合わせたところで,そこに生ずるのは,しょせん,どこまでいっても感覚像の複合体でしかありえないのは自明の事柄である。それだからこそ,唯物論哲学は確固とした実体的なものを求めて窮極の物自体へと到達せざるをえなかったのだろう。しかも,そのような物自体と感覚像のあいだを,どうしても感覚模写説(感覚が物自体を模写する)で結合せざるをえなかったのだろう。ちなみに,バークリ批判を根底にすえてレーニンが『唯物論と経験批判論』のなかで展開した弁証法的唯物論の根本的立場とは,徹頭徹尾,これ以外のなに

ものでもない。

しかしながら知覚実在物説の立場に立つ私たちが主張しているのは、そうした《感覚的性質をたんに感覚像とみなす》ような哲学的観念論ではけっしてないのだ。じっさい、バークリ自身も知覚事物がもつ感覚的性質をなにか非実体的な感覚像にすぎないとは少しも考えていない。そうしてみれば、バークリは外的事物をたんなる感覚像の複合体に変えてしまった、という世間一般のバークリ観念論批判なるものは、じつはまったくの見当ちがいであることが明白なのである。それは批判者たち自身がとっている知覚外界像説の立場からのあくまでも一つの先入観にすぎない。批判者たちは外的対象の感覚的性質といえば、もう頭からそれは主観的な感覚像でしかないと決めてかかっているから、そうした誤った議論になってしまうのである。じっさいは知覚捨象の存在次元においては、外的事物の感覚的性質はけっして主観的な感覚像ではなくて、そのままで客観的な、確固とした不可逆的なものとして立ち現われた感覚存在（知覚存在）にほかならない。

したがってバークリ哲学が観念論であるのは、本来ならば知覚捨象の存在次元にとどめておくべき《知覚されなくては存在しない》命題を、不当にも知覚中断の存在次元へまで延長適用してしまった点にあるのだ。そのために物自体の客観的実在性を正しく否定するだけにとどまらず、隣の部屋へ逃げ込んで見えなくなった三毛ネコという既存事物の客観的実在性をまで誤って否定せざるをえなくなった、その行き過ぎにこそバークリの《存在即知覚》命題の根本的観念論がみられるのである。したがって、この決定的弱点をさえ除去してやるならば、バークリ命題はほとんど無傷のまま客観的な感覚的性質（感覚存在）の複合体を基礎におく知覚実在物説として、そのまま基本的に生き残ることができるに相違ないのである。

ようするに、ここでの全問題の核心は、外的対象から剝奪されて

いった，つまりは知覚捨象された個々ばらばらの感覚的性質を，いったい理論的にはいかなるものとして理解すべきなのか，という一点に収斂されるのだ。唯物論のように，知覚事物の感覚的性質をあくまで物自体の感覚像として把握するのであれば，先ほどの逆操作過程をつうじて復元される感覚的性質の複合体なるものは，どうしてもたんなる感覚像の重ね合わせでしかありえない。反対にバークリのように，感覚的性質を確固とした感覚存在として把握するのであれば，そこに復元される感覚的性質の複合体は，まちがいなく感覚存在の重ね合わせということになり，それはそのままで知覚実在物（知覚事物）である，という存在論的帰結にもなってくる。

　筆者として断言してもよいが，バークリ存在論のこうした考え方には，およそ観念論のただの一粒もないといってよい。否定されるべき観念論性はむしろ唯物論の考え方，つまり，主観的かつ客観的な感覚存在（感覚的性質）をたんなる主観的な感覚像とみなす立場にこそあるというべきだろう。

　とはいえ，ここで読者諸氏からとうぜん起こりうる一つの基本的な疑問について述べておきたい。もしも外的対象がもつ感覚的性質をバークリがたんなる主観的な感覚像ではなく，客観的な感覚存在（知覚存在）であると考えていたとすれば，なにゆえ彼は，神の知覚なしには，たとえば隣の部屋へ逃げ込んで見えなくなった三毛ネコ（既存事物）はもはや存在しなくなる，といった信じがたい哲学的観念論をすすんで主張したのだろうか，というごく素朴な疑問がそれである。

　三毛ネコがひとたび感覚的性質の複合体として《知覚＝存在》式のかたちで現実的に立ち現われて，それみずからで客観的な知覚事物（既存事物）となった以上は，それはもはや知覚されなくなるとふたたび存在消滅してしまうという逆もどりを絶対に許さない，確

固とした不可逆的対象のはずである。バークリのように，いまさら知覚されなくては存在しないなどと考える必要は少しもないではないか，という率直な疑問が生じざるをえないのだ。それでもなお見えなくなった三毛ネコにたいして，バークリがあえて知覚されなくなると既存事物＝現実的実在は存在しなくなると主張したとすれば，それはいかなる理論上の理由と意図にもとづくのか，という根本の疑惑にもなってくるのである。

　まことに適切な疑問というほかはない。ここにバークリの《存在即知覚》命題の本質をめぐる哲学上の決定的秘密の一つがあることはまちがいない。ようするに問題の中心は，バークリの《知覚されなくては存在しない》命題は，その本質においては，そもそも知覚捨象の存在次元を記述するものなのか，それとも知覚中断の存在次元を記述するものなのか，という根本論点にかかわっている。

　とはいえ，筆者はすでにバークリ命題がその本質規定からすれば知覚捨象の存在次元にのみ関係するものであることを確定している。バークリ《存在即知覚》命題は，あらかじめ外的対象が現実的に実在していない知覚捨象の存在次元では，まさしく真理命題そのものである。それにもかかわらずバークリは，その《知覚されなくては存在しない》命題の正しい適用範囲を，あらかじめ外的対象が現実的に実在している知覚中断の存在次元へまで不当に拡大してしまったのである。そのために，どうしても見えなくなった三毛ネコはもはや存在しない，すなわち，知覚されなくなると既存事物はたちまち存在消滅してしまうという，なんとも不可解きわまる主張をせざるをえなくなり，ついに近代観念論の典型的哲学者という汚名をこうむる結果になってしまった。

　それにしても，《知覚されなくては存在しない》命題の有効性を，なにゆえバークリは知覚捨象の存在次元にのみ限定して，そこには物自体は実在しない，すなわち，そこにおいてはじめて知覚存在が

同時的＝相関的に立ち現われるという正しい哲学的存在論（知覚実在物説）を展開するだけで満足できなかったのだろうか。

### 4-5-3 《存在即知覚》命題の本質をバークリ本人も誤解していた

もとより，真の意味ではバークリは，知覚捨象の存在次元では，知覚されなくてはなにものも現実的に実在することはできないと，ただこのかぎりで物自体否定の哲学的存在論をとなえているだけなのだ。バークリ命題の本質は，けっして既存事物の客観的実在性（知覚中断の存在次元）を否認しようとする点にはなかった。

そうであるとすると，しかしバークリの《存在即知覚》命題の本来的意図がこれだけ明確に確固としたものでありながら，世の哲学者たちは，どうして彼の哲学的存在論をかくも堂々と誤解してしまったのだろうか。答えはごく単純で明快である。なんのことはない，世の哲学者たちとともに，じつはバークリ本人すらが知覚捨象と知覚中断という二つの存在次元を，いささかも概念的に明確に区別していたわけではなかったのである。

どういうことかというと，もともとバークリの真の理論的狙いは，なにも知覚されず＝なにも存在しないという物自体否定の知覚捨象の存在次元だけを捉えて，これを《存在とは知覚されることである》すなわち《知覚されなくては存在しない》という命題として定式化することにあった。ところが幸か不幸か，唯物論の命題がいう知覚中断の存在次元もまた《知覚されなくても存在する》というふうに，見かけ上は知覚捨象の存在次元をいうバークリ命題を直接的に否定するかたちで定式化されるものであった。そのために，ここには二つの「知覚されない」がいやでも登場することになったが，残念なことにバークリには，この二つの「知覚」概念は，ほんとうは知覚中断と知覚捨象というそれぞれ本質的に異なった存在次元に帰属するものなのだ，という理論的自覚が最後まで欠けていたのである。

もう少し具体的にいえば、バークリは、たとえば隣の部屋へ逃げこんで見えなくなった三毛ネコという、ひたすら既存事物（現実的実在）のみにかかわる「実在」問題と、すべての感覚的性質が捨象（剝奪）されていって、ついに見えなくなった赤いリンゴという、ひたすら未存事物（可能的実在）のみにかかわる「実在」問題とを、両者に共通する見えなくなった外的事物という同一事象に幻惑されて、そのまま同一視、あるいは混同してしまったのである。こうしてバークリは、みずからの決定的誤解を少しも自覚することなしに、唯物論の《知覚されなくても存在する》命題にたいして観念論の《知覚されなくては存在しない》命題を真っ向から対決させるかたちで、その真理性を強く主張したのであった。

　もっとも、たいへん穿った見方をするならば、バークリは知覚中断と知覚捨象とをいわば確信犯として故意に混同したということも十分に考えられるのである。というのは、バークリほどの天才が両次元の本質的区別にまったく無頓着であったとは、とても考え難いからである。哲学者である以上に聖職者であったバークリにとって、なんといっても彼の最大の理論目標は、みずからの《存在即知覚》哲学をいっそう切磋琢磨することで、できることならそれを神の存在を開示し論証するバークリ神学にまで高める点にあったはずである。
　そういう事情のもとで、あえて知覚中断と知覚捨象という二つの存在次元――二つの「知覚されない」――を混同することによって、それこそバークリは、(1)なによりも無神論を誘発しかねない独立の物質的実体（物自体）をまっさきに撃退できるとともに、(2)さらには三毛ネコという既存事物の客観的実在性すらもが、あの聖なる神の知覚なしには創造も保証もされない仕組みになってくるという、いわばバークリ神学にとっては一石二鳥の理論成果を一挙に獲

得することができるわけである。バークリ主教にとって，神の栄光を称えるのに，これ以上に理想的な神学的存在論はありうるであろうか。

さて，バークリの《知覚されなくては存在しない》命題が，知覚捨象と知覚中断の両方にまたがる上述のような意味内容上の二面性をもっていることは，もはや否定しがたい事実といえよう。知覚捨象の存在次元では，バークリの命題は物自体主義批判として絶対的に真であり，知覚中断の存在次元では，たんなる神学的イデオロギーとして絶対的に偽なのである。

そうして，この後者の側面をバークリの観念論と呼ぶことに，私はいささかも反対するものではない。じっさい，この神学的イデオロギーの側面には，本来的にバークリ《存在即知覚》命題の合理的契機は少しも含まれていないことが明瞭である。その意味では，唯物論（実在論）とバークリ観念論のあいだの従来の対立関係はたんに一面的・副次的なものにすぎず，どうしても再考される必要があるのではないか，私はそのように主張したいのである。そうかといって，それは単純なバークリ擁護論というようなものではなく，そうしなければ物自体主義二元論を克服した新しい唯物論の哲学的存在論への理論展望はけっして開けてこないのではないか，ということである。

それにしても，世のほとんどの哲学者たちが，知覚中断と知覚捨象という二つの存在次元を，これまで哲学的概念としては厳密に区別も確立もしてこなかったことは，きわめて注目すべき事柄というほかはない。バークリ命題の二面性はけっして理解されることがなかった，ということである。そのために信じがたいことだが，二つの「知覚されない」に示される知覚中断と知覚捨象という二つの存在次元をごく無造作に混同する，あるいは同一視することが，唯物

論者（実在論者）のあいだでも，観念論者のあいだでも，これまで公然とおこなわれてきたし，いまも現におこなわれている。

もとより，この点については知覚中断と知覚捨象とを正しく弁別しそこなったバークリ本人に大きな理論的責任があるのはいうまでもない。知覚されなくても存在する，および，知覚されなくては存在しない，という両命題における二つの「知覚されない」概念はついに明確に識別されないまま，バークリは最後まで後者の命題を，すなわち，知覚捨象の存在次元には物自体は実在しない，ただ知覚存在だけが相関的に立ち現われる，とする立場を中心にすえてひたすら自説を展開したのである。この点では，それは哲学的存在論としてはまったく正しい理論的営みであった。ところが肝心なところで，バークリはこの《存在即知覚》命題をいともあっさりと知覚中断の存在次元へと不当に延長して，知覚されなくては既存事物は存在することができない，とまったく誤った主張をも同時に展開したのである。それにしても，哲学者にして聖職者たるバークリからすれば，存在保証としての神の知覚をもちだすためには，それもやむをえない理論的措置であったのだろうか。

逆にいえば，唯物論者や実在論者たちは，本来ならば《知覚されなくても存在する》命題をひたすら知覚中断の存在次元，つまり客観的実在の日常次元にのみ限定して扱うべきであった。そうすれば知覚されなくても既存事物は存在しているという意味内容だけが許されて，この唯物論の命題はそれこそ絶対の真理性（普遍性）を獲得しうるはずであった。ところが，彼らもまた二つの存在次元を区別しそこなったために，知覚中断の命題はそのまま知覚捨象の存在次元にまで機械的に拡張させられて，知覚されなくても物自体は存在しているという誤った主張が避けられなくなり，ついに物自体主義二元論の哲学的立場へと転落してしまったのである。そのかぎり

では，唯物論の《知覚されなくても存在する》命題もまた，それが既存事物と物自体の双方にまたがって適用されている点からすれば，バークリ命題と同じくその意味内容上の二面性——既存事物の実在性については正しく，物自体の実在性については誤りである——という根本欠陥に深く悩まされているわけである。ただ唯物論者や実在論者たちが，そうした深刻な哲学的矛盾にまったく気づいていないだけの話なのだ。ただし《知覚されなくては存在しない》というバークリ命題では，その二面性はこれと正反対であって，既存事物の実在性については誤りであり，物自体の実在性については正しいのは指摘するまでもない。さらに，すでに検討してきた従来の唯物論と観念論における対立の二重構造という問題は，もちろん，このこと以外のなにものでもない。

## 第6節　ふたたび二つの知覚をめぐる問題
——量子力学における《測定と観測》の区別について——

### 4-6-1　知覚中断と知覚捨象の両次元における二つの知覚

もっとも読者諸氏のなかには，「知覚中断と知覚捨象という二つの存在次元の本質的区別を，これまで哲学者たちが見逃してきたとはとても信じられない」と，強く異議をとなえる人たちがいるかもしれない。しかし私はまちがいなく「見逃してきた」のだと確信している。指摘するまでもなくこの問題の決着は，知覚されなくても存在する，および，知覚されなくては存在しない，という二つの命題に現われる二つの「知覚されない」概念は，はたして同一の知覚なのか，それとも区別される知覚なのか，という問題の解決に最終的には帰着するといってよい。そして，二つの知覚は哲学的にその本質がまったく異なることは，すでに十分に検討してきたところで

ある。しかし世の哲学者たちはこの相違点にほとんど気づくことがなかった。そうであるとすれば，同じように《知覚》中断と《知覚》捨象という二つの存在次元もまた，これまで少しも区別されてこなかった，という結論になるのは当然ではなかろうか。

それでは，そのような《二つの知覚》の存在論上の根本的差異はいったいどのような点にあるのか。この問題をあらためて整理してみると，以下のとおりである。

- **知覚中断の存在次元——《知覚されなくても存在する》——における知覚とはなにか。**
  (1) ここでは，外的対象は知覚されなくても現実的実在としてあらかじめ存在している。
  (2) 知覚主体は，その所与としての既存事物をたんに外部から覗き見するかたちで知覚＝認識するだけである。いいかえれば，所与の外的対象からそれに固有の一定情報をただ知覚的にとりだすだけである。
  (3) 一般に知覚心理学や知覚生理学（知覚因果説），さらに認知科学などで問題にされる知覚あるいは知覚過程はすべてこのかぎりのものである。もちろん，私たちが日常的に経験する知覚や知覚過程も，すべてこのかぎりのものである。一方の側には，あらかじめ現実的に実在していて，すでに私たち人間にとって所与の知覚事物となっている外的対象があり，他方の側には，それを外部から知覚する認識主体があるという，もっとも通常の意味における《主観‐客観》関係がここには成立しているといってよい。
- **知覚捨象の存在次元——《知覚されなくては存在しない》——における知覚とはなにか。**
  (1) ここでは，外的対象は知覚されなくては現実的実在としてあ

らかじめ存在していない。いいかえれば，知覚されないかぎり，外的対象はたんなる可能的実在（未存事物）として存在しているにすぎない。

(2) こうして知覚捨象の存在次元では，知覚はいまだ可能的実在＝未存事物にすぎないものを知覚するのである。なにも存在しないところで知覚がなされるのであり，その結果として知覚と存在は，知覚存在として同時的＝相関的に立ち現われるのである。それは通常の意味の《主観‐客観》関係とはその本質がまったく異なっている。

(3) そのかぎりでは，知覚捨象における知覚はひたすら哲学的性格をおびたものであり，日常生活における普通の知覚，つまり，知覚中断における知覚とはちがって，**既存であり所与である外的対象を外部から認識する**，という意味をまったくもっていない。誤解を恐れずにいえば，すでに存在する現実的実在としての外的対象をたんに外側から認識して一定情報をとりだす常識的な知覚ではなく，かえって，そうした認識されるべき外的対象，すなわち，いまだ可能的実在＝未存事物にすぎない抽象的対象を，人間にとっての具体的な現実的実在＝既存事物として部分的に創りだす知覚，あるいは，現実的に立ち現われさせる知覚なのである。筆者がいう知覚と存在が同時的＝相関的に知覚存在となって立ち現われるとは，もとより，こうした根本論点をも含みこんだ主張であるのはいうまでもない。

じっさい，バークリ次元を科学的に探究する量子力学の測定過程というものは，対象のすでに確定した状態がそのまま認識される側面と，そのような認識されるべき対象の確定した状態そのものが部分的に創りだされる過程とを，いわば同時的におこなっているのである。そこでたとえば，電子の位置と運動量が一定の状態にあるこ

とが測定されるとは，それによって未確定であった電子の位置と運動量とが確定的なものとして認識される過程であると同時に，しかしその見いだされた値の位置と運動量をもった電子は，抽象的な波動関数（可能的実在）から具体的な量子的粒子（現実的実在）へと存在上の一大飛躍をとげたのだという意味では，一定の状態にある電子（具体的粒子）が，そこに現実的に実在する既存事物として部分的に創りだされた過程でもあることを表わしているのである。

そこで以上の事情を私たちの哲学的存在論によって説明するならば，量子力学における測定過程なるものは，ある量子系が測定（＝感覚）をつうじて可能的実在（波動）から現実的実在（粒子）となって現実的に立ち現われる，という知覚捨象の存在次元と，その立ち現われてすでに既存対象（マクロ世界の現実的実在）となった量子系を，たんに外部から**観測**（＝知覚）してそこから一定量の認識・情報をとりだす，という知覚中断の存在次元とを，いわば二つながら同時に含みこむかたちで成立しているわけである。

そのとき決定的に重要なのは，この測定（立ち現われ）がなされる知覚捨象の存在次元と，観測（知覚認識）がなされる知覚中断の存在次元という二つのものは，古典力学ではともかく量子力学においては，あの"シュレーディンガーの猫"の思考実験からも容易に推察されうるように，それらを現実に分離することが，つまりは別々に独立させて扱うことが，それこそ事実としてまったく可能だという点である。

じじつ，ある量子系が測定された（現実的に立ち現われた）からといって，それがただちに認識主体により外部から観測（知覚認識）されなければならない理由は少しもないのである。いまだ波動関数（可能的実在）にとどまっている量子系は，観測者の意識作用の影響をまったく受けることなく，あくまでも粒子検出器がおこなう純粋に機械的＝無意識的な測定作用によるだけで，すでに量子的粒子

（現実的実在）へと転化（収縮）してしまっている，と判断しうる哲学的根拠は十分にあるといってよい。

そして，それはなにかと問うならば，それこそは，無意識的な測定過程と意識的な観測過程とに直接的に対応しあう知覚捨象と知覚中断という二つの存在次元は，量子力学ではその現実的分離がじっさいに実現されている，という否定しがたい事実なのである。いいかえれば，量子力学こそは，分離され単独で扱われている客観的実在のバークリ次元——波動関数や場としての可能的実在の抽象的世界——の物理的構造そのものを，まさに実証的に追究し解明しうる唯一の科学にほかならないという，同じく否定しがたい事実なのである。

逆にいえば，どこまでも日常的な通常物体をあつかう古典力学では，以上のような意味における客観的実在のバークリ次元，つまり，量子状態の無数の重ね合わせからなる可能的実在の抽象的世界をはたして理論的に想定することができるのか，というよりは，そのような《可能性の重ね合わせ》世界をそもそも想定する必要があるのか，という問題にもなってくるのである。こうして結局は，それはどうしても量子実在に固有の波動性と粒子性という二重的性質にかかわる根本問題へとゆきついてしまう。そして，ここでもまた私たちは，波動性と粒子性（可能的実在と現実的実在）とに直接的に対応しあう知覚捨象と知覚中断という二つの存在次元を，どうあっても哲学的に根本設定しないわけにはいかないのだ。もちろん，このあらかじめ外的対象が現実的に実在していない知覚捨象の存在次元における量子実在の波動性すなわち可能的実在という抽象的世界を，もののみごとに哲学的に定式化しているのがバークリの《存在とは知覚されることである》命題にほかならない。

もとより，以上のように主張したからといって，それがどこまでも客観的実在のバークリ次元にのみかかわる確固たる存在事象であ

る以上は，そこには，いかなる意味でも観念論哲学の考え方がみられないのは指摘するまでもない。とかくバークリ流の観念論ではないかと誤解されがちなボーア本来のコペンハーゲン解釈の隠された哲学的本質とは，筆者の考えるところでは，ざっと以上のようなものである。(1)

　議論をもとへ戻そう。哲学的に重要なことは，以上に述べた考え方からすれば，知覚捨象の存在次元における知覚（知覚過程）は，かならずしも意識をもった人間が"見る"のではなく，たとえば意識をもたないカメラ機器が"見る"のであってもなんら問題はない，という点である。ここでいわれる知覚とは，じつはたんなる感覚作用にすぎないのであり，そのかぎり無意識の生理的過程という以外にはないものなのだ。知覚捨象のバークリ次元では，外的対象はいまだ抽象的な未存事物にとどまっているから，こうした局面で作用する知覚なるものは，ただ可能的なものを現実的なものへと立ち現われさせる働きをするだけの機械的な物理‐生理的過程にすぎないのである。それゆえこの意味の知覚作用は，そうして立ち現われた個々の感覚的性質を，とりあえず不可逆的なものとして機械的に記録化し，固定化するカメラ的機能さえもっていれば，それで十分なのである。そうではなく，それ以上に，そのような所与として与えられた個々の感覚的材料をもちいて，さらに具体的な知覚的対象（知覚事物）がすすんで思考的に能動構成するためには，しかし知覚中断の存在次元における本来の意識的な知覚作用，すなわち，思考をまじえた知覚認識をまたなければならない，ということである。

　すでに明白と思われるが，知覚中断ならともかく，知覚捨象の存在次元における知覚というものは，始めから主客相関的に立ち現われる，無意識の機械的過程の産物である知覚存在として本来的に哲学的性格をおびたものと規定するほかはないのである。これまで哲

学者たちの多くは，知覚捨象の存在次元における可能的実在＝未存事物から現実的実在＝既存事物への立ち現われにかかわる知覚を少しも把握することができなかった。しかし，それは同時に知覚中断の存在次元における通常知覚にのみとらわれて，バークリ観念論とされる《存在即知覚》命題の隠された哲学的本質にまったく気づくことがなかった，ということと同義でなくてなんであろうか。知覚捨象と知覚中断という二つの存在次元にかかわる二つの知覚をいかに理解し，いかに規定するかは，《実在とはなにか》という哲学的存在論の根本問題を新しい照明のもとで解明するうえで決定的な重要性をもっている。

　さて，知覚捨象と知覚中断とにそれぞれ対応する二つの知覚については，哲学的に本質解明されるべき重要な論点がまだいくつか残されたままである。しかも知覚捨象の《知覚されるから存在する》命題と知覚中断の《存在するから知覚される》命題とに現われる二つの知覚をいかなる名前で呼んだらよいのか，その理論上の名称すらいまだ確定されていない。

　つぎの第5章では，それゆえ二つの知覚にまずは哲学上の適切な名称を与えることから始めたいと思う。それは同時に，二つの知覚の哲学的本性がいっそう解明されることに，おのずと結びついていくはずである。それがまた，バークリ《存在即知覚》命題の哲学的分析をいっそう深めることになるのはいうまでもない。しかもそうなれば，新しい唯物論（実在論）の哲学的存在論の確立という作業もまた，さらにもう一歩その着実な理論進展をみるのであろう。

# 第5章
# バークリ《存在即知覚》命題の哲学的分析 (3)

## 第1節　第1次知覚と第2次知覚という新しい概念

**5-1-1　バークリ《存在即知覚》命題の復権は不可避である**

　バークリ《存在即知覚》命題をめぐる前章の哲学的分析（2）をつうじて解明された基本論点をざっと概括してみると，以下のとおりである。

　(1) バークリ観念論の《存在とは知覚されることである》命題における知覚は，ただ知覚捨象の存在次元にのみかかわる特異な知覚として理解されなければならない。本来的には，この客観的実在のバークリ次元における知覚は，あらかじめ外的事物が現実的に実在していないという，量子力学の実在領域に特有な可能的実在（波動関数の重ね合わせ）にのみかかわる知覚なのである。

　ここでは，《知覚される》と《存在する》とはいわば相関関係におかれている。それゆえ，知覚捨象の存在次元では存在は知覚をつうじていかなる仕方で立ち現われるかと問われれば，知覚存在として同時的＝相関的に立ち現われる，と答える以外にはないのである。けっして存在自体が模写されて知覚像となって立ち現われるわけではないのだ。そのかぎりでは，バークリ次元における知覚は，きわめて特異な哲学的性格をおびたものである。しかも，ひとたび知覚存在として現実的に実在してしまえば，そのような外的事物はもは

や存在論的には不可逆的な既存事物（＝客観的記録）となるのであって，そのかぎり知覚されなくなっても存在消滅してしまうことはない。

バークリの《存在即知覚》命題は，知覚捨象の存在次元における以上のような実在の在り方をありのままに捉えて定式化している。バークリは，実在の本質をめぐる哲学的存在論の根本問題をひたすら知覚と存在の相関関係という独自視点から追究しているといってよい。この独自の立場こそは，近代イギリス経験論の原理がその極限にまで問いつめられて展開されたバークリ哲学固有のものであって，この点，いたって気軽に超経験的な物自体をもちだして万事解決とみなす唯物論哲学などは，大いに反省すべきものがあるのではなかろうか。

（2）明白であるのは，バークリの《存在即知覚》命題の哲学的復権がどうにも否定しがたいものになるにつれて，従来の唯物論（実在論）の物自体主義二元論という根本欠陥もまたいよいよ明確なものになってきた，という事情である。というのは，バークリの知覚実在物説こそは，知覚外界像説と物自体主義の主客二元論を廃棄して，主客相関にして主観から独立した客観という意味における正しい「客観的実在」概念を確立するための第一歩であるのは，ほとんど確実だからである。知覚実在物説をいうバークリの《存在即知覚》命題が真の本質規定において把握されてはじめて，"冷蔵庫のなかのリンゴ"は物自体リンゴであるのをやめて赤いリンゴのままにとどまるということが，それこそ哲学的存在論としてしっかりと保証されるのである。

"冷蔵庫のなかのリンゴ"が赤いリンゴのままで実在するためには，存在論的には，バークリ観念論の《知覚されるから存在する》命題がどうしても唯物論の《存在するから知覚される》命題に論理的に先行しなければならない。知覚存在（外的対象）の同時的＝相関的

な立ち現われがあらかじめ論理的に根本前提されないでは、唯物論哲学は物自体が真の実在である、あるいは、感覚が物自体を模写するとする物自体主義二元論をけっして回避することができず、冷蔵庫のなかの知覚されないリンゴはいやでも色なし物自体リンゴである以外にはなくなってしまう。

### 5-1-2　第1次知覚と第2次知覚について

しかしながら、それでも読者諸氏は、おそらく理論的には半信半疑であるにちがいない。バークリがいう知覚捨象の存在次元（客観的実在のバークリ次元）といわれるものは、はたして哲学的にほんとうに正しいのだろうか、という根本疑惑をどうしても払拭できないわけである。たしかに、知覚捨象の実在領域などおよそ無意味・無内容ということであれば、筆者のこれまでの論議はすべて瓦解してしまう。そのかわりに、もしも客観的実在のバークリ次元を仮定することが正しい「実在」概念を確立するうえで絶対の理論的要請であるとなれば、私たちはバークリ《存在即知覚》命題の正当性をそれこそ全面的に容認せざるをえなくなる。

こうして、(1) バークリの《知覚されなくては存在しない》命題は、けっして唯物論の《知覚されなくても存在する》命題をただ単純に否定するだけの観念論ではないこと、(2) それどころか、バークリ命題をすすんで承認することは、唯物論や実在論の哲学が物自体主義の主客二元論にならないための根本要件であること、以上の二つの決定的論点を、こんどはごく形式的な議論をつうじて、だれもが論理的に反駁しえない仕方をもって、私はできるだけ論証してみたいと思う。

そして、そのための理論上の必要な手つづきとして、ここで、唯物論がいう《知覚されなくても存在する》命題と、観念論がいう《知

覚されなくては存在しない》命題とを，それぞれ《存在するから知覚される》命題と《知覚されるから存在する》命題とに置きかえることを提案したい。もとより，この点は，これまで事実上おこなわれてきたことであり，二つの命題の意味内容からいってまったく問題はないと思われる。

　そのうえで，ここに一個の赤いリンゴがあるとしよう。ところで，この赤いリンゴなる外的対象は，そもそも見えるから存在するのであろうか，それとも存在するから見えるのであろうか。あるいはたんに，赤いリンゴが実在対象であるためには，知覚が先か，存在が先か，といっても同じことである。
　そして，この《実在とはなにか》を問いかけるごく単純な両命題の，ごく単純な論理必然性にしたがうと，そこにはおのずと，二つの知覚，あるいは，二つの《知覚－存在》関係という哲学的にはまったく新しい根本の問題群が生じてこざるをえない。
　どういうことかというと，赤いリンゴは知覚されるから存在するのか，それとも存在するから知覚されるのか，が問われるとき，ここに登場する二つの「知覚される」は，はたして存在論的には同一の知覚とみなされてよいものだろうか，というこれまで提起されたこともない新しい哲学的疑問が生まれてくるのである。すなわち，この両命題にみられる二つの《知覚－存在》関係は，はたして同一の《知覚－存在》関係とみなされてよいものだろうか，という存在論上の根本疑問である。
　そして，この問いにたいする正しい答えは，もちろん"否"である。二つの「知覚される」は，相互にその理論本質をまったく相違させており，それゆえ二つの《知覚－存在》関係もまた，まったく異なったものである。もとより読者諸氏は，この二つの知覚，あるいは二つの《知覚－存在》関係が，これまでの《知覚》捨象と《知覚》

中断，すなわち，客観的実在のバークリ次元と客観的実在の日常次元とに，それぞれ直接に対応するものである事実をとうぜんすでに了承されているにちがいない。この点はすでに十分に論じてきたところである。

　そこで私は，一方の《知覚されるから存在する》命題における知覚を，なによりも第１次知覚，すなわち，第１次《知覚－存在》関係と名づけたい。さらに，他方の《存在するから知覚される》命題における知覚を，同じように第２次知覚，つまり，第２次《知覚－存在》関係と名づけたいと思う。

　さて，読者諸氏の理解を容易にするために，ここで例によって以上のいささか錯綜した理論上の諸関係をまとめてみると，つぎのようになる。

| 第１次知覚 | 第２次知覚 |
|:---:|:---:|
| 《知覚捨象の存在次元》 | 《知覚中断の存在次元》 |
| いまだ外的対象は現実的に実在していない | すでに外的対象は現実的に実在している |
| ‖ | ‖ |
| 《知覚されるから存在する》命題における知覚である | 《存在するから知覚される》命題における知覚である |

　この図式自体については，もはやなんの説明も必要としないだろう。むしろ理論的に問題となるのは，第１次知覚と第２次知覚の相互の理論関連はいかなるものか，といういっそう展開された疑問ではなかろうか。そこでこの点を中心にもういちど図式化をおこなってみよう。

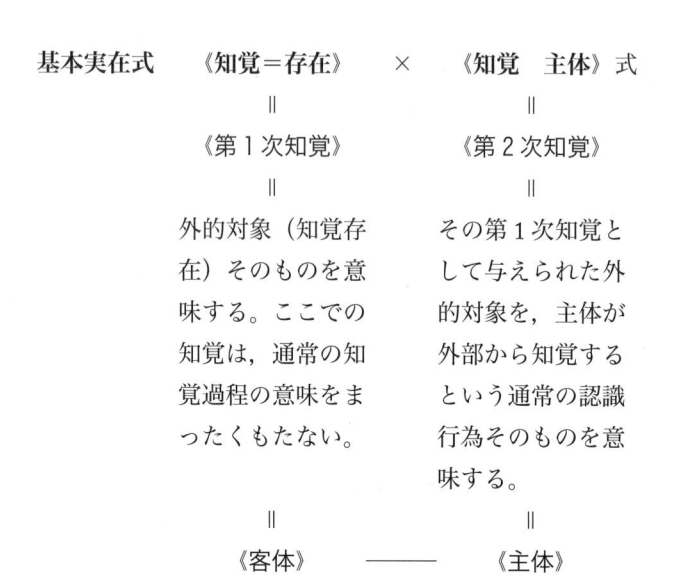

| 基本実在式 | 《知覚＝存在》 | × | 《知覚　主体》式 |
|---|---|---|---|
| | ‖ | | ‖ |
| | 《第1次知覚》 | | 《第2次知覚》 |
| | ‖ | | ‖ |
| | 外的対象（知覚存在）そのものを意味する。ここでの知覚は，通常の知覚過程の意味をまったくもたない。 | | その第1次知覚として与えられた外的対象を，主体が外部から知覚するという通常の認識行為そのものを意味する。 |
| | ‖ | | ‖ |
| | 《客体》 | ——— | 《主体》 |

　ここでの理論上の核心は，第1次知覚なるものは，第2次知覚にとっては認識されるべき外的対象（知覚存在）そのものを意味する，という根本の論点である。それゆえ，認識活動としての第2次知覚がそれとして成立するためには，知覚されるべき外的対象を表わす第1次知覚（知覚存在）そのものが，あらかじめ根本要件として論理的に前提されていることが絶対に必要となる。

　そうでないと，通常の認識過程である第2次知覚，つまりは第2次《知覚‐存在》関係において主体に与えられている外的対象は，それが知覚されていないときは，いやでも物自体である以外にはなくなってしまう。いいかえれば，知覚実在物説はまったく不可能ということである。こうして現行の唯物論（実在論）がそうであるように，"冷蔵庫の物自体リンゴ"という哲学的パラドクスの発生が不可避にならざるをえない。

　しかしながら，そうはいっても，以上の意味における二つの知覚

を，はたして第1次知覚と第2次知覚とに区別するための哲学的論拠などありうるのだろうか。あるいは，知覚捨象と知覚中断という二つの存在次元を区別することの正当性は，そもそも論証可能なのだろうか。結局のところ，知覚実在物説をいうバークリの《存在即知覚》命題の真理性は，はたして論証可能なのだろうか。

### 5-1-3 唯物論は物自体主義であることの論証

いうまでもなく，伝統的唯物論は断固として第2次知覚——存在が先である——の哲学的立場をとる。赤いリンゴが見えるのは，それがもともと存在しているからであるのは，疑うも愚かしいからである。あらかじめ現実的に存在していないものを，どうして知覚することができようか。

ところが，この疑問の余地なしと考えられる第2次知覚の唯物論的立場には，一つの致命的な根本弱点のあることが明白である。《存在するから知覚される》という第2次知覚——第2次《知覚－存在》関係——における存在（外的対象）が，ごく単純な論理必然性によって，どうしても存在自体（色なし物自体リンゴ）にならざるをえないのである。

（1）なぜなら，第2次知覚としての《存在するから知覚される》命題にあっては，その存在の背後には，もはやどんな意味の別様な知覚のあることも，いわば論理的に絶対に許されないからである。もし第2次知覚における存在の後方に，さらなる別種の知覚が先在したりすれば，それこそ第2次知覚の自己否定という以外にはなくなり，そうなれば第2次知覚はたちまち第1次知覚，つまりは知覚が先の《知覚されるから存在する》と重なり合ってしまって，それと理論的にまったく区別ができなくなってしまう。

（2）こうして，バークリの第1次知覚（相関的に立ち現われる知覚存在）をあらかじめ外的対象として根本前提することなく把握され

た第2次知覚，つまり，唯物論の《存在するから知覚される》命題における存在（認識されるべき外的対象）は，論理的にどうあっても知覚に絶対的に先立つところの，それから絶対分離された超越的な存在自体として把握される以外にはなくなる。バークリ命題を全面否定して，唯物論がただ単独で《存在するから知覚される》とだけ主張する以上は，その知覚されるべき存在（外的対象）は，それこそ論駁しがたい形式的必然性をもって純粋無垢な存在自体として規定されるほかはない。こうしてみれば，バークリの《存在即知覚》命題がけっして本質的には観念論でないことは，もはや否定しがたい決定的な哲学的真実といえよう。

あきらかなように，唯物論が一方的に《存在するから知覚される》とのみ主張するとき，ここでの存在は，はじめから物自体であることが論理的必然なのであって，筆者からみれば，こういう哲学的立場こそは独断的唯物論と呼ばれるのがふさわしい。ここでは，バークリの《存在即知覚》命題を中心にした近代イギリス経験論の哲学的真髄などは，まるで人ごとのように素通りされ無視されているのである。そして，この点を少しでも理論的に反省するならば，唯物論の《存在するから知覚される》命題はそれだけで単独に主張されたのではきわめて不十分であって，バークリ観念論の《知覚されるから存在する》命題とかたく内的・構造的に統一して把握されてはじめて，そこに真の唯物論（実在論）の正しい哲学的存在論が構築可能である，という事実に私たちはただちに気がつくのである。

## 5-1-4 バークリ命題は知覚実在物説であることの論証

それでは，バークリの《知覚されるから存在する》という第1次知覚における存在は，どのように把握されるべきなのだろうか。すなわち，知覚捨象の存在次元におけるバークリの第1次《知覚 - 存

在》関係における存在は、どのように把握されるべきなのだろうか。

いうまでもなく、唯物論の《存在するから知覚される》という第2次知覚とは正反対の関係として、バークリ観念論の《知覚されるから存在する》という第1次知覚では、その知覚の背後には、もはやどんな意味のそれに先行する存在をも理論的に想定することは許されない。そうでないと、いやでも論理的に存在が先であることになって、知覚が先であるという第1次知覚はたちまち自己破綻をきたしてしまう。すなわち、存在が先行する第2次知覚——《存在するから知覚される》——と重なり合ってしまって、それと理論的にまったく区別不能になってしまうのである。

そうだとすると、しかし第1次知覚——《知覚されるから存在する》——における存在、つまりは第1次《知覚-存在》関係における存在は、いったいどのように把握したらよいのだろうか。いいかえれば、客観的実在のバークリ次元では、いったい存在（外的対象）はいかなる仕方で現実的に立ち現われるのだろうか。

一見すると、第1次知覚が《知覚されるから存在する》命題によって表示される以上は、あらかじめ先立つ存在がないのに、なにか知覚だけが単独で自存しているかのような、なんとも不可解な哲学的事態が生じてしまう。つまり論理的には、存在という先行する原因（契機）なしに、ただ結果としての知覚だけが、ひとり根なし草のように浮遊していることになってしまう。なにも存在しないところで知覚がおこなわれることになってしまうのだ。しかしこうなると、これはもう観念論の考え方そのものではなかろうか。あの確固とした知覚実在物説はどこへいってしまったのか。

ある意味では、それでまったくよいのである。第2次知覚とは本質的に異なって、第1次知覚、あるいは第1次《知覚-存在》関係においては、知覚と存在のあいだには、どのような《原因→結果》の先後的・一方的な因果連関もなりたたないのである。というより

は,そもそもなりたつ必要がないのである。

　知覚と存在のあいだに《原因→結果》の一方的ともいえる因果関係がなりたつのは,あくまでも存在が先であるという第2次知覚のみであって,一般にさまざまの知覚事象をあつかう心理学や物理‐生理学,認知科学などが研究対象としているのは,この意味における第2次《知覚‐存在》関係にかぎられているといってよい。そのかぎり,日常的に知覚とか,知覚過程とかいわれるものは,すべてこの《存在するから知覚される》という,あらかじめ外的対象が知覚事物として与えられている第2次知覚,つまりは知覚中断の存在次元のことをいっているにすぎない。

　これにたいして,《知覚されるから存在する》という,あらかじめ外的対象が知覚事物として与えられていない第1次知覚は,それゆえまったく哲学的性格をおびた論理的なものである。バークリの《存在即知覚》説が偉大であるのは,それがこの哲学的な知覚捨象の存在次元における第1次知覚,すなわち,第1次《知覚‐存在》関係という未掘の金鉱を探りあてて,これを《存在とは知覚されることである》という存在命題——外的対象そのものを相関的な《知覚＝存在》知覚存在式で表わす——のかたちで知覚実在物説としてみごとに定式化しているからである。

　ここでは,知覚はあらかじめ先在(先行)する存在自体(物自体)からの影響をうけて,それのなにか知覚像や記号のようなものとして,時間的にあとから生ずるのではない。そうではなく,知覚と存在とは,いわば両者の不可分一体な相関関係として,私たち人間には知覚存在のかたちで同時かつ一挙に立ち現われるのである。知覚が先であって,それにもかかわらず存在がたんなる仮象ではなく,じっさいに確固とした知覚実在物として与えられるとすれば,両者は相関的に知覚存在というかたちで,それこそ同時的に立ち現われる以外にはないといえよう。そう考えるのが,この場合,論理的に

許されうる唯一正しい哲学的態度ではなかろうか。
　ここでは知覚と存在とは，分離不可能な知覚存在として全体性であり，それゆえに存在は単独の存在自体ではなく，始めから知覚存在として一つの関係的実在をなしているといえよう。知覚捨象のバークリ次元では，知覚されないかぎり存在は，抽象的な可能的実在＝未存事物としてならともかく，具体的な現実的実在＝既存事物としてはけっして存在することができないのである。

　こうしてみれば，バークリ次元における知覚と存在とは，たがいに同時に原因でもあれば結果でもあるのであって，まさしく知覚なしに存在はなく，存在なしに知覚はなしという意味において，いわば立ち現われの始めから知覚存在として主客相関物（知覚実在物）にほかならないのだ。しかもひとたび現実的実在として立ち現われてしまえば，この知覚存在（外的対象）はもはや存在論的には不可逆的であって，その客観的実在性は，知覚（認識）される・知覚（認識）されないにはまったく無関係であり，それからは完全に独立している。唯物論哲学がいう《知覚されなくても外的対象は存在している》命題は，もちろん，知覚中断の存在次元におけるこの意味の不可逆的事物となった知覚存在とその客観的実在性をこそ定式化したものと理解されるべきだろう。
　さて，以上のような仕方をつうじて知覚実在物説としてのバークリの《存在即知覚》命題が正しいと承認されることが，唯物論や実在論の哲学的存在論をどうあっても物自体主義二元論にさせないための根本要件であるのは，もはや否認しがたい一つの論証的事実といえるのではなかろうか。

## 5-1-5　バークリ哲学がいう事物・物体はたんなる仮象にすぎないか

　ところで，ここでバークリの《存在即知覚》命題をめぐる一つの

重大な一般的誤解をこのさいきっぱりと清算しておきたい。それは簡単にいえば，バークリ哲学によると，たとえば私の眼前に見える赤いリンゴはけっして確固とした知覚事物ではなく，なにか幻や幽霊のようなたんなる仮象にすぎない，という巷間に広くみられる哲学的誤解である。この点については，あのカントでさえが，バークリ哲学にあっては空間における事物はすべて幻想であり仮象にすぎない，と独断的にきめつけているほどである（カント『純粋理性批判』および『プロレゴメナ』を参照のこと）。

たしかに，バークリ哲学には，《存在即知覚》とともに《観念即事物》という考え方がみられるのは事実である。このために，一部の通俗的な哲学解説書などには，バークリの《観念即事物》説によると，たとえば広島に投下された原子爆弾はたんなる幻や観念にほかならない，といった式のとんでもない説明がおこなわれており，バークリ哲学にたいする無用の誤解をこれでもかと増幅させているのである。もちろん，こうした荒唐無稽なバークリ批判の根底には，あのレーニンの著作『唯物論と経験批判論』の悪しき影響が色濃く影をおとしているのは否定できないだろう。

しかしバークリ哲学においては，ほんとうは観念とは事物そのものなのである。バークリがあえて事物を「観念」という言葉をつかって表現したのは，たまたま「観念」なるカテゴリーを使用せずには正当な哲学論議そのものが基本的に不可能であったような，その当時（17, 18世紀）の新しい哲学的風潮——とりわけデカルトやロックの近代哲学に代表される——に忠実に歩みを合わせたまでの話なのである。それゆえ観念も，さらには観念の複合体も，バークリにとってはすべて事物そのものであり，どこまでも感性的・対象的・現実的に存在しているものなのである。この点について，バークリは大胆にも，あえて「私たちは観念を飲んだり食べたりするのであり，また観念を着るのである」(1)とまで言いきっているのだ。

ところが，これを私たちがそのまま現代風に解釈して，観念をどこまでも"意識的なもの"として理解してやまないから，必要以上におかしな話になってくるのである。バークリにとっては観念と事物は，知覚と存在と同様にはじめから分離不可能な全体性をなしており，そのかぎり，両者は不可分一体のものとして感性的事物そのものを形成しているのだ。いずれにしても，バークリのこうした議論はすべて，あらかじめ外的対象が現実的に実在していない知覚捨象のバークリ次元にのみ関係するものであって，この根本論点をさえしっかり確保していれば，そこには理論上いささかの曖昧さや混乱も生ずる余地はないのである。

　このバークリの《観念即事物》説も，これを知覚捨象の存在次元において正しく理解するならば，おそらく読者諸氏もなんら不可解な印象をもたれることはなかろうと，私は確信している。バークリ存在論にとっては，赤いリンゴは確固とした知覚事物であって，けっして仮象としての幻や空想，ましてや現代的意味での観念（意識的なもの）などではないのである。ただそれでも《存在即知覚》命題にしろ，《観念即事物》命題にしろ，それらが知覚中断の存在次元へと不当に流用されたときには，両命題はたちまち既存事物の存在消滅をいう観念論へと転落してしまうのは，すでに検討してきたとおりである。

　ちなみに，知覚捨象の存在次元を定式化するバークリの《存在とは知覚されることである》命題がその本質を真に理解されるためには，20世紀以降の量子力学の成立とその発展がどうしても必要であった。量子力学こそは，その固有の研究対象として，外的対象があらかじめ現実的に実在している，という客観的実在の古典的次元ではなく，外的対象があらかじめ現実的に実在していない，という客観的実在のバークリ次元をひたすら物理学として探求する学問に

ほかならない。この点は,しかしすでに述べたところである。

　原子や電子といった量子実在は,このバークリ次元においてのみ本来的に存在しうる固有の住民なのである。これらの量子住民たちは,知覚(測定)されないかぎりは,つまり,知覚捨象の存在次元にあるかぎりは,いつまでも可能的実在,いいかえれば,抽象的な波動性を表わす《□□＝□□》知覚存在ゼロ式にとどまっていて,けっして知覚中断の現実的実在,いいかえれば,具体的な粒子性を表わす《知覚＝存在》知覚存在式となって立ち現われることがない。このとき,この未存事物である可能的実在(波動関数)をいかに哲学的に把握し規定するかが,量子力学の存在論にとってはそれこそ大問題なのである。


## 第2節　感覚存在という新しい概念

### 5-2-1　第1次知覚はじつは《感覚》であり《感覚存在》であった

　ここまで考察がすすんだところで,読者諸氏のなかには,以下のような理論上の疑問をもたれる人たちがいるかもしれない。すなわち,第1次知覚と第2次知覚の差異点はとりあえず了解できたことにしよう。しかしながら,そこでの二つの「知覚される」がその理論本質をまったく相違させているとすれば,それでもなお,それらを共通の「知覚」という同一概念(術語)でくくるのはきわめて不適切ではないのか,という疑問がそれである。

　認識されるべき外的事物があらかじめ現実的に与えられている客観的実在の日常次元における第2次知覚については,そこでの知覚をごく通常の意味での「知覚」と規定するのは当然だといってよい。しかし認識されるべき外的事物があらかじめ現実的に与えられていない客観的実在のバークリ次元における第1次知覚についても,そ

こでの知覚を同じく日常的な「知覚」という用語で呼んだのでは,この二つの知覚がもつ本質的な相違点はどうしても的確に言い表わしえないのではないか,というわけである。

　読者諸氏はすでに推察のことと思われるが,知覚捨象のバークリ次元における知覚なるものは,じつをいえば感覚と呼ばれるのが理論的にははるかに正しいのである。通常の知覚を意味する第2次知覚にくらべれば,それとは異質なこの哲学的性格をもった第1次知覚としての感覚は,それが現実的に立ち現われて相関的＝同時的な感覚存在（外的対象）として私たちに与えられるのに,もはやそれに先立ついかなる単独自存の存在自体をも原因とすることを必要としないのだ。

　一言でいえば,これまで外的対象（知覚存在）そのものの表示とされてきた《知覚＝存在》式は,じつは《感覚＝存在》式とされるのが本筋なのである。これまでの知覚存在は,じつは感覚存在でなければならない。これまで《知覚されるから存在する》とされてきたバークリ命題は,《感覚されるから存在する》命題として理解されるのが本来的に正しいのである。

　こうして,客観的実在のバークリ次元における感覚と存在とは,はじめから相関的に一体化されて感覚存在なのであり,そのような一つの関係的実在として私たちに人間には同時にかつ一挙に与えられる,と考えるのが唯一正しい哲学的存在論なのである。バークリの《存在即知覚》命題は,この感覚と存在の同時的＝相関的な立ち現われである感覚存在を,すなわち,《知覚＝存在》式ではなく《感覚＝存在》式を,みごとに定式化しているのである。通常の認識過程を表わす第2次知覚としての知覚とは異なって,そうした外的対象そのものを意味する第1次知覚としての知覚は,ほんとうは感覚なのであって,それは感覚と存在の分離不可能な全体性として現実

的に立ち現われる《感覚存在》以外のものではないのだ。

　第1次知覚としての感覚存在は，第2次知覚において認識されるべき知覚事物そのものである。この意味の第1次知覚としての知覚事物を，私たちは知覚中断の第2次知覚においてあらかじめ与えられた外的対象として外側から知覚認識するのである。そのかぎり，論理的には感覚（感覚存在）が先であり，それを所与対象としてたんに外部から認識する知覚はその後ということである。

　たとえば，ごくあたりまえの知覚過程として，私たちは赤いリンゴを見ているとしよう。このとき認識されるべき外的対象としてのリンゴはまぎれもなく赤いリンゴであって，だれが見てもけっして色なし物自体リンゴではない。赤いリンゴとしてあらかじめ与えられている外的対象を，私たちはそのまま赤いリンゴとして見ているだけである。だれがどう考えても，知覚過程の出発点も赤いリンゴであれば，知覚過程の到達点も赤いリンゴである。これをしかし，知覚過程の出発点にあるのはじつは色なし物自体リンゴであり，その到達点には赤いリンゴの知覚像があるのだ，と主張する人たちはよほど哲学の専門家なのだろう。

　それでは，この知覚過程をめぐる正しい哲学的存在論はいったいどこにあるのだろうか。始元的な立ち現われとしての感覚存在を意味する第1次知覚と，それを所与の外的対象（知覚事物）として根本前提することで，たんに外部から知覚認識するだけの第2次知覚とを的確に区別しうる立場だけが，知覚過程の出発点にも到達点にも知覚実在物としての赤いリンゴが存在する，という日常的な素朴実在観を，それこそ物自体主義にならずに主張しうる唯一の哲学的存在論ではなかろうか。第1次知覚としての感覚（外的対象としての感覚存在）と，第2次知覚としての知覚（認識としての知覚）とが厳密に区別されてはじめて，私たちは新しい哲学的存在論の原理的土台の確立へむかって着実にその一歩を踏みだすことになるので

ある。

### 5-2-2 《感覚存在》は唯物論的に理解された《感覚与件》である

　ところで，現代の経験主義ともいうべき B. ラッセル，さらには G. ムーアなどの哲学的立場にみられる，いわゆる感覚与件（センス・データ）なるものの哲学的本質も，それが第１次知覚としての感覚，つまりは感覚存在にほかならないと考えるならば，おそらくきわめて明快に理解できるのではなかろうか。

　たとえば知覚捨象の存在次元において，認識主体にたいして以下のような種々の感覚与件＝感覚存在が立ち現われたとしよう。このときに，主体の視覚（眼）には，白い・黒い・茶っぽい色をした或る形が見えている。またその触覚（手）には，或る大きさと硬さが感じられている。さらに，その三つの色をした或る形と，或る大きさと硬さをもったものを，手で打ちすえると，主体の聴覚（耳）には泣き声のような或る音が聞こえる。

　一般に，もしも三毛ネコがこのような仕方で純感覚的に記述されうるとすれば，それが三毛ネコにかかわる感覚与件（センス・データ）といわれるものであり，したがって純哲学的には私たちがいう第１次知覚としてバークリ次元に立ち現われる感覚であり，正確には感覚存在にほかならない。そして，この個々断片的に与えられる感覚与件＝感覚存在が，なにか或る一つのものに複合される（重ね合わされる）かたちで，いわゆる外的対象（感覚存在の複合体）なるものが思考をつうじて概念的に構成されるのである。その結果として，第２次知覚にかかわる知覚中断の存在次元において「これは三毛ネコである」あるいは「ここに三毛ネコがいる」という判断がおこなわれるとき，これがふつう知覚（知覚判断）と呼ばれるものである。

注目すべきは，この第1次知覚にかかわる知覚捨象のバークリ次元において個々ばらばらに立ち現われる感覚与件＝感覚存在は，すべて没主体的な一つの純然たる生理的作用の客観的結果というほかはなく，そのかぎり主体の意識作用のまったく制御外にある，といってよい点である。たとえばいま私の眼に見えている赤い色を，たんに"眺める"という認識行為だけで，私はそれを青色や黄色に変えることは絶対にできない相談である。

　これに反して，知覚中断の存在次元における第2次知覚としての知覚は，この始元的素材とでもいうべき感覚与件＝感覚存在をつかって，主体がそれらを一つの外的対象として思考をまじえて感性的に構成する働きにほかならない。その点では，それはいわば感性的段階における認識活動というべきものであり，あくまでも一つの主体的な知的作用なのである。

　一言でいえば，知覚外界像説と物自体主義における感覚は，物自体の模写像としてたんに主観的な感覚像にすぎないが，これに反して知覚実在物説における感覚は，それ自体で主観的かつ客観的な感覚存在（主客相関物）にほかならない。ここでは，感覚はまぎれもなく感覚存在として"主観的なものと客観的なもの"の対立の統一体である。そして，ラッセルやムーアなどの現代経験論がいう感覚与件なるものを，私たちはこの意味における主観的かつ客観的な感覚存在（感覚実在物）として理解すべきではないのか，と筆者の私は主張したいのだ。知覚捨象のバークリ次元を根本前提とするかぎり，感覚与件は，超感性的な物自体をなんらかの仕方で表示するだけの主観的な知覚像や記号にすぎないのではけっしてない。

　この点をもう少し考えてみよう。すでに検討してきたように，観念論の《感覚されるから存在する》命題——感覚が先である——がいう第1次知覚のバークリ次元においては，その感覚の背後には，

もはや論理的にいかなる先行する存在もありえなかった。そうでないと，それは唯物論の《存在するから感覚される》命題——存在が先である——とピッタリ重なり合ってしまって，知覚中断の存在次元における第2次知覚と少しも区別ができなくなるのであった。

こうして，知覚捨象の存在次元における感覚と存在とは，最初から主観的かつ客観的な感覚存在＝感覚与件として相関的＝同時的に立ち現われるという意味では，いわば知覚実在物説を必然的に成立させずにはおかない，と考えるのが唯一正しい存在論的態度であるのは明白であった。

たしかに，私たちが感覚として感ずることは，常識的にいえば十人十色の主観的印象というほかはない。なぜなら，同じように感覚するといっても，私たちは自分に固有の感覚器官や大脳皮質をつうじて感覚するほかはなく，しかもそれらは個々の人間にとってそれぞれ機能的に微妙に異なったかたちで作用するはずだからである。その点では感覚するとは，まぎれもなく百人百様の個性的かつ主観的な事柄である。"赤い色を感ずる"というとき，その「赤い色」は，なるほど普遍概念としては共通的＝一般的なものであろうが，それを具体的に感官をつうじて"感覚して感ずる"度合いそのものは，それぞれ個々人によって無数に異なる微妙な差異性をもっているはずである。

しかし他方また，私たちに感覚の結果として感じられたものは，それにもかかわらず，人間の意思を超えた確固とした存在物といいうるものだ。主観的に感覚することをつうじて感覚された結果は，一つの確定した客観的事象であって，私たち人間にとっては"同一共通に与えられたもの"という以外にはなく，そのかぎり万人にとって普遍的な外的対象と見なさざるをえない。

たとえば何人かの自動車の運転者たちが，たまたま車を動かして交差点にさしかかり，正面に信号灯の赤い色を見たとしよう。この

ときに，ドライバーたちは自分に固有という意味では，それぞれが十人十色の感覚印象を経験しているにすぎない。しかし同時にまた，彼らはいささかも躊躇することなく，一人ひとりがその赤い色という主観的な感覚印象なるものを「同一共通の客観的対象」（主観的かつ客観的な感覚存在）として理解することで，全員が難なく自動車を同時に停車させることに成功するのだ。

そして，こうした経験的事実が日常つねに生起しうるのは，赤い色がじっさいに感覚存在＝感覚与件として万人にとって主観的かつ客観的なものであり，そのかぎり普遍的な外的対象（知覚事物）であるゆえなのは，あらためて指摘するまでもないだろう。しかもその信号灯の赤い色を，私たちは写真に撮って客観的記録（カメラの感覚の結果）のかたちで外的対象として残すことも可能なのである。しかしながら，感覚されたものを頭の外に生ずる主観的かつ客観的な感覚存在ではなく，たんに頭の中に生ずる主観的な感覚像（物自体の反映像）と捉えるかぎり，上述のような考え方をすることが，少なくとも原理的にはまったく閉ざされているのはいうまでもない。

5-2-3　ラッセル，ルビンシュテイン，レーニンの哲学的存在論

さて，これまでの議論をつうじて，ラッセルやムーアなど現代経験論者たちがいう感覚与件（センス・データ）なるものは，じつは純哲学的には主観的かつ客観的な感覚存在（主客相関物）でなければならない，とする新しい哲学的存在論の根本における考え方をいささかなりとも理解していただけたであろうか。

（1）ところが，それにもかかわらず，実在論者ラッセルは，第1次知覚と第2次知覚とを文字どおり区別しそこなったために，第1次知覚としての主観的かつ客観的な感覚与件（感覚存在）のさらに背後に，いっそうの窮極原因である裸の客観自体をもちこんで，結

局のところ典型的な物自体主義の実在哲学に陥ってしまった。

　ようするに，第1次知覚——第1次《知覚‐存在》関係——をついに把握しそこなった実在論者ラッセルにとって，感覚与件なるものは，真の客観的実在である物自体に対応するたんなる「記号」以上のものをけっして意味しなかったのである。いいかえれば，感覚与件がそれ自体で感覚実在物（感覚存在）であるとは，けっして理解されなかったのである。それゆえラッセルにとっても，あのガリレイと同様に，たとえばリンゴの感覚的属性（性質）である色や形・大きさ・硬さ・香りなどは，人間により感覚されなくなると主観的なものとしてたちまち消失してしまうのであり，そのあとには，感覚与件とはまったく異なった超経験的な"或るもの"，つまり，これこそは物質的対象とされる物自体リンゴが残るだけである。しかもこの窮極物質としての物自体リンゴの客観的実在性をそれとして確信させるものは，あのラッセルをもってしても，たんに私たち人間の「本能的信念」であるとしか，少なくとも哲学的には説明しえなかったのだ。(2)

　実在論者ラッセルとしては，できれば感覚与件をたんなる主観的な記号ではなく，なんとか客観的な感覚存在として規定したかったのではなかろうか。しかしながら，それは彼の物自体主義がどうしても許さなかったのである。というのは，もしも感覚与件を確固とした感覚実在物として承認してしまうと，すでにラッセルは強固なバークリ批判をつうじて窮極の物質的実在である物自体（超経験的な或るもの）をすすんで容認する哲学的立場にあったから，これではいわば二重実在説——感覚与件と物自体をともに基本的実在として了承せざるをえない——とでもいうべき不可解な哲学的存在論に陥ることが必定だったからである。(3)こうなると，しかしラッセルの哲学的困惑が目の当たりに見えるようではないか。

(2) つぎに以上に関連していえば,実在世界を「存在」世界と「客観」世界というふうに二大分別することで,ラッセルが懸念した二重実在説とでもいうべき哲学的立場にそのまま転落しているのが,ロシアの心理学者にして哲学者であるエス・エリ・ルビンシュテインである。いまでは一部の唯物論者たちからは古典扱いされている『存在と意識』の著者ルビンシュテインによれば,主観にまったく無関係に存在している客観的実在は,いってみれば「存在」(物自体)にほかならない。そして,その物自体としての「存在」世界(無規定な或るなにものか)は,この意味における窮極の物質的世界の長期にわたる発展進化の過程のなかで,これを意識し認識する能力をもつ個体が発生する段階になったときはじめて,ようやく「客観」という意味での主客相関的な,私たち人間にとっての客観的対象と呼ばれるものへ転化することになった,というのである。(4)

一言でいえば,ルビンシュテインは客観的実在というものを,なによりも物自体としての客観的実在と主客相関物としての客観的実在とに二分することをつうじて,前者を存在論的な「存在」概念によって,後者を認識論的な「客観」概念によって総括しているのである。しかしこうなると,これはもう実在論者ラッセルの恐れた典型的な二重実在説というほかはないだろう。

それにしても,これでは主観的映像とされる知覚像と,物自体である存在と,さらには主客相関物(知覚事物)である客観という,これら三者のあいだの理論的な相互関係は,いったい反映論の立場からはどのように把握され説明されるのだろうか。

たとえば「存在」(物自体)と「客観」(知覚事物)のあいだの反映論的関係とは,具体的にはどのようなものであるのか。物自体が反映されてはじめに知覚像が生ずるのではなく,いきなり知覚事物になるのだろうか。そうではなく,やはり物自体を反映した知覚像に媒介されて知覚事物が生じるのであろうか。そうだとすると,物

自体と知覚像とがピッタリと貼り合わさったものが知覚事物ということになるのだろうか。そうして一方の知覚像がなくなってしまうと，知覚事物はたちまち裸の物自体へと逆もどりしてしまう，ということなのだろうか。それにしても，知覚像（知覚外界像説）と知覚事物（知覚実在物説）とは，ルビンシュテインの場合のように，一つの哲学理論のなかでそう手軽に両立しうるものなのだろうか。そもそも知覚事物とは，それ自体でもはや物自体を必要としない客観的実在ではないのか。それにもかかわらず，知覚事物と知覚像とはじつは実質的には同一なのである，こういう議論になるのだろうか。つまり，それでも両者には一つの区別があって，知覚事物は頭の外にあるが，知覚像は頭の中にある，ということなのだろうか。

　ごらんのように，知覚外界像説と物自体主義から生ずる哲学的難問がいまや際限なく続出するといわざるをえない。はたして伝統的唯物論者ルビンシュテインは，こうした理論上の大混乱をどこまで自覚していたのだろうか。第2次知覚の《知覚されなくても存在する》命題にいわれる知覚中断の存在次元だけしか知らないルビンシュテインにすれば，主客相関的な意味の客観的実在（知覚事物）だけでは，主観がないとき客観もなくなって理論的になんとも具合がわるい。そのために，主観から絶対的に独立した超越的物自体という窮極の物質的実体がどうしても必要だったのであろう。

　いずれにせよ，感覚と存在を絶対分離させて存在自体だけを自立－実体化させるルビンシュテインの考え方には，なんの正当な哲学的根拠もなく，はじめから物自体の客観的実在性を当然視している点では独断的唯物論という以外にはないものである。なぜなら，意識や認識能力をもつ個体が発生する以前の実在世界が《物自体の世界》であるなどというのは，およそ知覚外界像説にもとづく形而上学的憶測にすぎないからである。意識活動をする人間が現われる以前の客観的実在の世界とは，あの"純粋無垢なもの"としての物自

体世界であるどころか，知覚事物の具象的世界そのものであって，理論的には知覚されなくても存在するという，すなわち，知覚事物があらかじめ現実的に実在しているという，知覚中断の存在次元における通常の既存事物＝日常物体を考えるだけで十分なのである。ここにも，第1次知覚としての客観的実在のバークリ次元をまったく知ることのないルビンシュテイン流の弁証法的唯物論の根本欠陥がはっきりと露呈しているといってよい。

それとも，知覚外界像説に固執する唯物論者ルビンシュテインにしてみれば，冷蔵庫のなかの知覚されないリンゴが"色なし物自体リンゴ"である以外にはないように，知覚する生物や人間が生まれる以前の地球は，やはりどこまでも"純粋無垢なもの"としての物自体Ｘ——理解不能な「或るなにものか」——でなければならない，ということなのだろうか。

地球の誕生は約46億年前とされているが，そこまでは遡らないまでも，どうして海あり，山あり，谷ありの，しかしいまだ意識活動をする個体が存在していないような，そのかぎりの知覚実在物としての地球を想定してはいけないのだろうか。それとも，無脊椎動物の大部分がすでに発生しているとはいえ，5億数千万年前の原始的地球はいまだどんな生産する人間の実践活動にも媒介されていないから，したがっていまだどんな人間の手もおよんでいないという意味では物自体の客観世界である，とでもいうのだろうか。もしもそうであれば，これはもう「物自体」概念の許しがたい初歩的な乱用というほかはあるまい。

それにしても，第1次知覚と第2次知覚とが明確に区別されているなら，前者のバークリ次元においては主観（感覚）なしに客観（存在）はないのはむしろ当然であって，そうでないと物自体主義になってかえって不可解なのである。もともと知覚捨象の存在次元では外的対象（感覚存在）はあらかじめ現実的に実在しないのだから，

客観（存在）はたんなる可能的存在（未存事物）であるにすぎず，はじめから存在消滅のしようがないのである。それゆえ，この意味において主観（感覚）なしに客観（存在）はなしと主張したからといって，それは観念論の考え方でもなんでもない。主観（感覚）がないとき，客観（存在）は主客相関的に感覚存在となって同時的に立ち現われることができない，という当然の議論にすぎない。ただ後者（第2次知覚にかかわる知覚中断の存在次元）においてだけ，それは現実的存在（既存事物）の存在消滅をいうことになって，いやでも観念論になるのである。

　結局，ルビンシュテインもまた，第1次知覚にかかわる知覚捨象の存在次元と，第2次知覚にかかわる知覚中断の存在次元とを原理的に区別できなかったために，感覚する個体が発生する以前の実在世界はいかなるものかという問題にたいしては，主客相関的な感覚存在としての知覚実在物ではなく，どうしても純粋無垢な存在自体としての「或るなにものか」を根本想定せざるをえなくなった，というのが偽りのない哲学的真相であろう。とすれば，二重実在説として「存在」概念と「客観」概念とを峻別するルビンシュテインの哲学的立場は，バークリ命題がいう第1次知覚をまったく把握しえなかった点では，やはり克服されるべき知覚外界像説と物自体主義という，そのかぎり旧型の唯物論（実在論）という以外にはなさそうである。

　(3)　ここで，哲学者レーニンにふたたび登場してもらうことにしよう。レーニンは，物理学者にして哲学者であるエルンスト・マッハを激しく批判してこう語っている。すなわち，一方の物理学者であるマッハは，感覚とその起源である物理的対象の役割をきわめて正しく認識しているが，他方の哲学者としては，感覚を，その背後にもはやいかなる原因（起源）をももたない窮極の「世界要素」——

先立つ存在なしの感覚——とみなして，感覚をまったく観念論化してしまっている。これこそはマッハの中途半端な二面性でなくてなんであろうか，と。[5]

一見すると，これなども，レーニンによるきわめて正当なマッハ哲学批判のように思われるが，すでに第1次知覚と第2次知覚の区別を明確に確認している私たちの立場からすれば，残念ながら，まったく的外れな議論というほかはないものである。

レーニンが，物理学者としてのマッハの「感覚」把握を正しいと判断しているのは，それが知覚中断の存在次元における第2次知覚，すなわち，唯物論の《存在するから知覚される》命題を少しも否定するものではないからである。この知覚中断の日常次元における第2次《知覚‐存在》関係にあっては，いかにマッハといえども，現に生じている感覚の起源（刺激）としての物理的対象の役割を無視したり否定するわけにはいかないだろう。もちろん，ここで問題になっているのは，心理学や物理‐生理学などが研究対象にする，ごく通常の知覚であり知覚過程（認識過程）にほかならない。

とはいえ，つぎに哲学者としてのマッハの「感覚」把握を批判して，同じレーニンが，マッハはここでは感覚の起源（刺激）である物理的対象の役割を正面から否認する観念論者にすぎないと強く断罪するのは，第1次知覚のバークリ次元において同時的＝相関的に立ち現われる窮極の感覚存在（外的対象）というものを，理論的にまったく理解することのなかった彼の勇み足というほかはない。

いうまでもなく，ここで哲学者マッハが問題にしているのは，なによりも知覚捨象の存在領域であり，第1次知覚にほかならない。私たちの言葉でいえば，マッハが追究し主張しているのは，客観的実在のバークリ次元では，感覚と存在は分離不可能な全体性である感覚存在（窮極の世界要素）としてただ同時的＝相関的にしか立ち現われることができない，とする知覚実在物説にほかならない。逆

にいえば，感覚と存在とをあらかじめ絶対分離させておいて，感覚はその単独先在する存在自体を反映するたんなる感覚像にすぎない，とする物自体主義の哲学的立場はまったく支持できないとマッハは強調しているのである。

そうしてみれば，これ以上の説明はもはや不要であろう。先のラッセルやルビンシュテインと同じように，レーニンもまた，本来ならば《感覚されるから存在する》命題がいう第1次知覚，つまり，窮極の感覚存在として相関的に立ち現われる外的対象にのみかかわる，いわば哲学的性格をもった「実在生成」問題と，《存在するから知覚される》命題がいう第2次知覚，つまり，すでに現実的に実在する外的対象を外部から知覚するだけの通常の認識過程にのみかかわる「実在認識」問題とをまったく区別できなかったのである。そのために，レーニンは，バークリ次元における窮極の感覚存在をたんなる感覚像とみなすことで，その感覚像の背後のさらなる物質的起源をいやでも問題にせざるをえなくなり，ついに見当ちがいなマッハ批判を展開する羽目になったのは，まことに仕方のないことであった。

そして，事情が以上のとおりだとすれば，知覚捨象のバークリ次元を承認する新しい哲学的存在論の観点に立って，物自体主義を否定しつつ実在世界をひたすら「感覚の複合体」——じつは感覚存在の複合体であり観念論でもなんでもない——として知覚実在物説のもとに把握しようとするマッハ哲学の本質などは，およそ感覚の起源の問題を放棄する典型的な主観的観念論でしかないのは当然であろう。とはいえ，マッハ自身も，ほんとうは第1次知覚と第2次知覚の区別をまったく把握していなかったのだ。それでも物自体主義を徹底して批判する作業のなかで，哲学者マッハはおのずと第1次知覚のバークリ次元を実質的には追究することになったのである。

こうして，ひとまず全体を総括していえば，第1次知覚と第2次知覚とを理論的に弁別することが，いかに存在論－認識論上の根本的な転換点であるか，という決定的論点の正当性がいまや否定しがたく明白であろう。

　(1) それは，なによりもバークリの《存在即知覚》命題の哲学的復権と同じ意味であり，(2) 感覚を反映論がいう主観的な感覚像ではなく，主観的かつ客観的な感覚存在として理解することと同意味であり，(3) それゆえ，真に本源的な実在は物自体ではなく，知覚事物であることと同意味なのである。(4) さらには，哲学的存在論が古い物自体主義から新しい知覚実在物説へと正しく移行することと同義なのである。(5) つまり，従来の唯物論や実在論の哲学は，その知覚外界像説と物自体主義という二つのドグマのために，まぎれもなく近代主客二元論にほかならない，ということと同義なのである。

### 5-2-4　感覚存在の理論的本質はなにか

　これまでの考察によって明確になったのは，外的対象そのものを表わす第1次知覚（知覚されるから存在する）における知覚がじつは感覚にほかならず，したがって相関的に立ち現われる知覚存在もじつは感覚存在でなければならない，という基本論点であった。バークリ次元で外的対象を表わしてきた《知覚＝存在》式――《存在とは知覚されることである》命題――は，正しくは《感覚＝存在》式――《存在とは感覚されることである》命題――であることが確実になったのである。

　もっとも，これによって「知覚存在」なるカテゴリーがもはや不要になったと考えるのは，いささか早計であろう。知覚捨象の存在次元においては，外的対象を表わす始元的な「感覚存在」概念がどうしても必要であるように，そのすでに所与となり既存事物となっ

た外的対象を主体が外部から認識するという知覚中断の存在次元においては，「知覚存在」概念はいぜんとして不可欠なのである。

というのは，知覚捨象のバークリ次元における感覚存在そのものは，その本質からいえば唯物論的に把握された感覚与件にほかならず，それ自体はけっして外的事物の全体像をまるごと意味しないからである。感覚存在とは，たんに外的事物を構成している個々断片の感覚的性質（属性）――たとえば赤い色，丸い形，中位の大きさと硬さ，甘酸っぱい香りや味など――を意味する以外のものではないのだ。そうしてみれば，客観的実在のバークリ次元に立ち現われる始元的素材ともいうべき感覚的な諸性質（属性）は，そのままでは個々ばらばらの感覚存在にすぎず，ただこれら断片的な感覚存在が一つに統合された集合体だけが，たとえば赤いリンゴという具体的事物をまるごと意味しうるわけである。さらに，そうした感覚存在の複合体として理解された赤いリンゴこそが，こんどは知覚存在として把握されるべきなのであり，つまりは赤いリンゴという外的対象の全体像を言い表わすのである。

一言でいえば，赤いリンゴを構成する個々断片の感覚的性質がそのままで感覚存在なのであり，その個々の感覚存在の複合体であるものが，知覚存在として赤いリンゴという外的対象の全体像をまるごと意味するわけである。私たちが客観的実在の日常次元において第2次知覚のかたちで外側から認識する通常物体とは，すべてこうした第1次知覚としての感覚存在と，それの複合体である知覚存在のことをいうのである。そのかぎり「知覚存在」とは，通常の認識過程における知覚されるべき具象的対象そのものを意味するのであり，知覚中断の日常次元にとっては必要不可欠な「知覚事物」概念というほかはない。

さて，感覚と知覚，あるいは，感覚存在と知覚存在の関連が以上

のようであってみれば、これまでの基本実在式は、どうしても以下のように書き改められることが必要であろう。

　　　従来の実在式　　《知覚＝存在》　×　《知覚　主体》式
　　　↓
　　**新しい実在式**　　《**感覚＝存在**》　×　《**知覚　主体**》式
　　　　　　　　　　　　　‖　　　　　　　　‖
　　　　　　　　　　《第1次知覚》　　　《第2次知覚》
　　　　　　《知覚捨象の存在次元》《知覚中断の存在次元》
　　　　　　　　　　　　‖　　　　　　　　‖
　　　　　《感覚されるから存在する》《存在するから知覚される》
　　　　　《客観的実在のバークリ次元》《客観的実在の日常次元》
　　　　　　　　　　　　‖　　　　　　　　‖
　　　　　感覚存在とその複合　　　その外的対象を知覚
　　　　　体としての外的対象　　　存在（知覚事物）とし
　　　　　（知覚事物）そのもの　　て認識主体が外部か
　　　　　を意味する。　　　　　　ら知覚し認識する。
　　　　　　　　　　　　‖　　　　　　　　‖
　　　　　　　　　《**客体**》　──　《**主体**》

第1次知覚は、第2次知覚にとっては、いわば主体によって外部から認識されるべき客体＝外的対象そのものを意味する。バークリ命題がいう第1次知覚は、《対象を知る》という意味における通常の知覚過程＝認識過程を表わすものではけっしてない。

　こうして、従来の実在式は《感覚＝存在》×《知覚　主体》式へと変換されることになって、これで第1次知覚と第2次知覚の区別は、その術語上から生ずる理論的混乱の余地はほとんどなくなった。

知覚捨象のバークリ次元において，感覚存在（感覚的性質の複合体）として同時的＝相関的に立ち現われる外的対象（第1次知覚）を，第2次知覚にかかわる知覚中断の存在次元において，認識主体がいわば外部から覗き見するかたちで知覚するという，この物自体主義を克服する新しい哲学的存在論の《主体‐客体》関係は，いささか理論上の錯綜性はあるにしても，多少とも辛抱していただければ，だれもが迷うことなく理解しうるはずである。

　そこで，上述の総括図式はとりあえず了承されたものと仮定しよう。そうすると，そこからただちに一つの本質的な理論的疑問が生じてこざるをえない。ここでいわれる第1次知覚としての感覚とは改めてなんであるのか，すなわち，第1次《知覚‐存在》関係としての**感覚存在とは改めてなんであるのか**，という根本の問題がそれである。もとより私たちは，それが第2次《知覚‐存在》関係——通常の知覚過程——において主体によって認識されるべき外的対象——《感覚＝存在》式——を意味するものであることを，すでに十分に検討してきたし，また強調もしてきた。

　しかし，いまはそれ以上の理論説明が要求されているわけである。というのは，感覚や知覚をめぐる哲学的問題については，従来の唯物論や実在論の哲学的存在論の影響がたいへん強力であって，感覚といえば感覚像，知覚といえば知覚像である，というように知覚外界像説と物自体主義の考え方があまりにも一般的・常識的になりすぎているからである。私たちの知覚実在物説の立場からいえば，感覚はたんなる主観的な感覚像ではなく，主客相関的（主観的かつ客観的）な感覚存在でなければならない。知覚捨象の存在次元における感覚と存在の関係は，感覚像と存在自体という両者の絶対的区別性（物自体の容認）においてではなく，感覚存在という両者の相関的同一性において把握されなければならないのだ。

　一言でいえば，感覚されるから存在する，あるいは，存在とは感

覚されることである，という第1次知覚なるものの哲学的核心は，感覚と存在とは，はじめから分離不可能な全体性をなしており，それゆえに感覚存在として同時的＝相関的に一挙に立ち現われることで外的対象そのものになる，とどうしても考えざるをえない点にあるといえよう。

（ちなみに，以上の論点を正しく考慮するならば，バークリの《存在即知覚》命題——《存在とは知覚されることである》——は，厳密にはもはや《存在とは感覚されることである》と書きかえられるべきだろう。たしかにバークリにおいても，感覚の複合体である外的事物を知覚する，という考え方がみてとれないわけではない。しかしそのことも，第1次知覚と第2次知覚を理論的に明確に分別したうえでのものとは，とても思われない。じっさい，バークリ命題はいつでも「存在とは知覚されることである」であって，けっして「存在とは感覚されることである」とされることはなかった。とすれば，やはりバークリは二つの知覚を区別することなく，しかし無自覚のうちに第1次知覚だけをひたすら追究していた，と考えるのが至当であろう。ただそうではあっても，本書においては，バークリの《存在即知覚》命題はそのままのかたちで使用することにしたい。）

さて，議論をもとへ戻そう。ここで存在論的にとりわけ重要なのは，第1次知覚（外的対象）としての感覚存在をつくりあげている感覚と存在とは，両者がいわば直接的同一性の関係をなしている，という根本論点をしっかりと確認することである。まさしく感覚なしに存在はなく，存在なしに感覚はないのである。知覚捨象の存在次元では，感覚はつねに感覚存在としてのみ現実的でありうるのであって，存在から切り離されて感覚だけがひとり自存することは，幻覚——《感覚＝□□》式——でも考えないかぎり，およそ容認しえないことである。もちろん，それとは逆に，感覚から切り離され

て存在だけがひとり自存すること——《□□＝存在》式——も，存在自体の現実的実在性を承認するのでないかぎり，およそ考えられないことである。

　直接的同一性としては，感覚は存在であり，また存在は感覚である。つまり感覚されるから存在するとともに存在するから感覚されるのである。いうまでもなく，バークリの《存在即知覚》命題は，知覚捨象の存在次元におけるこの感覚と存在の相関関係——相互前提性と相互依存性——をきわめて的確に定式化するものになっている。とはいえ，それでも両者のあいだには同一性とともに，一つの区別性の契機がみとめられる。感覚されない存在は，いまだ潜在的にだけ存在であるにすぎず，けっしてそのままでは現実的存在とはみとめられない。そのかぎり，それはいまだ可能的存在，たんなる未存事物にとどまっている。

　そのさい，感覚されない存在はたんに可能的存在なのであって，けっして単独自存する存在自体なのではない，という物自体主義批判の観点をしっかりと確保することが大切である。そう考えれば，存在は，ただ感覚されることによってのみ，たんなる可能的存在から現実的存在へと飛躍しうるのである。そうして，ただ感覚されてはじめて，存在は，同時的＝相関的に感覚存在となって立ち現われうるという意味では，この局面においてこそ，それはやっと本来の存在——現実的実在——になるかたちで，その最後の総仕上げをうけるといってよい。

　こうして，存在がじっさいに感覚されることで可能的実在から転化して"みずからの現実的実在性を実現する"という最終の目標をなしとげたとき，そこに立ち現われる個々断片の感覚存在とその複合体こそが外的対象にほかならない。知覚捨象のバークリ次元においては，感覚はどこまでも感覚存在であり，感覚存在はどこまでも"感覚された存在"として現実的存在である。それゆえに感覚は，

個々の感覚存在の集合体としてみれば,まさしく具体的な外的事物（知覚事物）そのものなのである。

そこでたとえば,あらかじめ外的対象が現実的に与えられていない知覚捨象の存在次元では,リンゴは"感覚存在リンゴ"以外のものとしてはけっして現実的に実在することができない。いいかえれば,物自体リンゴは実在しないということである。感覚存在,つまり《感覚＝存在》式として同時的＝相関的に立ち現われないかぎり,バークリ次元では,リンゴは見ることも食べることもできない抽象的な可能的リンゴ——《□□＝□□》式——にとどまっている。ここでは,知覚中断の存在次元におけるように,リンゴはいまだ認識されていないだけで,すでに現実的リンゴとしてどこかに実在しているのだ,と考えることはまったく許されない。ましてや,リンゴはあらかじめ物自体リンゴとして実在していて,それが感覚をつうじて知覚像のかたちで模写される,といった物自体主義の議論などは論外というほかはない。

しかしながら,あらかじめ外的対象が実在している知覚中断の存在次元という現実的世界にあっては,バークリ次元とは異なって,哲学的事情はまったく異なった様相をおびてくる。どういうことかというと,もしも知覚実在物説にしたがって外的対象を"頭の外"にある主客相関の感覚存在として把握するのであれば,とうぜん,だれにも見られなくても,それでも冷蔵庫のなかには赤いリンゴが知覚事物としてそのまま実在している,と考えるのが唯一正しい存在論的態度にならざるをえない。

さらにまた,無人の森林のなかでだれにも聞かれなくても,朽ちて倒れた巨木の発した轟音は,その瞬間には,じっさいに現実的実在として確固として鳴り響いたのである。そして,私たちが第1次知覚と第2次知覚とをはっきりと分別したうえで知覚実在物説の立

場をとるかぎりは，第2次知覚にかかわる知覚中断の存在次元——だれも聞く人間のいない無人の森林——における倒木音についても，哲学的存在論としては以上のように考えることがもっとも適切であると思われる。

ところが，知覚外界像説と物自体主義をとなえる唯物論（実在論）の哲学的立場では，以上のような理論態度をとることが原理的にまったく不可能であり，けっして許されないのである。なぜなら，この立場にあっては，だれも聞くこと（知覚すること）のない無人の森林で，朽ちて倒れた巨木から発せられる現実的な音響は，いわば原則的に存在しえないからである。超感性的な物自体こそが真の実在であるとする唯物論（実在論）の哲学的存在論にしたがったのでは，だれも聞くことのない無人の森林では，あたかも無声映画でも見ているように，巨大な古木はただの一音も轟かせることなく倒壊せざるをえないのだ。こうなると，これはもうなんという荒涼たる光景であろうか。まさしく哲学的には知覚疎外の近代主客二元論そのものではなかろうか。

しかしながら，すすんで知覚実在物説の哲学的立場をとるならば，冷蔵庫に入れられた赤いリンゴは，だれからも知覚されなくても赤いリンゴのままにとどまり，無人の森林で朽ちて倒れた巨木は，だれにも聞かれなくても，まちがいなく現実的実在としてじっさいに轟音を鳴り響かせたのである。そしてこのことは，以上に述べた二つの出来事の存在次元が，未存事物の立ち現われにのみかかわる感覚されなくては存在しないという知覚捨象のバークリ次元ではなく，既存事物の現実的実在性にのみかかわる知覚されなくても存在するという知覚中断の存在次元である以上は，理論的にはいささかも不思議はないのである。

もっともそれでも，ここで以下のような理論上の疑問をもたれる

読者諸氏がいるかもしれない。すなわち，無人の森林において，だれにも聞かれないとき，倒れた巨木の轟音がまったく鳴り響かないのは，どう考えてもやはりバークリの《存在とは知覚されることである》命題にいわれる実在世界ではないのか，とする疑問がそれである。

　しかしそうではないのである。倒れた巨木と，そこに発生する轟音とは，直接には現実的実在（既存事物）とその状態にかかわる存在事象という以外のものではなく，どこまでも知覚中断の存在次元における出来事であって，そのかぎり無人の森林で倒木音がとどろきわたっても，バークリの《存在即知覚》命題に理論的に抵触することは少しもないのである。なぜならバークリ命題は，知覚されなくてはすでに立ち現われている倒木音（既存事物）は存在しなくなる，とはまったく主張していないからである。そうではなく，ここでは，バークリ命題は，知覚捨象の存在次元における可能的実在（未存事物）から現実的実在（既存事物）への感覚存在の立ち現われという，その意味のいわば論理的に想定され根本前提されるべき一つの抽象的世界（論理的世界）にかかわっているにすぎない。無人の森林における倒木音は，感覚されないかぎり（つまり感覚存在にならないかぎり），いまだ可能的実在（未存事物）にとどまっていて，けっして現実的実在（既存事物）となって立ち現われることはない，とただこの点だけを規定しているにすぎないのである。

　その意味では，バークリの《存在即知覚》命題は，物自体の現実的実在性を承認することへの決定的な歯止め，という存在論上のきわめて重要かつ積極的な役割をはたしているのだ。それゆえバークリの《感覚されなくては存在しない》命題は，その本質規定からすれば，知覚中断の存在次元においてすでに現実的実在（既存事物）として与えられている外的対象の客観的実在性を否定することには，いかなる意味でも直接にはなんの関係もないのである。もしもその

点で関係があるとしたら，それはバークリ命題が知覚中断の存在次元へと不当に拡大適用されたからにすぎない。

いずれにせよ，ここでの問題本質の把握をたいへん困難にしているのは，私たちの日常世界では，すなわち，赤いリンゴや無人森林の倒木音のような通常事物の日常世界では，知覚捨象と知覚中断（感覚存在と知覚存在）という二つの存在次元，同じことだが，《感覚されなくては存在しない》命題と《知覚されなくても存在する》命題とは，両者とも完全に未分化状態にあって堅く一体化しており，量子力学の場合のように，それぞれを現実的に引き剥がして分離把握することがまったく不可能である，という特別の事情にあるといってよい。そのために通常物体の古典的世界にとっても，知覚捨象のバークリ次元はまちがいなく哲学的に存在しており，しかも絶対の根本前提なのであるが，それでも，一つの抽象的な論理的世界として想定（設定）されざるをえないのである。

そしてこの点にこそ，じつは通常実在の日常世界と量子実在の特異世界とを区別する存在論上の決定的な分岐点があるといえるのだ。すなわち，知覚捨象と知覚中断という"二つの存在次元の現実的分離"が一つの厳然たる事実として具現されている点にこそ，量子力学とその実在世界を特徴づける哲学上の決定的な特徴があるわけである。このことは，バークリ次元に固有の量子実在は，測定されないかぎり，つまり，具体的な感覚存在（量子的粒子）となって立ち現われないかぎり，いつまでも抽象的な可能的実在（波動関数）のままで存在し続けるほかはない，という事情にも容易に見てとれるといってよい。逆にいえば，無数の《重ね合わせ》状態としての量子実在にかかわる知覚捨象のバークリ次元を，はたして古典力学において知覚中断の存在次元から現実的に分離して，単独に扱うことが原理的に可能であろうか，という疑問にもなってくる。いうまでもなく，それが不可能であるからこそ，知覚捨象の存在次元をいう

バークリの《存在即知覚》命題は，量子力学が確立されるまでは，その哲学的本質を正しく考察されることも取り扱われることもなかったのだろう。

　以上の論議をつうじて明瞭かと思われるが，上述のような考え方をすることが，第1次知覚（バークリ次元）における感覚と存在の関係，あるいは，第2次知覚（知覚中断）における知覚と外的対象（知覚事物）の関係をめぐる「実在」問題と「認識」問題とを，それこそだれにも説得的に提起し説明しうる最有力の哲学的存在論とはいえないだろうか。近代イギリス経験論におけるバークリの主客相関——バークリ次元における感覚即存在——をいう哲学的存在論を安易に拒否したり無視してはならない，と筆者が強調してやまない理由もそこにある。

　すなわち，(1) バークリ命題がいう第1次知覚（感覚存在とその複合体）を論理的要請として先行させないでは，通常の認識過程としての第2次知覚——《存在するから知覚される》命題——の理解そのものが，いやでも物自体主義の考え方をもってする以外にはなくなってしまう。(2) そうなれば，冷蔵庫のリンゴはどうあっても超感性的な物自体リンゴになり，無人の森林で朽ちて倒れる巨木も，同じように音無し状態のままで倒壊せざるをえなくなる。(3) こうしてみると，バークリ命題の真理性をみとめる知覚実在物説の哲学的立場だけが，そのような近代の物自体主義二元論をきっぱりと克服できるということは，もはや否定しがたいと考えざるをえない。

## 第3節　第1次知覚と第2次知覚の関係は論理的なものである
——量子力学の誕生とともに両者の関係は現実的なものになった——

**5-3-1　第1次知覚は第2次知覚のなかに内在化されている**

　私たちは前節において知覚捨象と知覚中断という二つの存在次元の関係について，通常事物の日常世界では，前者は後者のなかに不可分に一体化されており，両者はいわば未分化状態にある，という根本の論点をすすんで指摘してきた。ここでは，この重要な問題をさらに詳細に検討してみたい。

　私たちはこれまで，知覚捨象のバークリ次元においてすでに感覚存在として立ち現われた外的対象（第1次知覚）は，つぎに知覚中断の存在次元において，こんどは第2次知覚（通常認識）のかたちで外部から知覚されるのだ，という説明の仕方をしてきた。たしかに，基本的にはそのとおりである。しかしながら，ここで読者諸氏が，知覚捨象と知覚中断，つまり，第1次知覚と第2次知覚の関係を，その具体的な諸条件を考えずに，なにか頭から現実的かつ時間的な順序過程として把握してしまうと，じつはこれが大きな誤解のもとである。少なくとも通常事物の古典的世界にあっては，第1次知覚のバークリ次元と第2次知覚の日常次元の関係は，たんに抽象的世界における一つの論理的関係にとどまっている，とさしあたりは理解すべき性格のものなのである。

　もう少し具体的にいうと，たとえば，いま私はテーブル上に一個の赤いリンゴを見ているとしよう。このとき，(1) まず知覚捨象のバークリ次元において感覚存在とその複合体としての赤いリンゴ（第1次知覚）が外的対象として立ち現われて，(2) つぎに時間的にその後に，こんどは知覚中断の存在次元において，その赤いリンゴ対象が私によって第2次知覚のかたちで外部から認識された，とい

うわけではけっしてないのである。

そうではなく，(1) の外的対象（第1次知覚）の立ち現われ過程と，(2) の第2次知覚という，その外的対象を外側から認識する知覚過程とは，いわばはじめから一体的であり同時的であって，この局面で"第1次と第2次"という二つの知覚を現実的に分離させ独立させて把握することは不可能なのである。どういうことかというと，バークリ次元における外的対象（第1次知覚）の立ち現われは，いまだ日常次元における第2次知覚（外的対象の認識過程）のなかに完全に内在化されており，両者は未分化のまま堅く一体化された状態にあるといってよいのである。(3) そのかぎりでは，知覚捨象と知覚中断，あるいは，第1次知覚と第2次知覚の関係は，一つの"論理的なもの"というほかはない。(4) そして，その両者がそうした抽象的な論理的関係から具体的な現実的関係に転化するためには，もとより，量子力学をつうじて量子実在の虚数的世界，すなわち，複素関数で表わされる無数の《重ね合わせ》状態としての可能的実在という，新しい特異な存在領域の発見されることが，どうしても必要だったのである。

じっさい，"シュレーディンガーの猫"という思考実験からも明瞭なように，量子物理学においては，バークリ次元と古典的次元，すなわち，第1次知覚（外的対象としての感覚存在の立ち現われ）と第2次知覚（いまや既存事物となったその外的対象を外部から認識する）とは，現実的に分離可能な二つの知覚過程——測定過程と観測過程——にほかならないのである。そしてその観点からすれば，まちがいなく両次元（測定と観測）の分離は一つの現実的関係といえよう。

もっとも，第1次知覚のバークリ次元は，あくまで量子力学の実在領域に限定して理解されるべきであり，赤いリンゴといった通常事物の日常世界では少しも根本要請される必要のないものかといえ

ば，もちろん，そのようにはいかないのである。なぜなら，日常生活の通常世界にあっては，バークリ次元（第1次知覚）は，知覚中断の日常次元（第2次知覚）のなかに未分化状態で埋め込まれたままであり，それゆえに単独で現実にとりだすことが不可能であるとはいえ，それでも知覚外界像説と物自体主義を批判して知覚実在物説の正当性を擁護するためには，第2次知覚に先立ってあらかじめ論理的に想定され前提されるべき抽象的世界として，その存在性を理論的に承認することが文字どおり不可欠だからである。

　一言でいえば，第1次知覚としてのバークリ次元とは，真の実在を物自体としないために内面で作用している論理的契機なのであり，その意味では，一つの内在的に設定された論理的世界なのである。いいかえれば，知覚外界像説と物自体主義とを知覚実在物説へと転換させるために不可欠な哲学的カテゴリーとして，「第1次知覚」や「バークリ次元」はどうしても論理必然的に想定され前提されなければならないのだ。しかも通常事物の日常世界にあっては，それは第2次知覚としての通常の知覚過程＝認識過程のなかに完全に内面化されており，そのかぎりではあくまで「見えないもの」（論理的関係）にとどまっている。そうした観点からすれば，それはたんに知覚実在物説の正当性を証明するために要請される一つの抽象的世界にすぎない，とも考えられよう。じっさい，日常生活のリンゴ世界では，それが「見えないもの」（論理的関係）にとどまっているがゆえに，バークリの《存在即知覚》命題はこれまでその存在論的本質を正しく把握されることなく，ひたすら観念論哲学として一方的に誤解され歪曲されてきたのである。

　それはともかくとして，第1次知覚としてのバークリ次元が，だれにとっても明確に「見えるもの」（現実的関係）になるためには，しかし量子力学の確立，すなわち，測定されることで現実的実在（量子的粒子）へと転化する，そのかぎり無限の《重ね合わせ》状態

として規定される可能的実在（波動）という，窮極の感覚存在のさらに背後にある新しい量子力学的な実在領域の発見されることが，いわば絶対の根本要件であった。

そうして，いまや現実的に分離してそれ自体として単独で把握可能になった客観的実在のバークリ次元を直接の研究対象にする量子力学および量子宇宙論が発展するとともに，量子実在とはなにか，宇宙の始まりはなにか，時間と空間に始まりはあったのか，時間も空間も物質もエネルギーもなにもない無の世界とはなにか，人間原理と宇宙の存在性の関係はいかなるものか，等々にかかわる新しい哲学的関心と哲学的問題がつぎつぎと生まれることになった。そうしてみれば，これまで手づまり状態にあった唯物論や実在論の哲学的存在論や哲学的認識論も，哲学者たちの探究姿勢の在り方しだいでは，その閉塞状況を一挙に打ち破ることが大いに可能であろう。しかもこうした諸事実は，バークリの《存在即知覚》命題の真理性がいよいよ否定しがたいものになってきた，ということの直接の証拠でなくてなんであろうか。


## 第4節　現実的世界の窮極要素としての感覚存在

### 5-4-1　感覚存在は一つの関係的実在である

感覚と存在とは，知覚捨象のバークリ次元においては，一方が他方の原因であるとともに，また他方が一方の原因でもあり，つまりは両者の同時的な《原因‐結果》の相互前提と相互依存という一つの相関関係として表現される。この媒介運動をつうじて感覚と存在は相互に不可欠な契機になりあうことで，客観的実在のバークリ次元では分離不可能な感覚存在として同時的に立ち現われるのである。

そのかぎり知覚捨象の存在次元では，感覚が存在をつくりだし，

また存在が感覚をつくりだす。バークリ次元における感覚と存在とは，両者の同一性と区別性の対立の統一体として感覚存在である以外にはないといえよう。

いいかえれば，現実的実在としての感覚存在は，感覚と存在によって合作されて不可分一体となった一つの関係的実在にほかならない。それだからこそ，感覚の契機を欠いた存在は，そのままではたんに潜在的存在(6)にとどまり，また存在の契機を欠いた感覚は，たんなる幻影（幻覚）にすぎない。ただ感覚存在だけが，現実性と可能性の統一体である関係的実在として，真にリアリティをもった現実的実在でありうる。知覚捨象のバークリ次元における哲学的性格をおびた感覚は，こうして感覚なしに存在はなく，存在なしに感覚はなしという仕方をつうじて，それ自体でリアルな感覚存在（感覚与件）として同時的に立ち現われる以外はないのである。あらかじめ存在自体が窮極実体（原因）として独立自存していて，感官がそれを感覚像（結果）として模写する，というわけではけっしてない。

## 5-4-2　感覚存在の背後には可能的実在しか存在しない

三次元空間内にある現実的実在という観点からすれば，第1次知覚のバークリ次元に立ち現われる感覚存在こそは，現実的世界の窮極要素と呼ばれるのにもっともふさわしい。この意味の感覚存在の背後には，もはやいかなる現実的実在（既存事物）も存在することはなく，ただ可能的実在（未存事物）が存在しうるにすぎない。しかもそうした潜在的実在は，それが私たち人間の感覚器官（カメラ機器などをも含めて）をつうじて感覚された存在（感覚存在）にならないかぎりは，私たち人間にとってはいつまでも抽象的存在のままにとどまっている。そうした半ば実在的というべき可能的実在は，それが感覚（測定）されて感覚存在（量子的粒子）として立ち現われるまでは，いわば時空それ自体からも切り離された存在でしかな

く，この宇宙（世界）のどの部分にたいしても，その振る舞いのどんな現実的痕跡を残すこともないのである。

感覚存在があるということは，そこにかならず"なにかが起きている"ということと同一意味なのである。逆にいえば，いかなる現実的作用（現実的痕跡）も生じないとすれば，そこにいかなる感覚存在もないということなのだ。そうかといって，もとより，なにも存在しないわけではない。なにかが存在するにちがいない。それを私たちは半ば実在的な可能的実在であるといっているのだ。ちなみに，これを量子物理学としていえば，存在しているのは，いわゆる真空エネルギーということになる。これはしかし，私たちが通常の意味でもちいている物質やエネルギーではけっしてない。

もっとも，筆者が以上のような主張をすると，一部の頑迷な唯物論者たちは猛烈な勢いで反駁するにちがいない。いわく，「あなたは唯物論哲学が物自体と感官の相互作用を承認しているといって，その理論上の不可解さをきびしく論難している。しかし，いまあなたが強調している半ば実在的な可能的実在と感官の相互作用による感覚存在の立ち現われとやらは，それ以上にいっそう不可解な議論ではなかろうか」と。

一見すると適切にきこえるこの批判的指摘も，しかし唯物論者たちが一つの決定的論点を見のがしている事実によって，理論的にはまったく無効といってよいものだ。唯物論がいう物自体と感官の相互作用はあくまでも第2次知覚にかかわる客観的実在の日常次元における出来事として主張されているにすぎない。ところが，筆者がいう可能的実在と感官の相互作用はひたすら第1次知覚にかかわる客観的実在のバークリ次元における出来事として主張されている。この相違点は，このばあい決定的なものである。まさにこの点において，しかし唯物論はたんなる知覚中断の日常次元――《存在するから知覚される》命題――だけしか知らないのである。この第2次

知覚にかかわる知覚中断の古典的次元においては，人間の感官はあらかじめ現実的に実在している外的対象とのみ具体的に相互作用しうるのであって，ここには不可解な物自体が登場しうる場面など原理的にはどこにもないのである。

これに反して，客観的実在のバークリ次元にあっては，そこに立ち現われる感覚存在の背後には，三次元空間的な意味のどのような現実的実在も，もはや原理的に存在することはできない。少なくとも私たち人間にとっては，ただ可能的実在の抽象的世界として把握されうるものだけが存在できるにすぎないのだ。それにもかかわらず，この第1次知覚のバークリ次元においては感覚されると存在する（感覚と存在）とは，私たちにはつねに分離不可能な感覚存在として同時的＝相関的に立ち現われるのである。そして新しい哲学的存在論にとって必要なのは，このような感覚と存在の分離不可能な全体性という厳然たる存在論的事実をそのまま率直にうけいれる理論態度なのである。いいかえれば，量子力学によって科学的に基礎づけられた客観的実在のバークリ次元とその特異な哲学的特質を，ただありのままに把握して承認するだけでよいのである。

ごらんのように，上述した意味において，私たち人間にとって感覚存在こそは現実的世界の窮極要素であると規定する以外にはないものである。これを超えたところでは，私たちに存在論的に許されるのは，どこまでいっても抽象的な，量子力学的にはいわば"無"ともいうべき潜在的世界のみである。窮極の感覚存在の背後にあるそれを超えた物自体の実体の世界などは，しょせんは形而上学的フィクションにすぎず，哲学的神秘主義を主張するならともかく，そうでなければけっして容認されてはならない性格のものである。こうしてみれば，第1次知覚である窮極の感覚存在の立ち現われはもとより，さらには，その背後にあるバークリ次元の可能的実在の哲

学的本質を探りだすことが，実在とはなにか，あるいは，世界は人間にとっていかなる仕方で存在するかを追究するうえで，今後の哲学的存在論の重要な原理的課題になるのは，ほとんど疑問の余地がないように思われる。

## 第5節　量子力学は《バークリ次元の物理的構造》を探究する

### 5-5-1　量子世界には《波動と粒子》以外のものは実在しない

　量子力学にとっては，《バークリ次元の可能的実在》世界の在り方を科学的に解明することが本来の仕事である点については，すでにくりかえし強調してきた。じっさい，量子力学では，現実的実在の背後にある可能的実在は，多次元の配位空間内を動く抽象的な波動関数のかたちで把握され記述されるのである。しかもこの意味の確率波が具体的な量子的粒子（感覚存在）となって立ち現われるためには，どうしても粒子検出器（感官）をつうじてそれが測定（感覚）されることが不可欠である。そのさい，この波動関数それ自体をなにか現実的に実在する"物質的なもの"と考えるのは，理論的に大きな諸困難をともなわずにはおかない。

　ところで，客観的実在のバークリ次元と客観的実在の古典的次元という二つの存在次元のうち，ただ後者をしか知らない量子物理学者たちは，当然とはいえ，哲学的には唯物論の《存在するから知覚される》命題だけに依拠するかたちで探究をすすめざるをえない。しかしそうなると，物理学者たちが，なにか知覚される以前に，すなわち，知覚から絶対独立して存在するという意味における量子的物自体（窮極の物理的実体）といったものを，どうしても根本想定せざるをえなくなるのは，それこそ避けがたい理論的帰結といわざ

るをえない。というのは，すでに検討したように唯物論の《存在するから知覚される》命題にのみ立脚するのでは，哲学的には，その存在はいやでも感覚（測定）から絶対分離して先在する存在自体にならざるをえないからである。

その必然的な結果として，量子実在における波動性と粒子性という二つの契機は，いまだ認識されていない，それこそ実在世界の最奥に存在する，なにか窮極の量子力学的物自体とでもいうべきものの発現形態ではないのか，といった疑心暗鬼の推論にもなってくるわけである。量子実在のミクロ世界には波動と粒子のほかに，それらを現象させる量子力学的実体のようなものがさらに実在するのではないか，というわけである。

しかしながら唯物論の《存在するから知覚される》命題とともに，さらにバークリ次元にかかわる《感覚されるから存在する》命題をすすんで考慮するならば，上述の意味における量子力学的物自体や量子力学的実体を受けいれる考え方がいかに許容しがたいかは，もはや明白ではなかろうか。量子世界にはいまだ測定されない波動とすでに測定された粒子，つまり，可能的実在と現実的実在のほかにはなにも存在しないのである。波動と粒子とは，なにか未知の量子力学的物自体の現象形態であるのではなく，それ自体がそのままで量子実在の二つの本質的な存在形態なのである。そのかぎりでは，量子実在は波動と粒子の対立の統一体として規定される以外にはないものだ。このとき，量子実在は第一義的には，量子状態の無限個の重ね合わせ——波動関数で表わされる可能的実在——としてまず最初には存在しているのである。ただ第二義的にだけ，それは測定（感覚）されることと相関的＝同時的に，具体的な量子的粒子（感覚存在）として立ち現われて現実的実在になるのである。

こうしてみれば，量子実在の世界には，波動や場を意味する可能的実在の抽象的世界と，測定をつうじてそれが現実的実在の具体的

世界となった量子的粒子があるだけである。量子実在はどこまでも波動と粒子の対立の統一体であって、そのかぎりで可能的実在と現実的実在の対立の統一体でもあるのだ。しかもこの意味の可能的実在と現実的実在のあいだには、粒子検出器による測定過程をつうじて、それこそ無数の未知なる量子的粒子が発見されるべく存在している、と考えるのが至当であろう。そして、それだけでは理論的にどうしても満足できず、そのような波動と粒子を超えたところに、それをさらに背後で規定する量子力学的実体（物自体）を考えようとするのは、哲学的にはまぎれもなく観念論であり、また神秘主義といわれても仕方がないのではなかろうか。

そうかといって、もとよりこのように考えることは、近年ふたたび脚光をあびているいわゆる「超ひも理論」と矛盾するわけではない。量子論と相対論の統一を実現するとされる《ひもの量子力学》によれば、ある"大きさ"をもった十次元世界の超ひもこそは、そこからすべてが始まる根源的実在であり、それは振動すると素粒子に見えるのだという。そうしてみれば、このような超ひもが素粒子のさらに背後に想定されるのは明白であるが、しかしこの"ひも状のもの"は点粒子とは異なって最初から一定の"広がり"をもつとされており、そのかぎり量子力学的物自体（なにか或るもの）とははっきり区別されるのであろう。いずれにしても、十次元の超ひも世界は、そのままでは四次元時空の私たち人間にとっては潜在的実在の可能世界（重ね合わせのバークリ次元）として規定される以外にはないように思われる。

## 5-5-2　量子世界はあらかじめ現実的に実在していない

きわめて重要なのは、あらかじめ現実的に実在していない、という性質を第一の特徴とする量子実在については、(1) 私たち人間は、それをどうしても可能的実在の抽象的世界——波動関数の複素数的

世界——というかたちで確率的にしか把握し記述することができない，という厳然たる事実であろう。原子や素粒子の量子的世界にとっては，見られていないということが決定的な性質なのであって，それは通常物体の古典的世界が，見られていなくても見られているのと同じに考えてよいとされるのとは，まさに対照的である。(2)しかも，そうした可能的実在の抽象的世界（波動性）を，私たちが知覚的に認識しうる現実的実在の具体的世界（粒子性）へと存在飛躍させるためには，両者のあいだに感覚作用＝測定過程をじっさいに介入させて，その波動関数という数学的表象をいわば血肉化させて具象的なものにすることが不可欠なのである。

そして，このような量子力学上の諸事実は，《□□＝□□》感覚存在ゼロ式という可能的実在世界を表わす知覚捨象のバークリ次元と，それが感覚＝測定されて《感覚＝存在》感覚存在式という現実的実在世界になったものを，そのまま所与の外的対象として外部から知覚＝観測するだけの知覚中断の古典的次元とを区別することが存在論的に本質的で不可避である以上は，もはや事柄それ自体にはらまれる理論必然性というほかはないといえよう。

あるいは，《□□＝□□》波動式という感覚存在ゼロの可能的実在であるものが，《感覚＝存在》粒子式という感覚存在の現実的実在となって立ち現われるためには，感覚作用＝測定過程という具体的契機の関与がどうあっても不可欠なのだ，といっても同じことだろう。なぜなら，相関的な感覚存在として立ち現われる具体的な外的対象（量子的粒子）にとっては，その相関関係の一方の側面である感覚＝測定される（古典的な測定装置）ということ自体が，そのままその粒子性をつくりあげる絶対の内的な構成要因になっているからである。

一言でいえば，感覚（＝古典的な測定装置）なしには，感覚存在（＝量子的粒子）そのものは構成もされなければ，生成もされないので

ある。その点では,抽象的波動としての見えない量子実在は,測定されること(マクロ対象の粒子検出器)をつうじて,同じようにマクロ対象の見える具体的粒子としていわば《部分的に創りだされる》という以外にはないといえよう。なぜなら,そうでなければ,バークリ次元における量子実在(感覚存在)はいつまでも数学的抽象の波動関数(可能的実在)にとどまり,古典的な測定装置(感官)による測定過程(感覚過程)という相関的=同時的な相互作用がおこなわれるまでは,それはこの宇宙(実在世界)のどの部分にも,それが現実的に生起したという,いかなる恒久的な痕跡や記録を残すこともないからである。

そして,これを哲学的存在論としていえば,この私たちの世界には,窮極の感覚存在とその複合体である外的事物のほかには"現実的なもの"はなにもない,という主張になるのである。現実世界の窮極要素である感覚存在の背後には,少なくとも人間にとっては,たんに潜在的実在の抽象的世界として規定されうるものがあるだけである。たとえ不可知論と非難されようとも,神ならぬ私たち人間は,そう考える以外には許されないのである。

さらに,これを自然科学としていえば,窮極単位の感覚存在の背後には,もはや私たちが知っている意味での物質もエネルギーもなにも実在しない,たんに無の世界があるだけだ,ということである。といっても,それは文字どおり"なにもない"ということではない。これまで私たちが使用してきた意味における時間や空間,物質やエネルギーはもはや存在しない世界である,ということなのだ。そして,このような可能性波の無限の重ね合わせとしての無の世界にたいして,それでもなおそこには物質世界が現実的に実在するという強弁的な言い方をしても,それこそは,いわば神の立場から主客絶対分離の物自体世界の実在性を主張するようなものだ,というほかはない。いうまでもなく,「客観的実在のバークリ次元」や「可能

的実在」(潜在的実在)，さらに現実的世界の窮極要素としての相関的＝同時的な「感覚存在」(感覚与件) といった哲学的カテゴリーがその絶大な有効性を発揮しうるのは，もちろん，こういう局面においてなのである。

　こうしてみれば，量子実在とはなにか，という「実在」問題の量子物理学による解明は，こうした可能的実在のバークリ次元がもつところの物理上の客観的構造をひたすら探究し記述すること以外ではありえない。それは，あらかじめ外的対象がじっさいに与えられている現実的実在の具体的世界，つまり，外的対象は認識から独立して実在しているかという客観的実在の古典的次元を探究するさいに生ずる「実在」問題とは本質的に異なるものだ。どういうことかというと，あらかじめ外的対象がじっさいに与えられていない量子論や量子宇宙論のバークリ的実在領域においては，外的対象はどうしても《感覚》相関的と考えざるをえず，それゆえ感覚 (測定) されないあいだは，感覚存在 (量子状態) の無限の重ね合わせとしての可能的実在——そのかぎり波動関数で表示される一種の理想的実在世界とでもいうべき——であるほかはないという，そうした特異な存在論的事情を指しているのである。

　そして，この意味における理想的実在の可能的世界をじっさいに数学的に追究し記述してみせているのが，たとえば仮説としての「超ひも理論」であったり，また「ビッグバン以前をあつかう量子宇宙論の諸理論」であると考えられるのである。さらにまた，エヴェレット三世に始まる多世界解釈における「実在」概念についていえば，それは量子力学がいう《状態の重ね合わせ》の無限の集まりを，これこそは真の実在である——じつは概念存在＝普遍存在＝理想存在としての可能的実在にほかならない——としてすすんで把握してみせたところに，あざやかに成立していると思われる。じっさ

い，ある意味では，そうした「実在」概念の理解の仕方はけっして誤りとはいえないのである。なぜなら哲学的には，量子実在とは可能的実在と現実的実在，すなわち，波動性と粒子性の対立の統一体にほかならないからである。いうまでもなく多世界解釈なるものは，量子実在を構成するこの意味の一方の可能的実在——可能性の無限集合である普遍実在＝理想実在——という内的契機にとくに注目しながら，それをこそ，かえって真の実在とみなす点に確立されているのである。たしかに，ある観点からすれば，すでに実現されて限定的＝個別的である現実的実在（既存事物）よりは，これから実現されるべき無限定的な可能的実在（未存事物＝普遍存在＝概念存在）のほうがはるかに豊かである，といえるのであろう。多世界解釈の成立は，量子系が測定されるたびに，この意味の実現されるべき可能的実在世界がそのまま直接的にすべて実現されて現実的実在世界となって立ち現われるとするところに，それが正しいか否かは別として，ともかくも哲学上の決定的論拠をもっているわけである。<sup>(8)</sup>

　さて，バークリ《存在即知覚》命題の哲学的分析（3）にかかわる第5章も，このあたりで幕引きとすることにしよう。バークリ命題については検討すべき重要な問題がまだいくつか残されているが，それでも哲学的存在論をめぐる基本論点については可能なかぎり十分に論及してきたつもりである。最後の第6章では，これまでの全論議をふまえながら，総括的に《実在とはなにか》という根本課題の解明をめざすことにしたい。

# 第6章
# 実在とはなにか

## 第1節 真の実在は物自体か,知覚事物か

**6-1-1 《物自体‐知覚像》モデルと《知覚事物‐見え姿》モデル**

　私たちの考察もようやく終着点へと到達したようである。ここでは,これまでの全論議をふまえつつ,これを総括するかたちで「実在」問題の本質をさらに追究してみたい。主観的かつ客観的な感覚存在を基礎にすえる知覚実在物説の立場に立つとき,《実在とはなにか》,あるいは《神ならぬ私たち人間にとって世界はどのような仕方で存在しているのか》という哲学的存在論の根本問題は,いったいどのように解決されるのだろうか。

　例によって,ここでもリンゴに登場してもらうことにしよう。そして読者諸氏には,以下のようなごく日常的な一つの知覚場面を思い描いていただきたい。
　すなわち,(1) ここに一個のリンゴがある。(2) 私はそのリンゴを知覚(視覚)する。(3) その結果,私には赤いリンゴが見える。このなんの変哲もないリンゴの知覚過程を図式化してみると,それは以下のようになるだろう。

（出発点）────　**リンゴの知覚過程**　────（到達点）
　　　　‖　　　　　　　　　　　　　　　　　　　　　‖
　リンゴがある → 私に知覚される → 私には赤いリンゴが見える

　そこで生じてくる存在論-認識上の根本問題は，つぎの二点である。一つは，知覚過程の出発点においてリンゴがあるとされるとき，ここで知覚の原因とされるリンゴはいったい哲学的にはいかに把握され規定されるべきか，という存在論上の根本問題である。それは唯物論がいう物自体としての色なしリンゴであるのか，それともバークリの《存在即知覚》命題がいう知覚事物としての赤いリンゴであるのか。

　もう一つは，知覚過程の到達点において，私には赤いリンゴが見えるとされるとき，その知覚の結果とされる赤いリンゴは，いったい物自体リンゴを反映する知覚像であるのか，それとも知覚事物である赤いリンゴそのままのたんに素通し的な見え姿であるのか，という認識論上の根本問題である(1)。

　いうまでもなく，ここでいわれるリンゴの「知覚像」と「見え姿」という二つの概念は，それぞれその理論本質をまったく相違させている。知覚像は物自体の客観的実在性と，それを感覚が模写するという反映論を前提せずには成立しえない。しかし見え姿は，頭の外に知覚事物が立ち現われるのを前提するだけでよく，いかなる反映論もなしに容易に成立することができる。

　そこで以上の議論をふまえたうえで，リンゴの知覚過程の出発点におかれた認識されるべき外的対象は，赤いリンゴという"知覚事物"以外のものではない，とすすんで仮定してみることにしよう。もとより，このように仮定することが，知覚の原因とされる物自体リンゴというものは実在しない，とする知覚実在物説の哲学的立場

であるのはいうまでもない。

そうであるとすると、しかし認識主体である私たちは、眼前に見える知覚事物である赤いリンゴ（知覚の原因）を、その外側からいかなる仕方によって赤いリンゴ（知覚の結果）として知覚し認識するのであろうか。すでに赤いリンゴとして与えられている外的対象を、認識主体はもういちど赤いリンゴとして感覚をつうじて模写することで、その知覚像を獲得するのであろうか。しかし、これでは文字どおり二重知覚模写説になってしまって、理論的にとうてい是認するわけにはいかないだろう。

とすれば、この知覚過程をめぐる唯一正しい理解の仕方は、以下のようであるにちがいない。すなわち、あらかじめ知覚事物として頭の外にある赤いリンゴを、いかなる知覚像や知覚表象を媒介することもなく、私たちはその素通し的な見え姿というかたちで、そのままじかに実物リンゴとして知覚し認識しているのである。いいかえれば、認識対象として色なし物自体リンゴではなく、知覚実在物である赤いリンゴが主体の外部に前提されている以上は、もはや認識主体には、それをふたたび知覚像（頭の中の赤いリンゴ）として反映しなければならない理由はまったくないはずである。そうであれば主体にとっては、この外部（頭の外）にある赤いリンゴはその直接の見え姿をつうじて、端的に赤い原物リンゴそのものとして見えているのに相違ない。

すでに知覚因果説を論じた第2章で検討したように、私たちにとって知覚過程の出発点である赤いリンゴは主観的な知覚像として頭の中に生ずるのではなく、どこまでも主観的かつ客観的な知覚事物として頭の外に生ずるのでなければならない。そして私たち人間には、この意味の赤いリンゴであればこそ、それはどんな知覚像をも仲立ちさせずに、その素通し的ともいうべき見え姿という仕方で、そのまま直接に赤い実物リンゴとして立ち現われるのである。

しかもこのことは，現行の知覚因果説にたいする従来の解釈の仕方を，これまでの知覚外界像説（頭の中）から知覚実在物説（頭の外）へと転換しさえすればよいのである。もちろん，知覚因果説の科学的内容そのものは，それによってその本質的変更を少しも迫られることはないのだ。

　じじつ，そうでないとすると，そもそも頭の外にある色なし物自体リンゴと，頭の中にある赤い知覚像リンゴとは，いったいどういう物理的過程をつうじて相互にかくもピッタリ赤いリンゴ対象として重なり合うことが可能なのだろうか。このばあい，両者が寸分違わず合致しあうためには，どうしても赤い知覚像リンゴが頭の中から頭の外の色なし物自体リンゴをめがけて飛びだしていかないと不可能であろう。しかし寡聞にして筆者は，そうした頭の中の知覚像がひたすら頭の外の物自体へむけて一つのものに合体しようと投射される，といった物理‐生理的作用のある事実を，いまだいかなる専門家からも耳にした覚えがないのである。

　それゆえ，そうした頭の中の知覚像リンゴから頭の外の物自体リンゴへとつながる物理的過程がもしも存在しないとなれば，知覚像リンゴはいつまでも頭の中にある主観的な知覚像のままであり，また頭の外にある物自体リンゴはいつまでも色なし状態のままにとどまる以外はない。少なくとも現時点では，知覚外界像説が根本前提せざるをえない頭の中から頭の外へとむかう，知覚像と物自体のあいだの相互合致のための物理‐生理的過程を承認するのは，科学的にはまったく問題外というほかはない。結局，こうなると唯物論の知覚外界像説のもとでは，すべてが哲学的に曖昧で中途半端であり，赤いリンゴが知覚事物として私たちに確固として外的に与えられることは，理論的にまったく不可能となってしまうのである。それとも唯物論者たちは，頭の外にある物自体を反映する知覚像はけっして頭の中に生ずるのではない，とでも主張するのだろうか。そうだ

とすると，しかし赤いリンゴという主観的な知覚像（反映像）は，いったい私たちの"頭の中"以外のどこに生ずるのだろうか。

　しかしながら，それでも私たちは理論的に大きく譲歩をして，ともかくも頭の外の色なし物自体リンゴと，頭の中の赤い知覚像リンゴとは互いにピッタリと重なり合い，その結果，認識主体のまえには赤いリンゴという具体的事物がみごとに立ち現われたとしよう。
　さてそこで，いまや外的対象として眼前にある赤いリンゴを，こんどは反対に，相互に合致する以前の物自体リンゴと知覚像リンゴとにふたたび分離させるには，いったいどうしたらよいのだろうか。知覚外界像説がいうように，眼前の赤いリンゴにむかって私たちは眼を閉じて，それを眺めるのをただ"知覚中断"しさえすれば，それだけでもう物自体リンゴだけが単独で現存することになるのだろうか。
　それにしても，頭の外にある物自体と，頭の中にある知覚像とが，なんらかの物理的な仕方によって合致しあって，そこに具体的な外的対象が生ずるのである以上は，とうぜん両者はふたたび物理的な仕方によって分離しうるのでなければ，なんとも理屈にあわない話というほかはない。それにもかかわらず，所与としての赤いリンゴを，ふたたび物自体リンゴと知覚像リンゴとに現実的に分離することは，どんなに努力してもまったく無理な要求なのである。というのは，そもそも感覚と存在の分離不可能な全体性とは，そうした事態をこそいうのであって，知覚捨象のバークリ次元においては感覚と存在は，つねに感覚存在として同時的＝相関的に与えられる以外にはないからである。いいかえれば，知覚過程の出発点にあるリンゴは，眼前の事実としては，どんなに逆立ちしても赤いリンゴであるしかないのである。
　しかしながら，それでもなお執拗に，しかしたんに仮定上の話と

して，いま私たちの眼前に見える赤いリンゴについて，私たちはそこから赤い知覚像リンゴの側面だけをうまく引き剝がすことに成功したとしよう。さて私たちの前には，いまや色なし物自体リンゴだけが単独で取り残され，そこに自存しているはずである。しかしまた，そうはいっても，私たちはそうした超感性的な物自体リンゴがそこに単独自存している事実を，私たちの感覚や知覚をまったく抜きにして，いったいどうやって知ることができるのだろうか。ごく単純に「知ることはできない」というのが正解である。たとえ物自体リンゴが実在するとしても，私たちがそれを感覚存在としてじっさいに知覚しないかぎりは，物自体リンゴの現実的実在性について語ることはおよそ無意味であり，たとえ語りえたとしても存在論的にはまったく無内容であるほかはない。それでもというのであれば，あの実在論者ラッセルがそうしたように，物自体が実在するというのは論証による正しさではなく，私たち人間のいわば「本能的信念」にもとづく正しさにすぎない，と強調するほかはないであろう。

もっとも，このように主張すると，唯物論者たちはただちに以下のように反論するにちがいない。「いや，そのような哲学的立場こそは愚かな実証主義というものだ。ともかくも人間の感官をつうじて現に赤い知覚像リンゴが与えられている以上は，まちがいなく感覚以前（感覚存在の背後）にあらかじめ色なし物自体リンゴが現実的に実在している，と考えざるをえないではないか」と。しかしながら，私がこれまで強調し指摘してきたのは，眼前に見えている赤いリンゴは，唯物論者たちが確信をもって主張するように，ほんとうに頭の中に生ずる主観的な知覚像リンゴにすぎないのか，という根本の疑問なのである。

じっさい，見えている赤いリンゴを物自体の知覚像とみなすことが，いかに理論上の不可解な根本矛盾（アポリア）を生みだしてしまうか，すでに私たちは"冷蔵庫の物自体リンゴ"という哲学的パ

ラドクスをつうじてつぶさに検討してきたところである。ただ，それでも反対論者たちが筆者の主張をどうしても論破するつもりならば，頭の中にある知覚像リンゴはいったいどんな物理的な仕組みにより頭の外にある物自体リンゴへむけて投げ出され，しかも両者はみごとに重なり合って，私たちの眼前に赤いリンゴ対象として立ち現われるのか，まずはこの根本の疑問をだれもが納得できるかたちで説明してみせる必要があるだろう。

　それとも，眼前に赤いリンゴが外的対象として実在するとき，私たちはたんに頭の中の赤い知覚像リンゴを見ているにすぎず，頭の外の色なし物自体リンゴはあいかわらずそのままの単独状態で存在しているのだ，という奇妙な議論になるのだろうか。もちろん，頭の外に物自体リンゴが裸の状態で存在している事実そのものも，それが感覚されて確認されないかぎりは永久に証明不可能であり，たんなるたわごとに終わるだろう。しかも当然ながら，その物自体リンゴなるものは，感覚されると同時に，その感覚されたことと相関的に，瞬時にして赤いリンゴへと変身してしまうはずである。こうなると困ったことに，もはや赤いリンゴと物自体リンゴとをもういちど現実的に再分離させることは金輪際できない相談なのである。

　それだからこそ，あの知覚過程の出発点にあるリンゴは，だれにとってもつねに赤いリンゴである以外には不可能なのだ。そして，その始まりである知覚事物としての赤いリンゴを，私たちは素通し的に赤いリンゴの見え姿のかたちで受けとるのである。けっして出発点にある色なし物自体リンゴを，到達点において赤い知覚像リンゴとして模写するわけではない。いずれにせよ，超越的物自体の現実的実在性を主張するには，いわば神の眼ともいうべき万能の視点を想定せずには，およそ原理的に不可能というほかはない。

　こうしてみると，たとえ物自体が実在するとしても，結局は，それはただ人間がそれを感覚し知覚しないあいだだけ実在しうるにす

ぎない，というなんとも不可解な結論になってしまうのである。しかもこの意味の感覚されない物自体なるものは，それ自身だけではこの世界のどの部分とも，いかなる具体的な相互作用をすることもないのだ。そして，ふつう哲学的素養のある人間は，「そのような存在物は，たんに知覚実在物から抽出された思考の純粋抽象物にすぎない」，ときわめて的確な判断をくだすのである。従来の唯物論がいう物自体の現実的実在性を前提にした《物自体‐知覚像》モデルなるものは，もはやたんなる哲学的フィクションでしかないのは明白であろう。それにかわって，いまや知覚実在物説の《知覚事物‐見え姿》モデルがすすんで検討されるべきだと思われる。

### 6-1-2　バークリ次元こそは哲学的存在論の真の舞台である

　以上にわたる議論から容易に推察されるように，一方には，客観的実在として物自体を考える古い唯物論の《物自体‐知覚像》モデルがあるとすれば，他方には，知覚事物を考える新しい唯物論の《知覚実在物‐見え姿》モデルのあることが明瞭である。そこで以下，これを図式化してみよう。

## リンゴの知覚過程

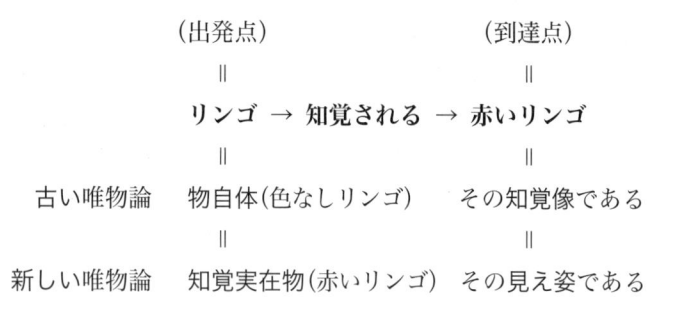

（出発点）　　　　　　　　（到達点）
‖　　　　　　　　　　　　‖
**リンゴ → 知覚される → 赤いリンゴ**
‖　　　　　　　　　　　　‖

| | | |
|---|---|---|
| 古い唯物論 | 物自体(色なしリンゴ) | その知覚像である |
| | ‖ | ‖ |
| 新しい唯物論 | 知覚実在物(赤いリンゴ) | その見え姿である |

ごらんのとおり，理解するための補足説明をほとんど必要としないであろう。古い唯物論の決定的難点は，知覚過程の出発点とされるリンゴは物自体リンゴであるという，その存在論の根本前提をどうしても説得的に説明できないところにある。結局，伝統的唯物論者たちは，知覚の結果として与えられる赤いリンゴはまちがいなく赤い知覚像リンゴなのだから，知覚の原因であるリンゴはどうしても色なし物自体リンゴであるほかはない，という強引な推論をもってひたすら強弁しているにすぎない。

　ついでながら，ここで筆者が物自体について語るとき，それは同時にガリレイやロック，デカルトなどの近代哲学における存在論上の中心概念である形・大きさ・運動など，たんに《第一性質だけをもつ物質的実体》をも含むものである点に，読者諸氏はぜひとも留意していただきたい。この第一性質のみをもつ超感性的な実在なるものが，しかし近代主客二元論による一つの哲学的フィクションにすぎない事実については，すでに批判的に検討してきたとおりである。それゆえ，絶対的に感覚以前とされる第一性質のみをもつリンゴ実体と，その客観的実在性の承認という考え方は，当然ではあるが色なし物自体リンゴの場合と同じように存在論的にはまったく無効とみなすのが適切であろう。

　さて，私たちの問題意識からすれば，ここで以下の基本論点をもういちど確認しておくことが大切になってくる。すなわち，従来の唯物論（実在論）が，知覚過程の出発点（原因）にあるリンゴをなんとか色なし物自体リンゴに仕立てようとして，なによりも始元的なものとして把握されるべき相関的な感覚存在をすっぱりと感覚像と存在自体へと絶対分離させてしまった，そのような実在領域が，第1次知覚にかかわる知覚捨象の存在次元であり，バークリの《存在とは知覚されることである》命題により表わされる客観的実在の

バークリ次元にほかならない，という論点がそれである。

　そのうえで，どうしても指摘されるべきは，《感覚＝存在》第１次知覚式にかかわる知覚捨象の存在次元，つまり，客観的実在のバークリ次元こそは，これまで哲学者たちが無自覚のままできた《実在とはなにか》が探究されるべき真の存在論的舞台にほかならない，という決定的論点についてである。世界は窮極的にはどのような仕方で存在しているか，という哲学的存在論の根本問題にたいしては可能な答えはただ二つであって，客観的実在のバークリ次元においては，窮極の現実的実在は相関的な感覚存在であるのか，それとも感覚から絶対分離された存在自体であるのか，という二者択一が許されるだけなのである。

　もう少し具体的にいえば，バークリ次元における感覚と存在の関係は，唯物論がとなえる感覚像と存在自体という絶対分離の関係であるのか，それともバークリ観念論がとなえる感覚存在という相関一体の関係であるのか，これが哲学的存在論における「実在」問題の根本にほかならない。いいかえれば，現実世界の窮極単位である感覚存在のさらなる背後というものは，いったい哲学的にはいかに把握され，かつ規定されるべきなのか，という根源の問題である。感覚存在のさらに背後にあるものは，非存在と存在のあいだを揺れ動くような，そのかぎり半ば実在的とでもいうべき可能的＝潜在的世界なのだろうか。それとも唯物論や実在論の哲学がいうように，超越的な物自体ともいうべき窮極実体がじっさいに実在しているのだろうか。

　さて，ここで私たちは以上に述べた基本論点を十分にふまえたうえで，いままで検討してきたリンゴの知覚過程（出発点と到達点）と，すでに論及ずみの基本実在式（実在モデル）とを直接に対応させるかたちで，新しい唯物論（実在論）の存在論と認識論の基本領域が

どのように規定され確定されうるか，という問題について少し考えてみたいと思う。このことは，客観的実在のバークリ次元こそは《実在とはなにか》が追究されるべき真の存在論的舞台である，とした先ほどの問題提起にそのまま直結するものである。

## 新しい唯物論の《存在論と認識論》の基本領域

（出発点）―― **知覚過程** ――（到達点）
∥　　　　　　　　　　　　　　∥
赤いリンゴ → 知覚作用 → 赤いリンゴ
頭の外に実物が実在する　その素通し的な見え姿である
∥　　　　　　　　　　　　　　∥
**基本実在式**　《感覚＝存在》　　×　　《知覚　主体》式
赤い実物リンゴ　　　　その見え姿で知覚する
∥　　　　　　　　　　　　　　∥
《客観的実在のバークリ次元》　《客観的実在の日常次元》
感覚されるから存在する　　　存在するから知覚される
∥
窮極の感覚存在の背後にはなにが実在するか
可能的実在の抽象的世界
《□□＝□□》感覚存在ゼロ式で表わされる
∥
第1次知覚　　　　　　　第2次知覚
（感覚存在の立ち現われ）　（通常の知覚過程）
存在論の領域である　　　認識論の領域である

これをみれば明瞭であろう。物自体主義をとなえる伝統的唯物論者たちが知覚過程の出発点であるリンゴをなんとかして物自体リン

ゴとして規定しようとしているのは，本来ならば基本実在式における《感覚＝存在》式——第1次知覚としての感覚存在を表示する——にのみかかわる理論作業なのであって，さしあたり第2次知覚を示す《知覚　主体》式には直接には関係のないものである。どういうことかというと，第1次知覚の《感覚＝存在》式，つまり，《感覚されるから存在する》命題こそは，《実在とはなにか》が追究されるべき真の意味における哲学的存在論の領域にほかならないのである。これに反して第2次知覚の《知覚　主体》式，つまり，《存在するから知覚される》命題が表わすものは，バークリ次元において未存事物（《□□＝□□》式）から既存事物（《感覚＝存在》式）となって立ち現われた外的対象（感覚存在とその複合体）を，たんに知覚主体が外部からそれの一定情報を獲得するために認識するという点にあり，基本的には認識論の領域に属するといわなければならない。

　私たちは常識的には，リンゴのような外的対象は，それがすでに既存事物として存在するから知覚されるのだといって，けっして未存事物として感覚されるから存在するのだとはいわない。しかしそうはいっても，およそ感覚されることをまったく抜きにして，絶対的に感覚以前に，そこにリンゴという外的対象が現実的に実在することを，いったい私たちはどうやって知るのだろうか。おそらく，あらかじめ物自体リンゴの自存的先在性を根本前提するのでなければ，それはまったく不可能であろう。バークリ次元では，私たちはどうしても，リンゴは感覚されるから存在する，つまり，感覚と存在とは感覚存在（知覚事物リンゴ）として相関的＝同時的に立ち現われる，と考えざるをえないのである。ここには物自体リンゴが実在する余地はないのだ。

　あきらかなように，外的対象は存在するから知覚されるといっても，じつはそれは感覚されるから存在するという存在命題がすでに

論理的に根本前提されてはじめて主張しうることなのだ。認識論（第2次知覚）よりも以前にすでに存在論（第1次知覚）が成立していなければならない。哲学的には，存在論（知覚捨象のバークリ次元）が先であって，認識論（知覚中断の日常次元）はその後ということである。

　たとえば赤いリンゴが存在するとは，そのリンゴが知覚や観念，あるいは認識から独立してそれ自体で成り立っていることだ，と常識的には主張されている。もとより，知覚中断の存在次元を基礎にする唯物論哲学のこうした立場は，まったく正しいものだ。しかし私は断言してもよいが，この場合，ここでの認識対象としての赤いリンゴは哲学的にはいかなる存在本質をもっているのか，つまり，赤いリンゴはそれ自体で成り立っているとは存在論的にはなにを意味するのか，と問われたとき，唯物論哲学はその疑問にたいしてはじつは理論的にはまったく無力なのである。具体的な哲学的分析をいっさい抜きにして，赤いリンゴが既存事物として見えるという常識的な事象をそのまま根本前提するだけで，そこから，そのリンゴは知覚や観念，認識から独立してそれ自体で成立している，とこれもごく常識的な事実をただ無概念的に主張しているにすぎないのだ。そして，それだけでは困るときは，物自体の客観的実在性なるものをただ先天的＝無思考的に根本想定して，そこからさらに，リンゴの真の存在性とは物自体リンゴの存在性にほかならず，私たちに見えている赤いリンゴはそれを反映したたんなる知覚像にすぎない，とこれも具体的な哲学的分析なしに頭から認識論的に宣言するのである。

　しかしながら，赤いリンゴの存在本質をいっそう具体的に把握しようとすれば，感覚されるから存在するという，もっとも簡単な・もっとも抽象的な客観的実在のバークリ次元へまで下降して，感覚と存在とが，私たち人間にはどんな仕方で現実的実在＝既存事物＝

知覚事物となって立ち現われるかを，それこそ哲学的に厳密に分析することが絶対要件であるといえよう。ところが，この疑問の余地なしの正論が，いたずらに知覚中断の存在次元にとどまるだけで，どこまでいっても存在するから知覚されるとしか主張しえない唯物論や実在論の認識論優先の物自体主義哲学では，まさに原理的に不可能なのである。すでに第2章の冒頭で指摘したように，「リンゴは既存事物として知覚や認識から独立した客観的実在である」と，それ自体は正しい考え方ではあっても，これまでの唯物論や実在論は，あらかじめ現実的に実在するリンゴ対象（既存事物）そのものの存在本質について，それ以上の具体的な哲学的分析をもはや一歩も進めることができないのだ。

　私たちの日常生活においては，本来あるべき論理的順序が逆転されて，唯物論の《存在するから知覚される》命題が主役となって先になり，もともと先導的に根本前提されるべき《感覚されるから存在する》命題はバークリ観念論として全面否定されてしまうのである。これまでの唯物論の哲学的存在論が，この強固な常識的立場のうえに構築されているのは説明するまでもなかろう。感覚されるから存在する，および，存在するから知覚される，という二つの命題の先後（前後）の関係が，その本来の姿において正しく把握されるためには，古い唯物論の物自体主義と知覚外界像説という二つのドグマの哲学的秘密が徹底して批判的に暴露される必要があるのだ。逆にいえば，その作業をつうじてかえってバークリ《存在即知覚》命題の真の本質規定のなんであるかが解明されることにもなる。

　あるいは，以上を別の観点からいえば，無限の《重ね合わせ》状態としての可能的実在（未存事物）にかかわる客観的実在のバークリ次元そのものを探究する量子力学が，なにはさておき確立される必要があった，ということである。日常世界の現実的実在（既存事物）という古典的次元が問題になるかぎりでは，バークリ次元はい

まだ知覚中断の存在次元と一体化され、そこに内在的に埋めこまれたままであり、二つの存在次元は未分化状態にとどまっている。その点からいえば、日常事物の通常世界にとってもバークリ次元は、たしかに必然的なものではあるが、しかしあくまで物自体主義を回避するための一つの論理的要請として根本前提されうるにすぎない。とはいえ、たんなる論理的前提にとどまっていた未分化のバークリ次元も、それの物理的構造そのものを研究対象にする量子物理学が誕生して、その現実的分離が事実として実現されるとともに、いまや具体的に論じ扱いうる現実的要請－現実的前提になったというわけである。

　通常物体の赤いリンゴが問題になっているかぎり、知覚捨象のバークリ次元はほとんど隠れたままで表面に現われることはない。つまり、知覚過程の出発点も、知覚から独立した既存事物の赤いリンゴであれば、その到達点も、知覚から独立した既存事物の赤いリンゴである以外にはないのだ。ここにはだれが見ても、バークリの《存在するから知覚される》命題が入りこむ余地はまったくないといえよう。それでもなお、未存事物のバークリ次元をこの既存事物の日常次元においてとりあげ追究しようと思えば、それこそ最高度の哲学的抽象力が要求されるということだろう。そして、ともかくも哲学者バークリは、それを天才的に実行してみせたのである。

### 6-1-3　なぜこれまで唯物論の命題だけが容認されてきたか

　私たちがごく普通に日常生活を営むかぎりでは、感覚されるから存在する、および、存在するから知覚される、という二つの命題の先と後、すなわち、どちらが上で、どちらが下かというような関連は、いささかも理論的に自覚される必要のないものである。日常世界においては、知覚過程の出発点であるリンゴは色なし物自体リンゴであるのか、それとも赤い知覚実在物リンゴであるのか、といっ

た哲学上の「実在」問題などそれこそどうでもよい話である。哲学者以外の大半の人びとにとっては、リンゴはあらかじめ現実的に実在するから知覚されるのであって、反対に知覚（感覚）されてはじめて現実的に実在するリンゴなど、およそ見当もつかないに相違ない。

こうしてみれば、《存在するから知覚される》命題のみが、見えなくなった三毛ネコは《知覚されてなくも存在している》というふうに、日常生活の具体的経験にもとづいて、これまでごく常識的に人びとに受けいれられてきたとしても、そこには理論上はなんの不思議もなかったのである。

そもそも唯物論の《存在するから知覚される》命題は、一方では、それが存在とは物自体であるとする物自体主義を主張している点では、まぎれもなく存在論の命題であり、他方では、**物自体が反映されて感覚像が生まれる**という知覚外界像説を主張している点では、あきらかに認識論の命題であるということができよう。いうなれば、一つの命題のなかに存在論と認識論とが並存しているのである。しかも《存在するから知覚される》命題のこの意味内容上の二面性は、もともと分離不可能な一体性である窮極の感覚存在が、いわば感覚像と存在自体——認識論と存在論——へと絶対分離させられている以上は、唯物論哲学にとっては、理論的にまったく必然のなりゆきという以外にはないのである。

ごらんのように、唯物論の《存在するから知覚される》命題はその本質からして存在論でもあれば認識論でもある以上は、認識されるべき存在（感覚存在）はあらかじめ現実的に与えられているのであり、主体はただ黙ってそれを外側から知覚（認識）するだけでよいのである。じっさい、《存在するから知覚される》命題は、それ自体でそのまま十全の《客体‐主体》関係をなしており、そのかぎり存在論にして認識論であるという一つの完結した哲学的世界をか

たちづくっているといえよう。

　これに反して，バークリの《感覚されるから存在する》命題は，とうていそのように扱われるわけにはいかない。バークリ《存在即知覚》命題の真の本質規定からすれば，まちがっても感覚されるべき存在（外的対象）はあらかじめ現実的に所与であることがないからである。なにしろ感覚されてはじめて存在はいわば同時的＝相関的に感覚存在（認識されるべき既存事物）となって立ち現われるのだから，存在論と認識論はいまだ未分化状態にあるというほかはない。第2次知覚にかかわる認識論（知覚）は，いまだ第1次知覚にかかわる存在論（感覚）のなかに埋没したままなのである。

　こうして，唯物論の命題とは本質的に異なって，バークリ命題は《真の実在とはなにか》を追究して，ただひたすら窮極の感覚存在（《感覚＝存在》式）のみを定式化するものになっている。しかもそれだけではなく，バークリ命題はまた，窮極の感覚存在の背後にあるもの（《□□＝□□》感覚存在ゼロ式）は哲学的にいかに理解され，かつ規定されるべきか，という「実在」問題の最深部への理論関心をも必然的なものにさせずにはおかない。もちろん，この意味の可能的実在のバークリ次元がそのまま量子実在とはなにかを追究する量子力学の中心の探究領域になっている事実は，もはや指摘するまでもなかろう。客観的実在のバークリ次元こそは哲学的存在論が展開されるべき真の中央舞台である，とされる決定的理由の一つがここにあるといってよい。


## 第2節　新しい「実在」概念はいかに規定されうるか

**6-2-1　現実的実在は《感覚》相関的にして《知覚》独立的である**

　しばしば哲学者たちのあいだでは，バークリ《存在即知覚》命題

第6章　実在とはなにか　　211

の誤りは経験的にはまったく明白であるが、いざそれを論証しようとするとほとんど不可能である、という言い方がされることがある。しかし私からすれば、こうした発言は、バークリ命題にはきわめて正しい理論内容がふくまれていることへの、哲学者たちによる一種独特の無意識的告白ではないか、と思われてならない。じっさい、この筆者の推察は、第1次知覚と第2次知覚、すなわち、知覚捨象と知覚中断という二つの存在次元が理論的にはっきりと区別されてみると、けっしてただの憶測にとどまらないことが明白ではなかろうか。

客観的実在のバークリ次元のあることが論証された哲学上の大きな理論的意義の一つは、それによって窮極の感覚存在が相関的に立ち現われる以前の、その背後にある実在世界とはいかなるものか、という問題提起とその正当性が、いまや確固とした存在論的基礎を獲得することになった、という点にある。現実的実在の最小単位である感覚存在の背後には、私たち人間にとっては、もはやどんな物自体的実体の客観的実在性をも想定することが許されないとすれば、いわば論理必然的に、あとはもう可能的実在が存在すると考える以外にはないのではないか。しかしまたそのとき、感覚存在の背後にある可能的実在の抽象的世界とはいったい存在論には具体的になにを意味するのか、というきわめて重要な哲学的問題が生じてくるのは不可避である。しかも従来の古い唯物論の物自体主義と知覚外界像説にとどまっていたのでは、こうした仕方での問題提起そのものが原理的にまったく不可能なのだ。それはまた、現実的な粒子性（感覚存在）の背後に考えられる可能的な波動性（可能的実在）であることを第一の特徴とする量子実在の哲学的本性は、唯物論哲学の主張する《存在するから知覚される》命題——知覚中断の古典的次元——に依拠するだけでは原理的に正しく解明しえない事実と同義であるといってよい。

ここで，本書全体のこれまでの考察をふりかえってみると，全問題の根幹をなすものは，およそ以下のように展開され説明されてきたのである。すなわち，冷蔵庫のなかのリンゴは，(1) 唯物論の知覚外界像説にしたがって，知覚されないときに色なし物自体リンゴであってはならない。(2) そうかといって，定説的なバークリ観念論にしたがって，知覚されないときに存在消滅してしまってもならない。(3) 結局，リンゴが冷蔵庫のなかでも赤いリンゴのままで存続しうるためには，哲学的存在論はいかなるものであるべきか。あるいは，そのような現実的実在は，哲学的にはいかに把握され，かつ規定されるべきか。(4) そして，この問題にたいする唯一の正しい解答は，現実的実在は，第一義的＝本源的には不可逆的な知覚事物でなければならない，とする新しい唯物論哲学の知覚実在物説の立場からのものであった。

　一般的には，実在とは知覚から独立した存在であるという規定の仕方がひろく通説的に容認されている。現実的実在は知覚されても知覚されなくても存在しているというわけである。ところが，この「実在」の規定を，たとえば眼前に見える赤いリンゴにじっさいに適用しようとすると，つねにある種の理論的な居心地の悪さがつきまとって離れないのだ。というのは，赤いリンゴはそれが知覚された存在である以上は，これをそう簡単に知覚から独立していると断定してしまってよいものか，と躊躇する哲学的判断がどうしても働くのである。そうかといって，もとより，赤いリンゴは知覚されなければ存在しないなどとは，常識的にはとてもいえそうもないし，また考えられもしないことである。

　最終的には，従来の唯物論と実在論の哲学がこの「実在」規定のもつ理論的曖昧さを排除するためにとった積極的な解決策は，ともかくも知覚事物である赤いリンゴを知覚像と存在自体とに絶対分離してしまうことであった。こうして赤いリンゴは，知覚像リンゴと

してはたんなる主観性でしかありえなくなったが、物自体リンゴとしてはその純粋客観性のゆえに知覚から完全に独立した存在であると規定することが可能になった。ここに超感性的な存在こそは真の客観的実在であるとする近代哲学に独自の実在学説が確立されたのである。しかしながら、こうした仕方の解決策なるものが知覚外界像説と物自体主義をいう近代主客二元論への道であるのは明白であって、それに批判的な私たちの考え方からすればとうてい同意しうるものではない。

こうして、いまや全問題の核心はおのずと、赤いリンゴが赤いリンゴのままで知覚から独立であることは理論的にいかにして可能であるのか、すなわち、赤いリンゴを物自体の主観的な知覚像ではなく、それ自体で主観的かつ客観的な知覚事物として規定することはいかにして可能であるか、というただその一点に収斂されることになった。いったい知覚と存在の関係をどのように把握したら、そのような知覚から独立した知覚事物という一見して矛盾撞着といわざるをえない、しかし知覚実在物説としてはあきらかに正しいと思われる哲学的規定の仕方が可能になるのだろうか。

ところで、リンゴのようなごく通常の外的事物（外的対象）は、そもそも《存在するから知覚される》のだろうか、それとも《知覚されるから存在する》のだろうか。このとき、私たちが唯物論や実在論の《存在するから知覚される》命題にのみ依拠すると、知覚される以前には、リンゴは論理必然的にいやでも物自体リンゴにならざるをえない。しかしまた、バークリの《知覚されるから存在する》命題にのみ依拠すると、知覚されないとき、リンゴは論理必然的にたちまち存在消滅してしまうようにみえる。

そうであれば、以上の二つの命題をめぐる存在論上の根本ディレンマを、私たちは理論的にいかに解決したらよいのだろうか。もとより、この問題をすでに十分に検討してきた読者諸氏には、その解

決策はいわずとも明瞭であろう。二つの命題のあいだの根本ディレンマが正しく解決されるためには、どうしても両命題はあわせて一本の正しい命題であるとする考え方がすすんで採用されなければならない。しかしまた、そうした哲学的立場はいかなる具体的内容においてじっさいに実現され主張されうるのだろうか。

　さて、これでようやく理論的に準備万端ととのったことになる。私たちはいまや安心して《実在とはなにか》という根本問題に立ち向かうことができる。それでは、赤いリンゴが赤いリンゴのままで知覚から独立した現実的実在として存在しうるためには、いったい「実在」概念は最終的かつ厳密にはどのように把握され規定されなければならないのか。

　(1) もっとも抽象的には、実在とは主客相関にして、かつ主観から独立である、と規定することができる。しかし一見して理論的に矛盾撞着が明白なこの哲学的言明は、さらにいかなる具体的な意味内容をもって展開されるのだろうか。つまり、主客相関的であると同時に主観独立的であるとするような、まぎれもなく両立不可能にみえる存在論上の根本矛盾がじっさいに実現され解決されるべき独自な在り方を探りだすことが、私たちの解決すべき決定的課題でなければならない。

　(2) さらに具体的には、実在（存在）とは、一方の知覚捨象のバークリ次元からすれば、窮極の感覚存在として《感覚》相関的である、と規定することができる。しかしまた、他方の知覚中断の存在次元からすれば、実在とは、あらかじめ現実的に存在している認識されるべき外的対象、すなわち、感覚存在の複合体である知覚存在として《知覚》独立的である、と規定することができる。

　一言でいえば、バークリ次元では、実在は《感覚》相関的であり、知覚中断の日常次元では、実在は《知覚》独立的である。そして、

これを哲学的存在論の基本実在式として記述したのが，いうまでもなく《感覚＝存在》×《知覚　主体》式にほかならない。この実在モデルにおいてこそ，主客相関的にして主観独立的であるという存在論上の基本矛盾は，みごと実現されるとともに解決されており，その両立可能な在り方が真に正しく定式化されている。

このとき，バークリ次元における感覚存在は，窮極単位の実在要素であるゆえに感覚なしに存在はなく，存在なしに感覚はなしという相関関係において同時的なものとして立ち現われたのは当然のことである。たとえ感覚なしの存在があるとしても，そのままではそれは具体的な現実的実在であることはできず，感覚されないかぎり抽象的な可能的実在にとどまっている。とはいえ，このことは未存事物にかかわる客観的実在のバークリ次元においてだけ認められるのであり，既存事物にかかわる客観的実在の日常次元においては，知覚されようが知覚されまいが，あらかじめ与えられている現実的実在は少しも消滅することなく，そのまま現実的実在にとどまっている。

(3) 最後に総括的には，もっとも本源的＝第一義的な意味においては，実在とは《感覚》相関的にして《知覚》独立的であるような知覚事物を表わすための哲学的カテゴリーにほかならない。すなわち，現実的実在とは，バークリ次元の第1次知覚としては相関的に同時に立ち現われる感覚存在そのものであるが，第2次知覚の日常次元からすれば感覚存在の複合体として認識されるべき知覚存在，すなわち，認識から独立に存在する知覚事物そのものである，ということができる。

ここで読者諸氏に留意していただきたいのは，上述した「実在」概念が，唯物論や実在論がいう《存在するから知覚される》命題や《知覚されなくても存在する》命題にのみ依拠する仕方には少しも

なっていない，という事実である。唯物論の《存在するから知覚される》命題とともに，あきらかにバークリ観念論の《感覚されるから存在する》命題がすすんで考慮されており，両命題はあわせて一本の正しい命題とされている。もしも唯物論（実在論）の命題だけで済ませようとすれば，存在はたちまち存在自体（物自体）へと，また感覚はたんなる感覚像へと矮小化されざるをえなくなり，現実的実在の最小単位としての，それ自体で知覚から独立した感覚存在とその複合体（知覚事物）という考え方は，文字どおり完全に否定されてしまう。そうなれば，"冷蔵庫のなかの物自体リンゴ"という哲学的パラドクスはどうしても避けることができない。

　ようするに，唯物論が《存在するから知覚される》と主張するとき，そこでいう存在とはなにか，さらに，バークリ観念論が《感覚されるから存在する》と主張するとき，そこでいう存在とはなにかという根本問題をめぐって，この二つの存在の本質，および，両者の理論関連をいかに徹底して究明するかに，哲学的存在論の本来の課題と役割があるといってよいのだ。

　このとき，存在とは知覚（感覚）から絶対分離された存在自体にほかならないと答えるのが物自体主義をいう従来の唯物論（実在論）の哲学的立場であるとすれば，それを正面から否定して，第一義的には，存在とは感覚相関的な感覚存在にほかならない，と答えるのが知覚実在物説をとなえる新しい唯物論（実在論）の哲学的立場なのである。しかもここで物自体主義の主客二元論を避けようとすれば，私たちが知覚中断と知覚捨象という二つの存在次元を導入せざるをえなくなるのは，いわば論理的必然という以外にはないのだ。さらにまた，後者のバークリ次元に立ち現われるのが窮極の感覚存在であるとすれば，そのような相関的な感覚存在の背後はいったい哲学的にはいかに把握され規定されるべきか，という存在論上の重要問題がいやでも生じてこざるをえないのも，いってみれば当然の

第6章　実在とはなにか　　217

話であろう。私たち人間にとっては，窮極の感覚存在とその複合体（日常次元の知覚事物）が物質世界であるのは疑問の余地がないとしても，そうした感覚存在の背後にあるバークリ次元における可能的実在の《重ね合わせ》世界をまで単純に物質世界として規定してしまってよいものか，これが哲学的には大問題なのである。

いずれにせよ，そのような窮極の感覚存在の背後領域こそは客観的実在のバークリ次元といわれるものであり，つまりは量子力学的実在領域にほかならない。知覚中断の古典的次元における現実的実在の具体的世界は，それが観測可能という意味では実数の支配する通常の三次元世界であるとすれば，客観的実在のバークリ次元における可能的実在の抽象的世界は，観測不能な虚数$i$の支配する多次元世界ということができようか。このようなバークリ次元では，たとえば位置や運動量のような基本属性（性質）をあらかじめ備えている対象という古典的な考え方はあからさまに拒否される。とはいえ，位置や速度といった根本の実在特性について，それらが測定（観測）されるまではじつは未確定のままにとどまっているような対象を，それでも「それは現実的に実在しているのだ」と，私たちはそう簡単に哲学的に断定しうるものだろうか。

じじつ，あらかじめ確定した位置と運動量とをもって現実的に実在しているのだが，しかし運動周期の関係でいまは見ることのできないハレー彗星のような古典的実在性とは本質的に異なって，(1) 測定（感覚）されてはじめて，それまで可能性波の無数の《重ね合わせ》状態にあった未確定の位置や運動量がじっさいに決定されて，(2) また，そのことではじめて現実的実在（量子的粒子）となるような原子や素粒子の量子的実在性を，私たちは概念的に正しく理解し扱いうる哲学的存在論をいまだ完全なかたちでは所有していないのである。

### 6-2-2 感覚存在，および近代の《絶対時間と物自体》の純粋抽象性

　存在といわれるものが，バークリ次元においては《感覚》相関的というかたちで感覚存在であるとともに，日常次元においては《知覚》独立的というかたちで知覚存在（感覚存在の複合体としての知覚事物）であることが明確になって，感覚存在こそは主観的かつ客観的という意味で現実的実在の窮極要素（最小単位）である事実がもはや否定しがたいものになった。

　じっさい，たとえばリンゴは，人間にとっては，つねに色・形・大きさ・硬さ・香り，といった個々の感覚存在（感覚的属性）の複合体として立ち現れる。このことは，たとえ哲学者といえども否認しえない一つの確固とした哲学的事実といってよいだろう。そのさい，私たちが物自体主義とその哲学的パラドクスを回避しようと思えば，バークリ次元に立ち現われる"感覚的なもの"はけっして主観的な感覚像——存在自体に起源をもつ——ではなく，それ自体で主観的かつ客観的な感覚存在（感覚与件）と考えざるをえない。眼前に見える赤いリンゴは，頭の中にある反映像ではなく，あくまで頭の外——その事物が知覚される当の場所——にある外的事物そのものであると，哲学的存在論としてはどうしても結論せざるをえないのだ。そのかぎり，知覚から独立して存在することの第一の理論的意味は，赤いリンゴは頭の外の三次元空間において，すなわち，知覚中断の存在次元において知覚事物として実在している，という点にあるといえよう。けっして物自体リンゴが頭の外に実在していて，それが頭の中に反映されて赤いリンゴが知覚像として現われるわけではない。

　そうしてみれば，バークリ次元のリンゴなるものは，それが具体的に感覚存在として立ち現われるまでは，その現実的実在性について語り，問うことは哲学的にはおよそ無意味・無内容であると考えるべきだろう。そうかといって，あの超経験的な純粋無垢の物自体

をあえて現実的実在と名づけるのであれば、もとより議論はまったく別様になるであろうが。しかしそうでなければ、知覚捨象の存在次元においては感覚されることがなければ、なにものも対象的＝現実的に存在するとはいえないのである。いうまでもなく、こうした根本の論点こそは、すべての哲学的存在論にとって、いわば共通に守られるべき不可侵の"存在ルール"でなければならない。

　どういうことかというと、バークリ次元に立ち現われる感覚存在は、私たち人間にとっては、具体的な現実的実在とみなすのが許されうる極限の限界なのである。それを超えた原子や素粒子のような本質的に感覚存在の背後にあるものは、同じく実在ではあっても、神ならぬ私たち人間にとっては、もはや直接には経験することのできない、いわば虚数 $i$ をふくんだ可能的実在の多次元世界として、ただ複素関数をもちいて数学的に把握し記述する以外にはなす術もない抽象物にすぎない。そして、この意味の実在的ではあるがけっして直接に物質的とはいえない、多次元時空にある未存事物の潜在的世界が、直接に物質的な、三次元時空にある既存事物の現実的世界になるためには、しかし両者のあいだに古典的な測定装置による《感覚＝測定》過程を参入させて、超経験的な前者にいわば経験的な物質的肉体を与えること、つまりは、感覚存在として現実的に立ち現われさせることが不可欠なのである。もちろん、この事実はまた、相関的な感覚存在とその複合体＝知覚事物こそが第一義的かつ本源的な実在世界にほかならない、ということの直接の意味表示になっているのは指摘するまでもない。バークリの《存在即知覚》命題は、このようなバークリ次元の特異な存在事象を、文字どおりありのままに把握して定式化するものになっている。

　ところが、資本主義近代になってニュートンの古典力学が確立されるとともに、この感覚されることを基礎あるいは基準にして存在

することを理解しようとする素朴な具象的実在観はたちまち投げ捨てられてしまう。感覚されなくても存在する，という近代人の捨象的実在観がそれに取って代わったのである。いわゆる物自体主義（ロックのいう第一性質のみをもつ物質的実体をもふくめて）がそれである。そして，この超感性的な存在自体こそが真の実在とされるにしたがって，それまで実質上は相関的な感覚存在として理解されていた主観的かつ客観的な感覚は，いやでもたんなる主観的な感覚像にすぎないものへと矮小化され，いうなれば知覚疎外されてしまうのである。

　ようするに近代資本主義という時代は，あらゆる領域・分野において，それまで未分化であったものが分裂して二重化してしまうという意味では，まさしく根本的二元論が支配する時代であるといってよい。そのために，それまで存在はごく素朴に感覚存在として具象的に考えられていたのに，いまや裸の物自体として，それこそ《感覚》捨象的な，主客絶対分離の純粋存在へと変質してしまうのである。そして，こうした近代における根本的二元論という哲学的事実は，たとえばニュートン力学における「時間」（近代的時間）概念の把握などにも，同じように如実に見うけられるといってよい。

　周知のとおり，ニュートンは，この宇宙（世界）を流れる時間というものを，《無限の過去から無限の未来にわたり，なにものにも関係なく，一様に直線的に流れ続ける》という意味において「絶対時間」と名づけた。いうまでもなく，このような抽象的な「時間」観念は，私たち近代人にとってはごく身近で常識的なものであり，いささかも違和感のないものである。ところが本来からすれば，このニュートン力学的な「絶対時間」は，その極端な純粋抽象性のゆえに誤謬とみなされる以外にはないといえる。というのは，もともと時間というものは，たとえば太陽が昇ったり沈んだりするように，外的事物がさまざまに"変化する"そのこと自体がつかみだされて，

第6章　実在とはなにか　　221

その変化の経過そのものを、私たちはそのまま時間というかたちで把握し理解してきたのではないのか、と思われるからである。

ところが時代が近代に突入するとともに、そうした具体的な「時間」観念はたちまち逆転的に否定されてしまうのである。どういうことかというと、具体的な事物の変化を基準にして、それに合わせて時間が考えられるのではなく、かえって抽象的な、裸の絶対時間を基準にして、それに合わせるかたちで事物の変化が考えられるようになったのである。

もともと時間は事物の変化とは相関的であり、両者は不可分な一体的関係にあるといってよい。それがニュートンによってもののみごと分断されて、ついに時間はなにものにも関係なく、それ自体で絶対的に実在しているとされることで、私たち近代人にとってはたいへん馴染み深い、あの純粋抽象の「絶対時間」（近代的時間）という観念が確立されたのである。

さて、ここまでくれば、このあらゆるものから絶対的に独立して、無限の過去から無限の未来へとわたり一様に直線的に流れ続けるとされる極限捨象的な「絶対時間」と、同じくあらゆる感覚から絶対的に独立して自存しているとされる極限捨象的な「絶対存在」（存在自体）のあいだには、近代に固有の根本的二元論という共通の決定的特徴がみられるのを理解するのに、ほとんどなんの理論的努力も必要としないであろう。

いうまでもなく、前者のニュートン力学的な「絶対時間」概念は、アインシュタインによって近代に特有の形而上学的思考の産物であるとして徹底的に批判されたのであった。アインシュタインはその特殊相対性理論のなかで《時間とは時計でもって計るものである》と定義することで、時計がなくても絶対的実在性をもって永遠に流れ続けるとされる近代的時間なるものを、その極端な抽象的性格のゆえに正面から否定しさったのである。時間はそれを測定する人間

にかかわりなく絶対的なかたちで裸の時間自体として実在しており，そのようなものとして永遠に一様に直線的に流れ続ける，とする古典的な考え方は誤りであると断罪されたのである。

　もっとも以上のような考え方をしたが，近代の「絶対時間」概念の欠陥性は，そのまま近代の「物自体」概念の欠陥性になにか直結的に重なり合うものではない。とはいえ，それでもこの両概念に共通する《すべてから独立して絶対的なかたちで自立自存する》という意味での純粋抽象性（極限捨象性）なる根本特徴に注目するのは，このさいきわめて大切なことである。というのは，いずれの場合もそこには，具象的な感覚存在をまったく拒否し排除して，それでもなお，その背後に残るとされる捨象的な純粋抽象物だけを真に実在するもの——絶対時間と絶対存在——として承認するという，文字どおり近代の根本病弊ともいうべき知覚疎外の二元論的思考様式がもっとも鮮明にみてとれるからである。

## 第3節　量子力学における「実在」問題の中心にあるもの

### 6-3-1　量子力学における思考方式の根本転換

　すでに再三強調してきたように，第一義的かつ本源的な実在世界とは，私たちの日常生活の土台をなしている具体的な知覚事物（感覚存在）にほかならない。それゆえ，そこから《感覚》捨象的なものとして把握された超感性的な物理的対象，とくに波動関数として把握された原子や素粒子といわれるものは，少なくとも哲学的存在論としては，かえってこの本源的実在である知覚事物——ここでは古典的な測定装置のことをいう——を基礎にして，それによって説明されなければならないのだ。なぜなら，そのままでは直接に経験しえない可能的実在としての量子実在が，私たちの直接に経験しう

る現実的実在になるためには、どうしても測定装置をつうじて《部分的にじっさいに創りだされる》——抽象的な波動から具体的な粒子となって立ち現われるという意味において——ことが不可欠だからである。

主流であるボーアのコペンハーゲン学派の立場では、経験的な古典的概念をもちいて記述が可能であるマクロ世界の現実的実在（知覚事物）こそが、ミクロ世界（可能的実在）のあらゆる物理的解釈の真の基礎とみなされている。そこでは古典物理学のように巨視的な通常物体を、それを形づくる微視的な原子や素粒子によって説明するという常識的な思考方式とはまったく逆に、かえって具体的な、巨視的な通常物体（測定装置）によって抽象的な、微視的な原子や素粒子を説明するという、きわめて転倒した、その意味では新しい思考方式がすすんで採用されているのである。経験的な測定装置をつうじて測定されないかぎりは、量子実在は可能的実在（確率波の重ね合わせ）にとどまって一つの抽象物にすぎないのであり、その点では可能的実在（波動関数）から現実的実在（量子的粒子）へと飛躍した量子実在は、測定装置と量子系との不可分な合作物として立ち現われる一つの関係的実在という以外にはないであろう。

つまり、以上のような新しい哲学的存在論の考え方のもとでは、古典的な測定装置はいささかも可能的実在（可能性の重ね合わせ）として把握される必要はなく、どこまでも本源的な現実的実在（知覚事物）とみなされるのである。測定以前の抽象的な量子実在だけが波動関数の重ね合わせとして把握されれば理論的にはそれで十分なのだ。それ以上に、通常物体の測定装置をまで可能性の重ね合わせとして記述しようとするのは、少なくとも哲学的存在論としては、そこに少しの理論的必然性も見当たらないのである。しかも測定装置と量子系とをそれぞれ"現実的実在と可能的実在"として明確に区別することが、そのまま"古典的とバークリ的"という二つの存

在次元の区別に対応するものであるのは指摘するまでもないだろう。

ちなみに,こうしてみると,いわゆる猫と電子とを存在論的に同一視することから生ずる"シュレーディンガーの猫"なるパラドクスには,なんらの正当な哲学的根拠のない事実がおのずと明白ではなかろうか。"シュレーディンガーの猫"は,ここでは,バークリ次元における波動としての可能的電子がじっさいに粒子としての現実的電子へと変換したかどうかを知らせる,たんに知覚中断の存在次元における情報伝達の信号機という,ごく経験的で慎ましやかな古典的役割をはたしているにすぎない。

ところで,以上に述べてきた量子力学における思考方式の根本転換を,もしも理解も承認もできない人びとがいるとすれば,それは客観的実在のバークリ次元にはまったく関係なく成立しうる古典物理学の古い思考方式や古い実在観にあまりにも執着しすぎるからに相違ないのである。

じっさい,そうした旧態依然の思考方法にもとづいたのでは,電子や原子はたんなる通常物体にすぎなくなり,たんにパチンコ玉を量的に小さくしただけのものになってしまう。しかし真実はどうかといえば,電子とパチンコ玉の存在論上の差異性はあくまでも質的なもの,すなわち,虚数をふくむ複素数の重ね合わせとして記述される《□□=□□》可能的実在式と,ふつうに実数で記述される《感覚=存在》現実的実在式のあいだの根本的な区別性なのである。バークリ次元に固有の住民である量子力学的実在は,その抽象的な波動的性質(見られていないこと)を第一の特徴とするがゆえに,《感覚されなくては存在しない》命題が表わす可能的実在,つまり,虚数をふくむ複素関数の重ね合わせとしてどうしても把握されなければならなくなる。それはただ測定(感覚)されたときにだけ,量子的粒子として現実的実在(感覚存在)となるのである。しかも測定するのを中断されれば,たちまち波動(見られていないもの)とな

ってもとの可能的実在へと逆もどりしてしまうのだ。

## 6-3-2 量子的粒子のみが客観的実在のバークリ次元に属する

もっとも、こういう議論になってくると、ここで読者諸氏からは理論上の一つの重大な疑問がなげかけられるかもしれない。

> バークリ次元における測定（感覚）される以前の原子や素粒子を抽象的な可能的実在（波動関数）として《□□＝□□》感覚存在ゼロ式のかたちで把握し記述することについては、とくに異論があるわけではない。私たち人間にとっては、いまだ測定されない量子実在を哲学的に理解しようと思えば、それ以外にどんな正しい方法があるというのだろう。
>
> しかしよく考えてみると、この点はかならずしも量子実在にのみ限定される事柄とはいえないのではなかろうか。というのは、古典力学においても、ふつうは物体を質点という、いわば思考の極限操作により極微小にまで昇華された純粋に抽象的なもの（広がりのない点という数学的表象）として取り扱うからである。そうだとすれば、このような古典的意味における超感性的な微視的粒子といえども、とうぜん、量子力学における素粒子と同じように《□□＝□□》感覚存在ゼロ式のかたちで記述されるべきではないのか。量子実在だけを客観的実在のバークリ次元における固有の住民とみなすのは、かならずしも正しくないのではないか。

というわけである。

いかにも十分に論拠のある批判的指摘といってよい。一言でいえば、同じように抽象的な超感性的実在（広がりのない質点）であるとすると、いったい古典力学的粒子と量子力学的粒子とを本質的に

区別する哲学的特徴はどこにあるのか，こういう根本の疑問がここでは提示されているのである。しかもこうなると，問題の中心は，ふたたび客観的実在のバークリ次元の哲学的本質はなにか，つまり，知覚捨象のバークリ次元における可能的実在の哲学的本質はなにか，という一点にいやでも収斂されざるをえない。

さて，ニュートン的な古典力学において質点として考えられた物体は，色や温度などをもたない，いわば広がりのない幾何学的点としての極微粒子であるということでは，たしかに超感性的な数学的抽象物であるといってよい。しかしそうかといって，このような古典的微粒子をそのままバークリ次元における可能的実在（波動関数の重ね合わせ）とみなして，あらかじめ現実的に実在していない外的対象であると規定することができるだろうか。それが不可能であるのは明白なように思われる。なぜなら，古典的粒子はどれほど極限的に抽象化され幾何学化されようとも，それが決定論的な仕方で運動する通常物体（既存事物）として想定されている以上は，どうしてもあらかじめ現実的に実在している外的対象として規定する以外にはないからである。いうまでもなく，このような考え方の延長上でこそ，たとえば月はだれからも知覚されなくても存在するところの現実的実在（既存事物）であり，それゆえにこそ，その位置と運動量とをあらかじめ決まった属性として備えており，しかもその二つを同時に観測（認識）することができる，というふうに主張できるのであろう。

しかしながら量子力学の量子実在にたいしては，そのように主張することはおよそ不可能である。なぜなら，たとえば電子は，それが測定される以前に，その位置と運動量とをすでに確定した属性として備えていると考えることはできないし，また二つの属性を同時に測定することもできないからである。いまだ測定されない電子は，古典的粒子のように，けっして決定論的な仕方で運動する現実的実

在として把握することは許されないのだ。いいかえれば,バークリ次元の量子実在はあらかじめ現実的に実在しているとはいえず,測定されてはじめて現実的に存在しうる可能的実在——確率波の無限の重ね合わせ——であると規定される以外にはないのである。

こうしてみれば,古典的粒子と量子的粒子にかかわる先ほどの疑問にたいする解答はおのずと明白であろう。私たちは安心して《量子的粒子だけが,それが波動関数で確率的に記述される,測定以前の"可能性波の重ね合わせ"であるかぎりで,客観的実在のバークリ次元に固有に属するものだ》と答えることができる。

さて,それでは続けて,そうした《可能的実在としての量子実在の哲学的本質とはなにか》とさらに問いかけてみよう。そうすると,それは量子状態の無限の重ね合わせとして一種の理想実在あるいは普遍実在であると規定されるべきではないのか,と考えられるのである。そして,この意味の波動関数としての量子実在,たとえば一個全体の電子を構成する個々無数の位置属性の重ね合わせにおいて,いったい測定によっていかなる潜在的な位置属性がその理想実在＝普遍実在から選びだされて現実化(顕在化)するかは,それこそただ確率的(可能的)にしか予測できないのである。

古典的粒子とは本質的に異なって量子的粒子では,すでに状態(属性)は確定しているのだが,いまだ認識されていない,という知覚中断の存在次元における第2次知覚の議論ではなく,測定されるまでは状態(属性)そのものがいまだ原理的に確定していない,という第1次知覚のバークリ次元にかかわる議論の仕方しか許されないのだ。そのつど測定されてはじめて,それまで波動として未確定であった量子の潜在的な状態,たとえば位置属性はつぎつぎと粒子のかたちで顕在化するのである。そうしてみると,このような状態(属性＝感覚存在)の無限個の総体こそが,とうぜん,理論的には全体としての量子一個(理想実在＝普遍実在)を表わす,という

ことになってくる。こうして，私たちの量子実在にたいする実証的な認識は，波動関数が表示する量子実在の世界全体，たとえば一個の電子が無限個の位置にある状態が共存しているという意味における，いわば電子一個の全体像をそのままに表わす理想実在＝普遍実在へと絶えず無限に接近していくわけである。

しかもこのとき重要なことは，以上のような波動関数の重ね合わせで表示される世界全体は，それを構成する個々の状態＝属性＝感覚存在の無限総体として可能的実在であり，それゆえ埋想実在＝普遍実在＝概念実在にほかならないという根本の考え方からすれば，これこそが真の実在であると理解することも理論的には十分に許されうる，という基本論点であろう。すべての可能的契機をふくんで成立している十全の理想実在＝普遍実在にくらべれば，現実的実在はそのうちのたんに部分的な諸契機だけを感性的＝経験的なものとして実現（顕現化）させているにすぎないという意味において，まさしくそのように主張しうるのである。

したがって，確率がぎっしりと無限に詰まった波動関数は，それ自体がなにか直接に物質的なものとはきわめて考えにくい。しかしそれでも，抽象的な波動関数が無数の《重ね合わせ》状態として可能的実在＝理想実在であることになれば，それを高速コンピューターによって一定の画像として具現化することはじっさいに可能なはずである。自然自体の内部において量子実在の波動関数は文字どおり多種多様な形態をとるのであるが，それが個々の状態＝属性＝感覚存在の無限総体として可能的実在であり，それゆえ理想実在＝普遍実在＝概念実在であるとすれば，つまりは，技術的に操作可能な一種の情報実在であると考えるならば，そのような波動関数の様相変化をそれこそ自然に取って代わって人間が実験をつうじて人工的に実現させることは，まったく可能だと思われるのである。最近の量子波動工学における波動関数をじかに相手にした高度技術の諸成

果などは，以上の事実を明確に提示するものではなかろうか。もっともそうなると，哲学的存在論としては，《実在とはなにか》という根本問題がまたもや深刻なかたちで生じてくるのは必定であろう。

最後に，いわゆる量子力学の観測問題について一言しておこう。哲学的にとくに重要と考えられるのは，感覚と知覚とが，それぞれ客観的実在のバークリ次元および客観的実在の日常次元とに対応して区別されるとともに，さらに，測定と観測とが同じように対応して区別される点であろう。これまで量子力学の観測問題においては，測定と観測，つまり，感覚と知覚とを厳密に区別することが哲学的にきわめて不十分であった。そのため，観測過程での認識主体の意識作用が波動関数の崩壊を実現させるといった馬鹿げた議論がいまも絶えないのである。しかしながら，たとえ波動の収縮がじっさいに生ずるのだとしても，それはあくまでも測定（感覚）にかかわる客観的実在のバークリ次元においてであって，けっして観測（知覚）にかかわる客観的実在の古典的次元においてではない，とする根本の哲学的立場をこのさい断固として確保することが大切である。波動関数の崩壊はどこまでも非意識的な測定過程（第１次知覚のバークリ次元）——測定装置と量子系（未存事物）の相互作用——にのみかかわる事象であって，その測定されて現実的に立ち現われた具体的粒子（既存事物）を，こんどは観測者がたんに外部から主体的に覗き見する意味の意識的な観測行為（第２次知覚の知覚中断）——すでに所与である外的対象から一定情報をとりだす認識過程——にかかわる事象ではけっしてないのである。

そうだとすると，そうした測定過程はただ測定装置と量子系だけによっておこなわれる純粋に客観的＝機械的なものであって，そのかぎり，その測定された客観的結果を主体が外部から認識（覗き見）する主観的な観測過程とはちがって，そこに人間の意識や自我の働きがじかに影響する余地はまったくないはずである。さてこうなれ

ば，ボーア自身による本来のコペンハーゲン解釈には，その点ではいささかも観念論の要素は見当たらないといえよう。ボーアは無自覚的ではあったが，以上の意味の測定と観測（感覚と知覚），すなわち，バークリ次元と古典的次元の哲学的区別を，おそらく実質的にはまちがいなく遂行していたのではないか，と十分に推察されうるのである。[2]

### 6-3-3　実在とはなにか——最終総括として

《実在とはなにか》という哲学的存在論の根本問題をめぐって，結局のところ，いったい私たちはなにを考察して，いかなる結論を獲得したことになるのだろうか。

客観的実在の日常次元（知覚中断）という通常視点からすれば，本源的には実在とは，《感覚》相関的という意味では**感覚存在**であり，さらに《知覚》独立的という意味では**知覚存在**（感覚存在の複合体）であり，そのような外的対象としては**知覚事物**そのものにほかならない。そして以上の規定からは，感覚存在こそは現実的実在の窮極要素（最小単位）である，という存在論上の重要な結論がおのずと生じてくる。つまり，いかなる意味でも《物自体は現実的に実在しない》ということである。あるいは，ロックがいう《第一性質のみをもった物質的実体》という考え方も，それが近代主客二元論に固有の哲学的フィクションであることに疑問の余地はない，ということである。

そうなると，しかし現実的実在の窮極要素である感覚存在のさらに背後にあるものは，いったいどのように考えられるべきなのだろうか。もはやなにも存在しない無の世界にすぎないのだろうか。しかし哲学的には，感覚存在の背後は，客観的実在のバークリ次元という可能的実在の抽象的世界にほかならなかった。また科学的には，そうした虚数をふくむ《可能性の重ね合わせ》からなる実在世界は，

分子や原子，素粒子といったミクロ世界の住民たちに固有の特異な存在領域にほかならなかった。しかもこの量子力学的実在は，古典的な測定装置により測定されないかぎりは，どんなにあがいても神ならぬ私たち人間は，それをただひたすら未存事物（虚数をふくんだ複素関数）として把握することしか許されないのである。一言でいえば，バークリ次元における感覚存在の背後にあるものは，可能的実在という《重ね合わせ》状態の抽象的世界にすぎず，けっして知覚されなくても存在するという現実的実在としての具体的世界，つまり，直接の物質世界とはいえないのである。

どういうことかというと，ここで私たちに哲学的に強く要請されているのは，「実在」と「物質」という二つの概念を明確に区別する，そのような存在論的立場なのである。物質はすべて実在であるが，実在はすべて物質とは限らない。すなわち，実在は物質にたいしては上位概念であるが，物質は実在にたいしては下位概念にすぎない。それでは，私たちが強調してやまない客観的実在のバークリ次元をこの問題にじかに関係させるとき，いったい，そこにはいかなる新しい存在論上の展望が見えてくるのだろうか。

ごく簡略的にいえば，実在と物質という二つの概念を正しく関連づけて把握させる契機こそは，客観的実在のバークリ次元にほかならない。バークリ次元に積極的に媒介されないでは，実在と物質という二つの概念は，じつは真の意味で統一して理解することが不可能なのである。窮極の感覚存在の背後にあるバークリの実在次元が発見されてはじめて，実在は"可能的実在と現実的実在"の対立の統一体であることが，名実ともに確実なものになるのだ。そして，物質が実在の下位概念にとどまるというのは，物質はたかだか実在全体（可能的実在と現実的実在の統一体）をかたちづくる一方の構成要因である現実的実在を意味するにすぎない，ということである。じっさい，常識的に私たちが宇宙的普遍性をもつと考えている物質

というものは，いまだ時間も空間もエネルギーも物質も存在しない無の世界（エネルギーゼロ付近における量子のゆらぎ状態）から生じた，本来的にはきわめて特殊歴史的性格をおびたものなのである。

　知覚中断の日常次元における知覚されなくても存在するという現実的実在（既存事物）はすべて物質（直接的物質）といえるだろうが，バークリ次元における感覚されなくては存在しないという可能的実在（未存事物）をまで，同じように物質（直接的物質）と呼ぶのは哲学的にかなり無理があるのではないか。もしもそんなことをしたら，量子力学における波動（波動関数）などはいちよう直接的に物質的実在ということになり，理論的にはかなり困ったことになる。

　ようするに，バークリ次元から捉えた《実在とはなにか》といえば，それは可能的実在と現実的実在の対立の統一体にほかならないが，そのとき同時にまた《物質とはなにか》といえば，それは後者である古典的次元における現実的実在（いわゆる力学的質点をもふくめて）にどこまでも限定して理解されなければならないのだ。じっさいそうでないと，たとえば量子宇宙論における時間も空間も物質もエネルギーもなにも存在しない，ビッグバン以前の無の世界（複素数的な可能世界）をも，なにか現実的に実在する実数的な物質世界として哲学的には規定せざるをえなくなるのではないか。

　一般に物理学的に物質といわれるものは，すべてプラスの質量（エネルギー）をもつ物体のことを意味するのでなければならない。ところが，量子論や量子宇宙論で問題にされる"プランク時間"以前の物質というものは，最初は真空としてマイナスの質量（エネルギー）をもった物体であるにすぎない。しかもそうしたバークリ次元にある物体は，そのままの状態ではけっして実証的に感知されることはなく，そのかぎり私たち人間はそれを直接に物質と呼ぶことはせず，どこまでも物質のない"無の世界"として規定するほかはないのである。なぜなら，そのようなマイナスの質量（エネルギー）

をもった物体をまで強引に物質として規定してしまうと、どうしてもそのような物質を生みだしたさらなる起源（原因）はなんであるかをいっそう追究せざるをえなくなり、結局はどこまでいっても因果連鎖の最終地点に到達することが原理的に不可能になるからである。いいかえれば、全能なる神をついにその窮極原因として理論的に要請せざるをえなくなってしまうのだ。

　こうして、私たち人間はどこかの地平において、もはやこれ以上は物質が存在しないような無の世界（しかし、実在は存在する）、つまり、複素関数の重ね合わせ（可能的実在）という一種の理想世界（物質エネルギーではなく真空エネルギーの世界）をすすんでバークリ次元（感覚存在の背後世界）として哲学的に根本前提せざるをえないのだ。そのうえで、その始元から出発することで量子論や量子宇宙論の物質世界なるものを可能的実在と現実的実在の対立の統一体、厳密にはその一方の構成契機である現実的実在というかたちで科学的に追究し把握せざるをえないのである。いってみれば、実数的な現実的実在としての物質世界は、複素数的な可能的実在としての理想世界が、いわば対称性の自発的な破れによって"外化する"かたちで私たち人間の経験世界として実現されるという、そのかぎりきわめて特殊歴史的なものにほかならない、とそのように考えるわけである。そして存在論的には、以上のような考え方は、窮極の感覚存在の背後としてのバークリ次元に固有といえる可能的実在と現実的実在——虚数的な理想実在と実数的な物質世界——の積極的統一という新しい観点なしには、およそ不可能と思われるのだ。[3] しかもそうなれば、おのずと問題の中心は、この意味における実在と物質（上位概念と下位概念）のあいだの哲学的関係をいかに把握するか、という一点に収斂されてくる。

　以上の考察が明確に示しているように、客観的実在のバークリ次

元をすすんで前提するかぎり，実在世界は可能的実在と現実的実在という二つの側面から構成されるのである。しかも前者の可能的実在は，バークリ次元においてはどこまでも可能性波の重ね合わせであって，ただ虚数をふくむ複素関数でしか把握も記述もしえないものだ。つまり，そのままでは原理的に人間の眼には見えない抽象的世界にすぎない。いいかえれば，私たちが観測装置で観測できるのはあくまでも実数の世界だけであって，たとえ複素数のバークリ次元において一定の事象が起こったとしても，その結果を私たちが観測するためには，複素数の絶対値を2乗して眼に見えない虚数を眼に見える実数に変換してやらなければならない。私たち人間には原理的に見ることのできない複素関数の重ね合わせである可能的実在は，測定装置で測定されてはじめて，その客観的結果として実数と確率のかたちで実現された現実的実在になるのである。バークリ次元における可能的実在と現実的実在の関係は，とりあえず物理学的にはこうしたものだという以外にはない。これはしかし，知覚中断の存在次元における日常的＝古典的な意味での現実的実在と可能的実在の対立の統一関係とは本質的に区別されるものだ。いいかえれば，バークリ次元における可能的実在は虚数 $i$ を含んだ複素関数で記述されなければならないが，日常次元（知覚中断）における可能的実在を記述するのにはその必要はないということである。

　すでに述べたように，バークリ次元で相関的に立ち現われる感覚存在の背後にあるものは，たしかに可能的実在として一つの実在世界であることは相違なかろうが，そのような純粋抽象の"可能性の重ね合わせ"をそのまま直接の物質世界とみなすのは哲学的にはきわめて問題ではなかろうか。万能の神の立場であれば，そのような抽象的世界をも端的に物質的実在＝現実的実在として規定できるのかもしれないが，私たち人間の立場からは，それは測定されて感性的なもの（感覚存在）にならないかぎり，いかに努力しても"可能

的実在"以外のものとして規定することは許されないのである。バークリ次元に立ち現われる相関的な感覚存在こそは現実的実在（物質世界）の窮極要素である，とされる哲学的理由がここにあるといってよい。

　これまで私たちは，実在を《感覚》相関的にして《知覚》独立的であるような知覚事物（感覚存在の複合体）として規定してきたが，厳密には，これは現実的実在としての物質を規定するものだったのである。たしかに実在は可能的実在と現実的実在の統一体にほかならないが，しかし物質はその一方の契機である現実的実在にあくまでも限定して理解されるべきである。それゆえ私たち人間は，バークリ次元の感覚存在の背後にあるものを理解しようとすれば，まずはじめに，これを一つの可能的実在＝理想実在として把握し記述する以外には，原理的にどんな有効な方策をももちあわせないのだ。これを短絡的にいきなり現実的実在＝物質世界とみなすのは理論的に大きな混乱と誤解のもとである。もちろん，こう主張したからといって，これは観念論や不可知論とはなんの関係もない。

　そして，以上の論議から哲学的にとくに重要となってくるのは，量子領域のバークリ次元において客観的実在が"可能的実在と現実的実在"すなわち"理想実在と物質実在"の対立の統一体であると規定されるとき，この二つの構成契機のあいだには，あきらかに一種の特殊歴史的関係性というべきものが確認されるという点である。そこでたとえば，この宇宙そのもの，それゆえ時間・空間・物質という根源的事象ですらが，なにか永遠の昔から未来へかけていつまでも実在し続ける"非歴史的なもの"と理解するのでなく，あきらかに"歴史的な始まり"をもったものと理解するのである。つまり，私たち人間に現に知られているこの宇宙（時間・空間・物質）は，バークリ次元における一種の理想実在＝普遍実在（未存事物）として，いまだ無数の波動関数の重ね合わせにとどまる可能的宇宙（通常の

意味での時間も空間も物質もない無の状態）から，まさに確率的に選びだされ実現するかたちで，私たち人間が存在する知覚中断の古典的な四次元時空として，現在の経験的な現実的宇宙（既存事物）になったのだと，そのように特殊歴史的な性格をもったものとして把握するのである。

こうして窮極の感覚存在の背後にあるものは，一つの理想実在＝普遍実在であり，対象についての無限の情報が詰まった概念実在として，ある意味では，これこそが真の実在であるともいえよう。つまり，かえって現実的実在＝物質実在なるものは，バークリ次元において諸属性（量子状態）の無数の重ね合わせという未分化の統一状態（内部対称性）におかれた可能的実在＝理想実在が，こんどは知覚中断の古典的次元において，そのような無数の諸属性（量子状態）がつぎつぎと現実的に顕在化され対象化されていく，そのかぎり"対称性の自発的な破れ"としての，あくまでも具体的な経験世界とともにある外的実在（プラスの質量＝エネルギーをもったもの）に限定されるべきではないか，と考えられるのである。


そこで以下，上述したバークリ次元における可能的実在と現実的実在，すなわち，理想実在と物質実在のあいだの特殊歴史的な関係性について，とくに宇宙（物質世界）における《時間と空間の始まり》という問題をその一つの事例として具体的に検討してみよう。

現代の宇宙論（量子宇宙論）によれば，あきらかに宇宙には始まりがあったのだという。とはいえ，《宇宙の始まり》ということで，いったい理論的にはどんな具体的内容が追究されるのだろうか。一言でいえば，それこそは《時間と空間の始まり》という問題以外ではないと思われる。すなわち，はじめにいまだ時間や空間が存在しない状態が理論的に想定されて，つぎに，そこからいま知られているような時間や空間はいかに発生したか，という仕方で問題が提起

されなければならないのだ。ともかく、最初に時間や空間のない状態があったのであり、そこから時間や空間のある状態が生まれたのであって、それがそのまま宇宙の誕生にほかならないと、そのように考えるのである。

重要なことは、このような時間や空間の起源をすすんで解明する科学こそは、量子宇宙論（量子物理学）と呼ばれるものだ、という点である。なぜなら、時間や空間が存在しない状態というのは、宇宙全体が一個の原子や素粒子よりもはるかに小さなものであった段階をいうのだからである。とうぜん、そのようなときには空間は量子的にならざるをえず、時間も同じく量子的に扱われることになる。つまり、バークリ次元における時間や空間は、いやでも重ね合わせの量子状態にあることになり、そのためにアインシュタインの特殊相対論がいう、古典的な知覚中断の存在次元としての四次元時空という通常の属性（性質）をもつことがおよそ不可能なのである。

どういうことかというと、たとえば量子的状態にある宇宙空間は、宇宙のごく始まりの段階では、いわば《重ね合わせ》状態として無数の在り方をとりうる可能性に満ち満ちていたのである。空間は、その無数の在り方が同時的に共存しているという意味では、一つの未分化状態（内部統一性）におかれており、そのかぎり、その具体的な在り方がいまだ現実的に確定していない抽象的な可能的実在のままで存在していたのである。

それでは、バークリ次元においていまだ無数の可能性波の重ね合わせとして存在する抽象的空間のうち、そこから現実的に生起した具体的空間とは、いったいどのような空間であったのか。それこそは、いま私たち人間に現に知られている宇宙空間の在り方、すなわち、光が秒速 30 万 km という一定の速度で伝わるような古典的状態の宇宙空間にほかならないのだ。この意味の宇宙空間だけが現実的なものとして、きわめて特殊歴史的なかたちでその確率上の実現

をみるにいたったのである。

　こうして, バークリ次元において無数の量子状態の重ね合わせ, つまり, 理想実在（可能的実在）として把握された宇宙空間は, あたかも理想が現実へと"堕落"（外化）したかのように, 知覚中断の古典的次元において経験的な現実的実在（既存事物）——光速度一定の具体的空間——となって顕在化され対象化されたのである。しかもそれは, そのような理想実在から現実実在への"堕落"（外化）により生じた《四次元時空の物質実在》という特殊歴史的性格を刻印されたままで存在し続けているのだ。こうしてみると, 宇宙における"光速度一定"といった根源的かつ普遍的な, それこそ永遠と思われる物理法則さえもが, きわめて特殊歴史的に生成したものとして把握可能になってきたのではなかろうか。しかもこの事実は, 客観的実在のバークリ次元がすすんで想定され前提されることにより, あきらかに哲学的にも十分な論拠をもって主張しうるのである。そして, ここで提起されている時空の始まり＝宇宙の始まりいう問題の哲学的核心は, たんなる宇宙一般ではなく, どこまでも人間の宇宙の存在性を主張する, いわゆる「人間原理」[4]へとそのまま密接に関係してくるのではないか, と考えられるのでる。

　さて, バークリ次元における可能的実在と現実的実在, つまりは理想実在と物質実在の対立の統一体としての客観的実在と, そこにおける感覚存在とその複合体（知覚事物）である現実的実在イコール物質的実在, という存在構図がもつ特殊歴史的性格の哲学的意味を理解していただけたであろうか。たとえ時間や空間, 宇宙といえども, その始まりがあったのであり, いま私たちに知られているような時間も空間も物質も存在しない状態があったのである。客観的実在のバークリ次元をみとめるかぎり, 現に知られている宇宙は, ヴィレンキン[5]のいう無の世界——通常の意味における時間も空間も物質もエネルギーもなにも存在しない——から, いわば"量子的ゆ

らぎ"をつうじて確率的に生成誕生した，と哲学的にも十分に考えうる根拠があるのだ。この無の世界こそは，窮極の感覚存在の背後にある半ば実在的な，その意味では感覚存在が相関的＝同時的に立ち現われる可能的実在の量子的世界にほかならない。

　そうはいっても，しかし私たち人間の能力では，測定装置（感覚器官）という経験的なものを媒介させずには，この抽象的な可能性波の重ね合わせで表わされるバークリの存在次元をそのまま具体的な物質世界（現実的実在）として扱うことはけっして許されない。その意味では，バークリ次元には実在（可能的実在）は存在しても，それが測定（感覚）されないかぎり，けっして**物質**（現実的実在＝感覚存在）は存在しない，と考えるのが唯一正しい哲学的存在論なのである。客観的実在とは，可能的実在と現実的実在の対立の統一体である。さらに物質とは，その一方の構成契機である現実的実在としての知覚事物（感覚存在とその複合体）にほかならない。それゆえ，物質はすべて実在であるが，実在はかならずしもすべて物質であるとは限らない。知覚捨象のバークリ次元と知覚中断の日常的次元という二つの存在次元を厳密に区別することは，哲学的存在論の根本問題を以上のような仕方をつうじて理解し解決することを，それこそ私たちに強く迫るのである。


## 第4節　バークリ次元と人間原理からみた宇宙の存在性

### 6-4-1　分析哲学者マイケル・ダメットによる問題提起

　最後に，もう一つどうしても論じておくべき現代哲学上の重要な「実在」問題がある。それは現代の宇宙論にしばしば登場するいわゆる人間原理と宇宙の存在性をめぐる問題である。

　最近，私はたまたま分析哲学者マイケル・ダメットの著作『真理

と過去』を読む機会にめぐまれたが、そのなかでダメットが、哲学的存在論を論ずるかたちで宇宙の存在性についてきわめて興味ぶかい問題提起をしていることを知った。ところが、この宇宙の存在性をめぐっては同じような問題提起を、ダメットよりはずっと具体的なかたちで、じつは量子物理学者のシュレーディンガーがすでに『わが世界観（自伝）』という書物のなかでおこなっているのである[7]。私はこのシュレーディンガーの形而上学的議論がもう15年以上も以前からたいへん気になっていたのだが、このたびダメットの書物にふれることによって、あらためて宇宙の存在性とバークリ《存在即知覚》命題との理論的関係について検討してみたい、と考えるようになった。

　そこで、ごく端的にダメットが提起しているここでの問題の全核心を提示したいのだが、それには彼の論議をできるだけ直接に読者諸氏に紹介するのが、やはり最上の方法のようである。ダメットは宇宙の存在性について、以下のような仕方で問題の本質がなんであり、どこにあるかをあざやかに指摘している。

① 「問われているのは、理解されることからまったく独立に存在する実在という見方をうけいれることが可能かどうか、という問題です。物理的宇宙は意識をもつ被造物をまったく持たずに存在することもありえたのでしょうか」。
② 「私が訊ねているのは、物理的宇宙がある段階で意識をもつ被造物を持たないこともありえたか、ということではありません——持たなかった、と考える正当な理由を私たちは持っています」。
③ 「私の質問は、宇宙がその存在の始めから終わりまで意識をもつ被造物を欠いていることもありえたか、と想定することが理解可能だろうかということです」。

第6章　実在とはなにか

「私には，意識を持つものを永久に欠くような宇宙の存在は，理解不可能な空想であるように思えます」。
④「存在するものとは，存在すると知られうるところのものです。真であることとは，真であると知られうるところのことである。実在とは，意識をもつ被造物によって経験されうることと，知的な被造物によって知られうることの，その全体なのです」。〔以上，数字による区分は引用者〕

　以上が，ダメットによる宇宙の存在性をめぐる哲学的＝形而上学的な問題提起の中心である。きわめて抽象的な議論であり，問題の本質を正しく把握するためには，かなりの直感力と知的努力が必要である。しかし幸いなことに，ダメットの『真理と過去』を翻訳した藤田晋吾氏によるたいへん優れた「訳者解説」があるので，それにもとづきながら考察をすすめることにしよう。[8]

　藤田氏はまず上述のダメットの文章から①と③とを引用する。すなわち，①「問われているのは，理解されることからまったく独立に存在する実在という見方をうけいれることが可能かどうか，という問題です。物理的宇宙は意識をもつ被造物をまったく持たずに存在することもありえたのでしょうか」。そして，引用はさらに③へと続く。ダメットはいう「私の質問は，宇宙がその存在の始めから終わりまで意識をもつ被造物を欠いていることもありえたか，と想定することが理解可能だろうかということです」。
　こうして藤田氏は，引用文③の後半部分である「私には，意識を持つものを永久に欠くような宇宙の存在は，理解不可能な空想であるように思えます」を前提としつつ，以下のようなダメットの最終結論（引用文④）を承認するのである。すなわち「存在するものとは，存在すると知られうるところのものです。実在とは，意識をもつ被

造物によって経験されうることと,知的な被造物によって知られうることの,その全体なのです」。

　理論的にきわめて興味があるのは,藤田氏がダメットの以上の議論を現代宇宙論にみられるいわゆる「人間原理」にむすびつけて理解している点である。じつは筆者自身もまた,ダメットの見解を知ったとき,ほとんど瞬間的にバークリ《存在即知覚》命題との関連に思いを馳せると同時に,さらには「人間原理」にかかわる諸論議をも思い浮かべたのであった。しかし藤田氏の場合には事情はもっと現実的な意味で深刻であったようで,以下のような進展をみる。藤田氏の「訳者解説」にはつぎのように書かれている。

　　私はある学会で量子力学の多世界解釈との関連で強い人間原理に言及し,それを「宇宙が現に知られているような宇宙であるのは,その宇宙に人間が存在するとき,そのときに限る」と要約したため,厳しい批判を受けた。だから私は強い人間原理を誤解しているのかもしれないのであるが,もしそうであれば,ダメットの「真であるとは,真だと知られうること」〔「存在するものとは,存在すると知られうること」——瀬戸の補足〕という主張に似ているのは,私が誤解したいと思っている「強い人間原理」だということになる。

　ごらんのように,藤田氏は,ダメットが「宇宙がその存在の始めから終わりまで意識をもつ被造物を欠いている」と考えることは不可能であるとして,それを哲学的存在論として「存在するものとは,存在すると知られうるところのものです」(ただし藤田氏では「真であるとは,真だと知られうることです」というダメットの文章のみが引用されている)と総括している事実について,それは自分が理解する「強い人間原理」に似ている,と主張しているのである。こうし

て，藤田氏の「訳者解説」はさらにすすむ。

> 宇宙が現に知られているような宇宙であるのは，その宇宙に人間が存在するとき，そのときに限る」。この要約で私が述べようとしたのは，人間が宇宙をつくったということではなく（もちろん！），人間の存在する宇宙だけが理解可能な宇宙なのだ，ということである。人間の存在しない宇宙は人間の知らない宇宙である。人間の知りえない別の宇宙（例えば，あの世）が存在すると主張することは，人間の知りえない別の宇宙が存在することを知りうる，という矛盾を犯すことである。

さて，宇宙の存在性をめぐるダメットの考察と，それに註釈をくわえつつ「強い人間原理」に言及する藤田氏の考察とを，読者諸氏はどのように受けとめられたであろうか。私はそれを非常に面白いと思った半面，ダメットと藤田氏の議論展開のなかに，バークリの《存在とは知覚されることである》命題への直接の言及がなにもない点にいささか失望感をおぼえたのであった。これはおそらく，ひたすら言語分析のみを固有の研究対象とする分析哲学の当然の理論的限界であろうかとも考えられる。そしてこのことはたとえば，ダメットが「存在するものとは，存在すると知られうるところのものです。真であることとは，真であると知られうるところのものです」と述べているのにたいして，藤田氏がもっぱら後半部分の「真であることとは，真であると……」という言明のみを引用されている事実からも，はっきりとうかがい知られるのではなかろうか。

それはさておくとして，ダメットの見解にしろ，藤田氏の見解にしろ，彼らがもしも知覚中断と知覚捨象という二つの存在次元，つまり，客観的実在の日常次元とバークリ次元とを自覚して明確に区別していたなら，その議論展開はもう少し単純で理解しやすいもの

になったのではないか，と思われるのだ。なぜなら，ダメットが引用文③において「宇宙がその存在の始めから終わりまで意識をもつ被造物を欠いていることもありえたか」と自問するとともに，さらに「私には，意識を持つものを永久に欠くような宇宙の存在は，理解不可能な空想であるように思えます」と自答するとき，そこでは，まぎれもなく感覚されなくては存在しないという意味でのバークリ次元における宇宙の存在性について積極的に語られているのだからである。

同じように，ダメットが引用文②において「私が訊ねているのは，物理的宇宙がある段階で意識をもつ被造物を持たないこともありえたか，ということではありません——持たなかった，と考える正当な理由を私たちは持っています」と主張するとき，彼は，あきらかに知覚されなくても存在するという意味での知覚中断の存在次元における宇宙の存在性について語っているのである。

さて，マイケル・ダメットの文章について，以上のような私の理解と解釈とにそれほどの誤解がないと仮定したうえで，はじめに後者である知覚中断の存在次元における物理的宇宙の存在性について検討することにしよう。

　　　　《感覚＝存在》　×　《□□　主体》知覚中断式
　　　　　　　　∥
　　すべて外的事物は人間主体の認識から独立に存在している
　　　　　　∥　《知覚されなくても存在している》
　　　　　　宇宙
　　　　　　　∥
　　知覚中断の存在次元においては，人間
　　にたいして，宇宙はすでに感覚存在と

> その複合体として現実的に立ち現われてしまっている不可逆的な既存事物であるにすぎない。それゆえ，知覚し認識する人間が存在しても存在しなくても，あるいは，人間が途中で誕生しても誕生しなくても，宇宙はそれとはまったく無関係に現に知られているような宇宙の姿のままでまちがいなく実在しているし，これからも実在し続けるにちがいない。ようするに，既存事物として現に知られている宇宙は，意識をもった被造物によって知覚されなくても存在している。

ごらんのように，これが宇宙の存在性についてダメットがいう「私が訊ねているのは，物理的宇宙がある段階で意識をもつ被造物を持たないこともありえたか，ということではありません」という場合である。ここでは，ひたすら知覚中断の存在次元からのみ議論の展開がなされているのは明瞭ではなかろうか。ともかく存在論的には，宇宙は，すでに知覚捨象のバークリ次元において感覚存在として立ち現われてしまっているので，知覚中断の存在次元においては，私たち人間にとっては不可逆的な外的対象（既存事物）になっているはずである。とすれば，宇宙はもはや知覚されなくても存在するのである。

そしてそのかぎり，たとえ人間により認識されようが認識されまいが，あるいは，すべての人間が死滅して地球上が無人状態になろうがなるまいが，そういう事態からはいっさい独立して，この意味における宇宙がいま知られている状態のままで実在し続けることは，

哲学的にはまったく疑問の余地がないのである。

　それではつづけて，前者である知覚捨象のバークリ次元における物理的宇宙の存在性について検討してみよう。

《□□＝□□》　　×　　《□□　主体》相対的知覚捨象式
感覚し認識する人間主体だけは存在している世界
　　　↓　　　　　　　　　　↓
《□□＝□□》　　×　　《□□　□□》**絶対的知覚捨象式**
始めから終わりまで事物も主体もなにも存在しない世界
　　‖　　　　　　　　　　‖
外的事物も始めか　　　感覚し認識する人間主体
ら終わりまでなに　　　も始めから終わりまでま
も存在しない。　　　　ったく存在しない。
　　‖

もとより，この意味における絶対的知覚捨象のバークリ次元では，宇宙はあらかじめ現実的に既存事物としては与えられていない。それでは宇宙は可能的実在（重ね合わせ）としてならば存在しているかといえば，そのように規定することも許されない。ようするに，このかぎりの絶対的バークリ次元では，いかなる意味であれ，もはや「宇宙」という言葉すら使用することが認められないのだ。なぜなら，ここでは，宇宙を感覚し認識し規定する人間そのものが絶対的な意味で始めから終わりまで存在しないゆえに，宇宙を無や物自体であると考えることすら不可能だからである。それが可能であるのは，とにかく人間をつうじてひとたび感覚存在となって立ち現われることで現実的実在（既

第6章　実在とはなにか　　247

存事物）となった宇宙を，不可逆的な外的事物として知覚中断の存在次元——知覚されなくても存在する——において認識の対象としうるようになった場合だけである。さらに，そうなってはじめて，たとえすべての人間が存在しなくなっても，それでも宇宙の実在性（存続性）を確信することが哲学的になんの問題でもなくなるのだ。また，この知覚中断の古典的次元が前提されてはじめて，そこから宇宙を波動関数の重ね合わせである量子宇宙として把握することも，相対的知覚捨象の存在次元——《□□＝□□》×《□□　主体》式——において可能となるのである。しかしながら，客観的実在の絶対的バークリ次元——《□□＝□□》×《□□　□□》始めから終わりでなにも存在しない式——において考えられる宇宙は，そもそも始めから終わりまで人間主体が存在しないのだから，したがって絶対的＝原理的にだれによっても感覚も認識もされないのだから，そうした宇宙とその在り方について何事かを規定したり主張すること自体がまったく許されないのである。いやそれどころか，肝心の「宇宙とその在り方」という観念それ自体をもつことすら，ここでは不可能なのだ。これではもはや「有って無きがごとき宇宙」というほかはない。絶対的バークリ次元における宇宙とは，そういうものなのである。もとより，これが知覚中断の存在次元における，すでに私たち人間により感覚され認識されて既存事物になっている宇宙の存在性（存続性）についてならば，いかなる場合であろうと，それの真理性を確信するのに哲学的になんの困難も障害もないのは明白であろう。

さて、以上のような筆者による注解こそが、宇宙の存在性についてダメットが「私の質問は、宇宙がその存在の始めから終わりまで意識をもつ被造物を欠いていることもありえたか、と想定することが理解可能だろうかということです」。そしてさらに「私には、意識を持つものを永久に欠くような宇宙の存在は、理解不可能な空想であるように思えます」、と主張していることの真の存在論的内実ではないのか、と考えられるのである。ここでは、ダメットが宇宙の存在性について、実質的には、客観的実在の絶対的バークリ次元にまで降り立って思索を展開し主張しているのは、私にはほとんど否定しがたいように思われる。

　そして、もしも以上のように結論することが許されるならば、藤田晋吾氏がダメットの形而上学的考察を積極的にひきつぐかたちで、「宇宙が現に知られているような宇宙であるのは、その宇宙に人間が存在するとき、そのときに限る」と主張して「強い人間原理」の真理性をすすんで強調したのは、まちがいなく正しい理論態度であったといわなければならない。ただそのさい、藤田氏にバークリの《存在とは知覚されることである》命題の正当性について積極的に言及する理論姿勢がみられないのは、いまだ知覚捨象のバークリ次元をそれと意識されない藤田氏にとっては、あるいは仕方のないことだったのだろうか。

　それにしても、藤田氏が「ある学会」において、「宇宙が現に知られているような宇宙であるのは、その宇宙に人間が存在するとき、そのときに限る」として「強い人間原理」を主張したとき、なにゆえに出席者たちから厳しい批判をあびたのであろうか。おそらく、批判者たちは、人間原理の主張にかぎりなくバークリ観念論の危うさを感じとったからにちがいない。いいかえれば、人間原理の言明を、唯物論哲学（実在論）がいう知覚中断の存在次元にのみ引き寄せて理解していたからにちがいない。この点、たとえば物理学者の

池内了氏は，その人間原理をめぐりこう語っている。

> 人間原理の出発点は，宇宙を認識するのが人間であるから，人間の存在を「宇宙は，なぜこのようにあるのか」という問いを解く条件に使おう，というものであった。しかし，今，人間が存在しているとしても，いずれ死に絶えるのだから，この宇宙を認識したという証拠も消えてしまう。つまり，宇宙にとっては，人間の存在など知ったことではないのだ。「無」から生まれた宇宙は，再び「無」の境地に戻っていくに過ぎない。(9)

さて，池内氏のこうした見解は，人間原理に批判的な人たちの哲学的立場をほとんど象徴的に代弁するものだろう。そして，その批判的主張は，ひたすら知覚中断の存在次元という古典的観点からのみ展開されているのが特徴的である。それはたとえば，「今，人間が存在しているとしても，いずれ死に絶えるのだから，この宇宙を認識したという証拠も消えてしまう。つまり，宇宙にとっては，人間の存在など知ったことではないのだ」，といった文章にも如実に示されている。しかしまた，そのときの宇宙が，すでに私たち人間に感覚存在とその複合体して具体的に与えられ，特定の姿形をした現実的実在として知られている宇宙であり，それゆえ人間が存在しようが存在しまいが，それとは無関係に実在しうる不可逆的な知覚事物（既存事物）になっているという意味では，それこそ知覚されなくても存在するという，たんに知覚中断の存在次元における既存宇宙にすぎないことは，これをだれも否定できないだろう。

これに反して，《□□＝□□》×《□□　□□》始めから終わりまでなにも存在しない式という絶対的バークリ次元にのみ関係する人間原理は，そのような日常的＝古典的な，既存事物の実在性にのみ関係する知覚中断の存在次元について議論しているのではまった

くないのだ。絶対的バークリ次元には文字どおり始めから終わりまで人間は絶対的に存在しないのだから、そこでは、たとえ宇宙といえども人間によりどんな意味でも感覚され認識（思考）されることがない以上は、それは具体的な姿形をした現実的実在（感覚存在とその複合体）となって立ち現われることはおよそ不可能であると、そのように人間原理は主張しているのである。そうかといって、この絶対的バークリ次元においては可能的実在としての量子的宇宙について語ることも、いわば論理必然的にまったく不可能であるのはいうまでもない。

　さらにまた池内氏が、認識する人間が存在しなくても、「『無』から生まれた宇宙は、再び『無』の境地に戻っていくに過ぎない」というとき、厳密に人間原理＝絶対的バークリ次元にしたがえば、なにしろ人間が始めから終わりまでまったく存在しないのだから、宇宙についてそのように「無」であると主張（規定）することすら許されないはずなのである。

　じっさい、絶対的知覚捨象のバークリ次元における感覚し認識する知的な被造物が始めから終わりまで存在しない宇宙なるものは、百歩ゆずって、たとえそうした宇宙が存在すると仮定したとしても、そもそも定義そのものによって、その実在性（存続性）について積極的になにかを語ること自体が、いわば原理的に閉ざされていて不可能なのである。そのような宇宙は無であるとも、物自体であるとも、可能的実在であるとも、およそすべての規定づけが不可能であるとすれば、それでもなお、この宇宙とその存在性について語ることに、いったいどれだけの現実的な意味と積極性があるのだろう。まさに超越的物自体が実在しえないのと同様に、そのような超越的宇宙もまた実在しえないのである。客観的実在のバークリ次元は、そのような不気味な存在論的深淵を私たちに気づかせずにはおかないのだ。

私たちがこれまで宇宙について何事かを主張することができたのは，すでに宇宙が不可逆的な既存事物として与えられている知覚中断の存在次元においてだけである。あるいは，それを前提にして，宇宙が量子的宇宙として波動関数の重ね合わせである可能的実在であるような，そのかぎり，あらかじめ認識する人間主体だけは存在しているような，いわば相対的知覚捨象の存在次元である《□□＝□□》×《□□　人間主体》式の場合だけである。人間が始めから終わりまで存在しない宇宙という意味における，いわば絶対的知覚捨象の存在次元である《□□＝□□》×《□□　□□》式で記述される"宇宙"ではけっしてなかったのである。それとも，たとえ人間が存在しなくても，もしも恐竜という知的な被造物（？）が誕生すれば，そこには恐竜が認識した宇宙が存在するのだろうか。しかしこの場合，少なくともバークリ次元では，恐竜もまた人間によって感覚されたかぎりで感覚存在となりうる被造物にすぎない，という事実を忘れてはならないだろう。

　こうして，藤田晋吾氏の定式化をかりれば，「宇宙が現に知られているような宇宙であるのは，その宇宙に人間が存在するとき，そのときに限る」という「強い人間原理」は，それが客観的実在の絶対的バークリ次元にかかわって理解され主張されるかぎりでは，いかなる観念論とも無縁であり，まぎれもなく真理命題そのものなのである。結局は，池内了氏は，人間原理の理論内実それ自体についてはきわめて明快かつ説得的に説明されながら，それにもかかわらず知覚捨象のバークリ次元について明確な理論的自覚を欠いたために，人間原理をひたすら知覚中断の存在次元にのみかかわる言明として受けとめ理解するという，その点における哲学上の不十分さをついに克服することができなかった，そのように推察されるのである。

### 6-4-2 バークリ次元では《人間の存在と宇宙の存在》は相関的である

ようするに、感覚し認識する人間が始めから終わりまで存在することのない宇宙は、絶対的知覚捨象の《□□＝□□》×《□□　□□》始めから終わりまでなにも存在しない式というバークリの実在モデルでしか把握し記述しえないものになってしまって、あたかも観客もいなければ、俳優もおらず、それどころか舞台さえもない"演劇"であるかのようである。しかもそれすらも、私たちがそのような観客も俳優も舞台もなにも存在しないものを、それでもなお"演劇"と呼ぶことが許されるならばの話にすぎない。これはあきらかに、すでに宇宙が現実に特定の姿形として立ち現われている、つまり、宇宙を一定の既存事物として認識する人間がすでに誕生してしまっている、そうした知覚中断の《既存宇宙》×《□□　人間主体》式の場合とは本質的に異なるものである。

念のため一言しておくと、この知覚中断の実在式はつぎのように解釈される。宇宙はすでに既存宇宙（現実的実在）になっているので、人間によって知覚（認識）されようが知覚（認識）されまいが、現に知られている姿形のままで実在する、あるいは、宇宙はすでに既存宇宙（現実的実在）になっているので、人間が存在しようが存在しまいが、現に知られている姿形のままで実在し続ける、ということである。

そして、以上の意味における知覚中断の存在次元なるものは、宇宙を考える人間が始めから終わりまで存在しない宇宙は、感覚存在として立ち現われて既存事物（現実的実在）となることが原理的に不可能な宇宙にとどまる、という知覚捨象の絶対的バークリ次元とは、もちろん、根本的に区別されるものである。そうしてみれば、絶対的バークリ次元における、だれからも永遠に認識されない宇宙は、もはや現実的実在（既存事物）としても、可能的実在（未存事物）としても規定されることができず、それゆえいかなる意味でも原理

的に実在することができない以上は,それを宇宙と呼ぶことは論理的に不可能である,とすべての人たちが存在論的に確信するのではなかろうか。感覚し認識する人間が絶対的に存在せず,それゆえ現実的実在(既存事物)でも可能的実在(未存事物)でも物自体でもありえないような超越的な宇宙は,あの俳優も観客も舞台もなにも存在しない演劇とまったく同じではなかろうか。それでも私たちは,それをなお"宇宙"と呼び,なお"演劇"と呼ばなければならないのだろうか。

こうして,絶対的バークリ次元において考えるかぎり,人間が物理的宇宙に照応する仕方で誕生し成長したのはむろんであるが,同時に物理的宇宙もまた人間に照応する仕方で立ち現われたとはいえないだろうか。いいかえれば,現に知られている宇宙は,けっして宇宙一般ではなく,あくまでも人間の宇宙なのだということである。それにもかかわらず,この意味での私たちの宇宙は,たとえ人間が存在しなくなり知覚されなくなっても,知覚中断の日常次元であれば完全な客観的実在性——主観的かつ客観的な知覚事物として認識から独立して存在している——を保持している。そうであれば,人間原理の考え方は,絶対的バークリ次元における人間と宇宙のあいだの根源的な相関関係を私たちが理論的に自覚すればするほど,いよいよ承認すべき普遍的真理ということにならないだろうか。

私たちが通常物体や量子実在をあつかう場合には,とうぜん,認識主体である人間の存在だけは,あらかじめ根本前提されていなければならない。それゆえ,知覚中断の存在次元では《感覚=存在》×《□□ 主体》通常物体式になり,さらに知覚捨象の存在次元では《□□=□□》×《□□ 主体》量子実在式にならざるをえないのは,いわば理論的必然というほかはない。ところが,絶対的バークリ次元における宇宙の存在性が問題になる場合には,始めから終

わりまで人間が存在しないときの宇宙とその在り方とはいかなるものか，という一つの大きな形而上学的問題がどうしても提起されざるをえない。そして，この意味のどんな仕方でも表象不能な，絶対無とさえ考えることも許されない"宇宙（？）"なるもの（これをまだ宇宙と呼べればの話だが）を，私は《□□＝□□》×《□□　□□》宇宙存在ゼロ式という絶対的知覚捨象のバークリ次元のかたちで定式化するとともに，さらにそれを「宇宙が現に知られているような宇宙であるのは，その宇宙に人間が存在するとき，そのときに限る」という「強い人間原理」（藤田氏）とむすびつけて理解したわけである。知覚捨象の絶対的バークリ次元において理解するかぎり，現に知られている宇宙なるものは，どうしても人間の存在と宇宙の存在の相関物として把握されざるをえないのだ。

　ようするに，絶対的バークリ次元にあっては，(1) いまだ既存事物として現実的に立ち現われていない宇宙は，人間がそれを感覚する仕方において感覚存在として実在するとともに，また，それが人間によって認識される仕方において知覚存在として実在するのである。というのは，じっさいそうでないと，宇宙は，現に知られているような宇宙であることはできず，私たち人間にとっては永久に不可知な存在——それについては原理的になにも語ることができず，有って無きに等しい宇宙——である以外にはないからである。(2) こうして，私たち人間に現に知られている宇宙とその諸性質は，それらが存在している仕方によって決定されるのは当然だが，しかしまたそれらが存在している仕方は，じつは同時に私たち人間が宇宙を感覚し認識する仕方とは不可分な相関関係にあるといえるのだ。客観的実在の絶対的バークリ次元に固有な人間原理の哲学的核心は，まさしく以上の点にあると思われるのである。

　およそ以上が，絶対的知覚捨象のバークリ次元において人間原理が密接にかかわる宇宙の存在性という哲学的問題の真髄といえるも

のである。ここに見られるのは、《存在とは知覚されることである》というバークリの哲学的世界というほかはない。といって、それが知覚中断の存在次元において主張されるのでないかぎり、そこには主観的観念論を表わすような理論的契機はまったく見当たらない。いいかえれば、知覚中断の日常次元にあっては、宇宙はすでに人間原理がいう主客相関的な知覚事物＝既存事物としての宇宙であり、したがって知覚（認識）されなくても存在しうる不可逆的な客観的実在そのものなのである。そして、客観的実在のバークリ次元と日常次元とを中心にすえて哲学的に以上のように厳密に解明され規定されてはじめて、「宇宙にとっては、人間の存在など知ったことではないのだ」という、あの池内了氏の明快な知覚中断の古典的立場も、いまや晴れてその哲学上の正当性が正式に認知され、それを強調することがほんとうに許されるのだろう。

# 注

### 第1章

1) ここで「唯物論のドグマ」といわれているものは，少なくとも哲学的存在論にかんするかぎり，そのまま「実在論のドグマ」と考えていただいて結構である。さらに「はじめに」でも述べておいたとおり，この書物のなかで一般に「唯物論批判」とされているものは，上記と同じ理由でそのまま「実在論批判」と理解していただいて結構である。
2) 「物自体」概念の定義として，レーニンはこのとおりの文章で定式化しているわけではない。といって，もとより筆者が勝手につくりあげたものでもない。この点については，レーニン『唯物論と経験批判論』（レーニン全集，第14巻，大月書店）の135, 238ページを参照されたい。
3) この点については，同じくレーニン『唯物論と経験批判論』（同上）の115, 116ページを参照されたい。
4) レーニンはこの点についてこう語っている。「フォイエルバッハにとっては『物自体』とは，『実在性のある抽象物』，すなわち，私たちの外部に存在し，まったく認識可能で，しかも『現象』と原理的にすこしもちがわない世界である」（レーニン，同上，136ページ）。
5) 知覚因果説は，たとえば私が一個のリンゴを見ているとき，私の頭の中にリンゴの知覚像がいかに生ずるかを，光（電磁波）や私の眼球，網膜，大脳，神経組織などをふくむ一連の物理-生理的過程として説明しようとする。しかし頭の中にあるリンゴの知覚像のかわりに，リンゴの知覚事物（知覚実在物）がそのまま頭の外に与えられる，というふうに知覚因果説を解釈しなおすことも可能である。この場合，知覚因果説の科学的内容そのものはほとんど変更される必要がないことに注目されたい。
6) 生理-心理学的な唯物論や認識論の典型的なお手本としては，唯物論者たちに古典扱いされているルビンシュテイン『存在と意識』（寺沢恒信訳，青木書店）をあげることができよう。ルビンシュテインはこの書物のなかで，知覚と存在，客観的実在をめぐる哲学問題をほとんど心理学や生理学のなかに埋没させてしまっている。これではバークリの《存在即知覚》説などは一撃のもとに観念論として打倒される以外にはないだろう。ルビン

シュテインは,《知覚-存在》関係には二つの種類があることにまったく気づいていない。彼が問題にしているのは,あくまでも生理-心理学上の《知覚-存在》関係にすぎない。しかし哲学的存在論だけが固有に扱わなければならない《知覚-存在》関係もあるのである。それこそがバークリの《存在即知覚》命題にいわれる《存在-知覚》関係にほかならない。ここではまだ検討できないが,筆者のいういわゆる《第1次知覚と第2次知覚》をめぐる問題がそれである。第2次知覚とは,生理-心理学上の,ごく常識的な意味での《知覚-存在》関係そのものである。ここでは,知覚されるべき外的対象はあらかじめ現実的に実在しており,すでに私たち人間に知覚事物として与えられているのが,理論上の最大の特徴である。これに反して第1次知覚とは,物自体の「実在性」問題にかかわる哲学的存在論に独自の《知覚-存在》関係にほかならない。ここでは,知覚されるべき外的対象はあらかじめ現実的に実在しておらず,いまだ私たち人間に知覚事物として与えられていないのが,理論上の最大の特徴である。いうまでもなく,バークリの《存在即知覚》命題はこの第1次知覚の存在次元においてこそ議論されるのが本筋なのである。じっさい,そうでないと,バークリの《存在即知覚》命題などは典型的な観念論哲学としてまるで滑稽な議論ということになってしまう。この問題は,第3章以下の「バークリ《存在即知覚》命題の哲学的分析」において詳しく検討され解明される。

7) 『カント遺稿集』で論じられている「現象の現象」をめぐる議論については,エーリッヒ・アディッケスの著作『カントと物自体』(法政大学出版局)を参照されたい。本書では,とりわけ訳者の赤松常弘氏による「訳者解説」(237-38 ページ)を参考にさせていただいた。ここでお礼を申しあげたい。


第2章

1) B. ラッセルの実在論哲学が結局は物自体主義二元論である点については,その著作『哲学の諸問題』(中村秀吉訳『哲学入門』,社会思想社)を参照されたい。ラッセルはこう論じている。
> いかほど私たちの感覚与件——色・形・滑らかさなど——が私たちに依存するにせよ,それらの生ずることが私たちから独立して存在する或るものの記号だということには,ほとんどすべての人の意見は一致するのです。(同訳書, 19 ページ)

> 自分の感覚与件が確実なものだとしても，それを，物的対象と呼びうるなにか他の存在の記号とみなす理由があるのでしょうか。机と結びついていると自然に私たちが考える感覚与件を全部枚挙したときに，机についていうべきことを全部いい終えたのでしょうか。それともまだ他のもの——感覚与件ではなくて，私たちが部屋から出ても持続するような或るもの——を残しているのでしょうか。常識はためらうころなく，残していると答えます。(同上，25 ページ)

ごらんのように，実在論者ラッセルは事物の色や形や滑らかさなどの感覚的性質はすべて「私たちから独立して存在している或るものの記号である」と主張しているのである。ところで，ここでいわれている「或るもの」とは，事実上はカントの物自体と同じものであって，それについて規定できることは，ただその「或るもの」は私たちの感覚与件に対応する対象である，ということだけにすぎない。したがってこの意味の超感性的な「独立した外界を信ずるようになる」のは「論証」によるのではなく，あくまでも「本能的信念」によってなのである(同上，30 ページ)。

2) ガリレイ／山田慶児・谷泰訳『偽金鑑識官』(〈世界の名著〉21)，502ページ，中央公論社。

3) 物を観測(測定)した場合と，観測(測定)しない場合とでは，その物の状態(属性・性質)がまったく異なる，という考え方をするのが量子力学の根本であるといってよい。物理学者エルヴィン・シュレーディンガーは，物は観測されていないとき，《可能性の重ね合わせ》という一種の抽象的な存在状態(確率波の状態)にある，と主張するニールス・ボーアのコペンハーゲン解釈の奇怪さをすすんで指摘するために，一つの思考実験を考案したが，それが"シュレーディンガーの猫"と呼ばれるものである。

ここに一個の鉄箱があり，そのなかには，放射性物質(放射性粒子)と，その存在を記録するガイガー・カウンター，さらにそれと針金で接続された青酸カリの入ったビン，および一匹の猫がセットされているとしよう。

さて，鉄箱のなかで1時間以内に放射性物質の原子の一つが崩壊して，ガイガー・カウンターがそれを記録する確率を2分の1(50%)とする。そしてガイガー・カウンターが放射された粒子を記録すると，それに接続した青酸カリ入りのビンが自動的に割れて，なかにいる猫は死ぬことになる。もちろん，放射性粒子の飛び出しが記録されなければ，猫は死なずに生きている。

量子力学のコペンハーゲン解釈によれば，測定装置で観測されないかぎ

りは，放射性物質は，放射性崩壊が起こる確率と起こらない確率の《重ね合わせ》状態にある。つまり鉄箱のなかの，たとえばラジウムは，その原子の一つが崩壊してガイガー・カウンターで測定され記録されないかぎり，「崩壊した」と同時に「崩壊しない」という，なんとも奇妙な宙ぶらりんの混合状態（重ね合わせの抽象的実在性）にとどまっている。

そこで重要なことは，鉄箱のなかの猫にたいしても同じように量子力学の考え方を普遍的なものとして適用し記述すると，私たちが鉄箱をあけて内部を覗き見（観測）しないかぎり，猫は「死んでいる」と同時に「生きている」という，いわば"半分死んで・半分生きている"ような不可解な《重ね合わせ》状態にあるほかはない，という結果になってしまう点である。原子の世界でならまだしも，猫のような通常物体の日常世界でもこうした奇怪な《重ね合わせ》状態が不可避だとすると，世界の実在性にたいするコペンハーゲン解釈がいかに馬鹿げているかは明白ではないか，というのが"シュレーディンガーの猫"のパラドクスが考えだされた直接の理由であった。

4) 事物の第二性質をめぐるここでの記述は，ロック自身の規定にかならずしも忠実なものではない。というのは，ロックでは，色や香り，味などはけっして事物が直接にもっている性質ではないからである。そうではなく，事物は本来的には形や大きさ，運動といった第一性質（幾何学的‐力学的性質）だけしかもっておらず，そのかわりに，しかし事物は同時に私たちの心に色や香り，味などを感じさせる《能力》をもっているのであり，そのような《能力》のことをロックはとくに第二性質と呼んだのである。もっとも，事物の知覚される諸性状の或るもの（超感性的な形や大きさ，運動など）を第一性質と呼び，他の或るもの（感性的な色や香り，味など）をそれと区別して直接に事物の第二性質と呼んでも，なにか基本的にロック学説を誤って理解していることにはならない。バークリがロック哲学を批判するにあたっては，むしろこの後者の考え方をすすんで採用しているのである。

5) デカルト／井上庄七・水野和夫訳『哲学の原理』（〈世界の名著〉22），375ページ，中央公論社。

6) 冷蔵庫のなかに入れられたリンゴが"色なしリンゴ"であることを理論的に拒否する方策として主張されている有力な見解の一つは，「冷蔵庫のなかのリンゴは，もしそれが知覚されるならば，赤いリンゴであるにちがいない」というものである。つまり，問題の核心をたんなる「仮定的事実」

という，たんなる可能性の領域へと移しかえて解決しようとする理論態度といってよい。しかしながら，知覚外界像説を前提にするこのような解決方法が，きわめて姑息なものにすぎないのは否定しがたい。

第3章

1)　厳密にいえば，バークリ《存在即知覚》命題において，赤いリンゴは知覚されないとき《存在消滅する》のではなく，たんに《いまだ外的対象として埦実的に立ち現われない》というだけである。これが具体的になにを意味するかは，これからの論議で十分に説明する。もとより，バークリ命題の通説的理解では，赤いリンゴは知覚されないとき，いやでも《存在消滅してしまう》のである。それだからこそ，バークリは観念論者にされているわけである。しかし私たちのここでの叙述段階では，いまだこの定説的理解が採用されるのも仕方のないことである。

2)　叙述のこの段階では，知覚捨象あるいは知覚捨象の存在次元について，いまだ厳密な理論規定を与えることができない。それゆえ，ここでの議論は暫定的なものであると了承されたい。たとえば，「知覚されないかぎりは」という言葉がしばしば使われているが，これは正確には「感覚されないかぎりは」でなければならない。また「知覚存在」という概念もかなり多用されているが，これも厳密には「感覚存在」というカテゴリーに取って代わらなければならない。すべてこうした理論上の不十分さは，このあと第4章，第5章……と考察がさらに深まるにつれて，おのずと解消されていく性格のものである。

3)　《知覚されなくても存在する》という知覚中断の存在次元において，赤いリンゴがそのままの姿形で実在しうるのは，厳密には知覚実在物説の哲学的存在論をみとめるのでなければ不可能である。唯物論の知覚外界像説と物自体主義の哲学的存在論をとるかぎり，赤いリンゴはまちがいなく《知覚されなくても存在する》であろうが，それは正確にはあくまで物自体リンゴとしてのみ可能であるにすぎない。それだからこそ，"冷蔵庫のなかの物自体リンゴ"という哲学的アポリアが不可避なのだ。しかし現行の弁証法的唯物論では，このあたりの存在論‐認識論上の諸問題は，理論的にはじつに曖昧なかたちで放置されたままである。

第 4 章

1) この章および「はしがき」では，量子力学にかかわる議論は，とくに以下の諸文献を参考にさせていただいた。
   D. リンドリー／松浦俊輔訳『量子力学の奇妙なところが思ったほど奇妙でないわけ』青土社
   N. ハーバート／林一訳『量子と実在』白揚社
   P.C.W. デイヴィス／出口修至訳『量子と混沌』地人書館
   H.R. パージェル／黒星瑩一訳『量子の世界』地人書館
   A. レイ／林一訳『量子論——幻想か実在か』岩波書店
   朝永振一郎『量子力学的世界像』弘文堂
   M. ボルン／若松征男訳『私の物理学と主張』東京図書
   M. ヤンマー／井上健訳『量子力学の哲学』上下，紀伊國屋書店
   F. セレリ／櫻山義夫訳『量子力学論争』共立出版株式会社

第 5 章

1) この点について，バークリは主著『人知原理論』でこう述べている。
   観念を飲食したり，観念を着たりするというのはきわめて耳障りに響く，とこのように〔反対論者である〕諸君はおっしゃる。私はそうだと承認する。……とはいえ，これは〔本書の〕命題の真理性にはかかわらない。その命題は，他の言葉でいえば，私たちが感官によって直接に知覚するものを食べたり着たりする，ということ以外ではないのである。（バークリ／大槻春彦訳『人知原理論』70 ページ，第 38 節，岩波文庫。ただし訳文を若干変更した）
2) この点について，ラッセルはこう述べている。
   私たち自身と私たちの感覚与件のほかに，私たちの知覚に依存しない存在性をもつ対象が実在する。とはいえ，私たちが独立した外界を信ずるようになるのは，もともと論証によってではない。反省しはじめるや否やこのような信念が自分のうちにあることに気づくのである。それは本能的信念と呼んでよいものである。（ラッセル『哲学の諸問題』，訳本では，中村秀吉訳『哲学入門』30 ページ，現代教養文庫，社会思想社）
3) この感覚与件と物自体をともに基本的実在とみなす二重実在説について

は，同じく訳者の中村秀吉氏は「訳者あとがき」においてこう語っている。
> ラッセルもムーアも実在論者であるから，感覚与件を存在物として認めるともう一つの存在物である物質的対象との関係を論ずる必要にせまられる。ムーアは物質的対象〔物自体〕の存在を確信しながら，感覚与件との関係を十分に論ずることができなかったようにみえるが，ラッセルはこの確立に苦慮し，次第に物質的対象を感覚与件から構築できるものとして考えるようになった。このとき困るのは見たり，聞いたりしていないときの物質的対象のあり方である。これは見たり聞いたりしていないときに感覚与件が存在していないのでは治まりがつかない。（ラッセル，同上，203 ページ）

さらに続けて訳者の中村氏はこう語っている。
> 感覚与件を確実な存在として認める以上，これと物質的対象との関係をどのように考えるかが一番重要であり，またわれわれの関心を有するところである。（同上，204 ページ）

> ラッセルにおいても，カントの物自体と同じく，物質的対象そのものの色・形・大きさ等は捉えられず，またこのような考えは意味をもたないものとされる。ただ捉えられるのは〔記号としての〕感覚与件との対応関係である。（同上，205 ページ）

> 感覚与件を物質的対象〔物自体〕と並べて基本的存在としたのでは，ぎこちない存在の多重化と写らざるをえない。この多重化はラッセルが論理学者としてモットーとするオッカムのかみそりに抵触し，また引いてはかれ自身主張した単純性の原理に反することにもなりかねない。（同上，205-06 ページ，〔　〕内の補足は引用者）

4) この問題について，ルビンシュテインはこう主張している。
> 客観は，客観としては，主観にとってのみ存在するが，しかし存在は，主観にとっての客観としてのみ存在するのではない。……存在は主観から独立しても存在するが，それは客観としては主観に相関的である。……存在，物質的世界は，進化の過程で，すなわち，その発展過程でそれを意識し，認識する能力をもつ個体が発生するときに，客観という意味での客観的実在になる。そのとき存在は，この役割において，客観として現われるのである。客観的実在とは，主観に無関係にでも存在している存在であり，われわれにとっての事物に対立していると

ころの, 事物そのもの〔物自体〕である。(ルビンシュテイン／寺沢恒信訳『存在と意識』上巻, 87 ページ, 青木書店)
5) レーニン, 同前, 67 ページを参照されたい。
6) ここでいう《潜在的存在》はほとんど《可能的実在》と同じ意味でもちいられている。哲学史的には, アリストテレスのいわゆる「ポテンチア」(可能態) なる概念がもっともこれに近いといってよい。一般的に筆者としては, 本書における「可能的実在」あるいは「潜在的実在」の概念は, いわば客観的実在のバークリ次元における"半ば実在的であるようなもの"を意味させているつもりである。それゆえ実在性とか存在性とかいっても, それは客観的実在の日常次元における古典的な通常物体の実在性とはまったく異なったものである。いずれにせよ, 感覚されてはじめて現実的に感覚存在として顕在化するような可能的世界というほかはない。しかしこれをまで端的に物質的世界といってしまったのでは, すすんで物自体主義をみとめるようなもので, かえって唯物論 (実在論) の哲学立場を教条的に戯画化させるものであろう。たとえば量子力学でいえば, 可能的実在＝潜在的実在の世界とは, 波動関数や場で表示される, いわゆる複素数 (虚数) をともなった抽象的世界にもっとも接近している, といえるだろう。さらには, たとえば量子宇宙論などで議論されている, いわゆる"宇宙の始まり"にかかわる時間も空間も物質も存在しないような無の世界である, といってもよいかもしれない。こうした無の世界とは, 通常の意味における時間も空間も物質もエネルギーもなにも存在しない世界であって, いわば非存在と存在のあいだを揺れ動くような, アリストテレスがいう「ポテンチア」によってピッタリ表現されうる半ば実在的な可能的世界そのものである。客観的実在のバークリ次元とは, 自然科学的には, 数学的にのみ記述しうる特異な抽象的＝可能的な虚数的世界であるともいえよう。
7) この点については, 町田茂『量子力学の反乱』(学習研究社) を参考にさせていただいた。観測理論の専門家である町田茂氏はこう語っている。

〔古典物理学の世界では〕対象はいつまでも見続けることができ, あるいは見ていない間でも見ているのと同じと考えてよかった。……ところが, 量子力学的自然では, 測定と測定の間を表すのは波動関数であり, それは……複素数でしか表せない……。しかもそれは『見られていない』〔波動である〕ことが決定的な性質であり, 測定されればとたんに〔粒子に〕変化してしまう。(265 ページ, 〔 〕内は引用者)

8) この章では, 量子力学・宇宙論をめぐる議論は, とくに以下の諸文献を

参考にさせていただいた。

A.I.M. レイ／林一訳『量子論——幻想か実在か』岩波書店
並木美喜雄『量子力学入門』岩波新書
和田純夫『量子力学が語る世界像』講談社ブルーバックス
デスパーニャ／丹治信春訳『現代物理学にとって実在とはなにか』培風館
池内了『物理学と神』集英社新書
佐藤文隆『量子力学のイデオロギー』青土社
　　　　『宇宙のしくみとエネルギー』朝日文庫，朝日新聞社
　　　　『いまさら宇宙論？』丸善
佐藤勝彦『宇宙はこうして誕生した』株式会社ウェッジ
ブライアン・グリーン／林一・林大訳『エレガントな宇宙——超ひも理論がすべてを解決する』草思社
竹内薫『超ひも理論とはなにか』講談社ブルーバックス


第6章

1) バークリの知覚実在物説からとうぜん予想される素通し的な《知覚事物－見え姿》モデルについては，すでに大森荘蔵氏が示唆的ながら先駆的に言及している。
2) いわゆる観測問題に本格的なかたちで抽象的自我や意識をもちこんだのは，いうまでもなくフォン・ノイマンやユージン・ウィグナーであるが，これは彼らが客観的実在のバークリ次元と客観的実在の日常次元との哲学的区別をまったく知らなかったことを考慮するならば，たちまち氷解するように理解できる事柄であるといってよい。バークリ次元と古典的次元とを厳密に区分したうえで，さらに両次元の現実的分離の可能性をみとめるなら，すでに現実的に実在することになった量子的粒子をただ外部から観測する（覗き見）だけの認識行為とはまったく異質なバークリ次元と，そこでの無意識的・機械的な測定過程には，自我や意識といった主観的作用が入りこむ余地や必要性ははじめからまったくないのである。

　なおこの章では，量子力学および宇宙論についての議論は，つぎの諸文献を参考にさせていただいた。

N. ハーバート／林一訳『量子と実在』白揚社
H.R. パージェル／黒星瑩一訳『量子の世界』地人書館
P.C.W. デイヴィス／出口修至訳『量子と混沌』地人書館

N. ボーア／井上健訳『原子論と自然記述』みすず書房
D. ボーム／高林・川辺・後藤・井上訳『量子論』みすず書房
W. ハイゼンベルク／河野・富山訳『現代物理学の思想』みすず書房
W. ハイゼンベルク／田村松平訳『自然科学的世界像』みすず書房
A.H. グース／林一訳『なぜビッグバンは起ったか——インフレーション理論が解明した宇宙の起源』早川書房
佐藤文隆『宇宙の創造と時間』TBS ブリタニカ
　　　　『量子力学のイデオロギー』青土社
　　　　『宇宙のしくみとエネルギー』朝日文庫，朝日新聞社
　　　　『いまさら宇宙論？』丸善株式会社
佐藤勝彦『宇宙はこうして誕生した』株式会社ウェッジ
池内了『物理学と神』集英社新書

3) もっとも，このような筆者の主張にたいしては読者諸氏から，それはヘーゲル流の絶対理念をいう観念論哲学ではないかと，いう批判が寄せられるかもしれない。ヘーゲルによれば，天上界のどこかに"無限なるもの"としての絶対理念（絶対精神）が先在していて，それが歴史必然的につぎつぎと"外化"して分裂するたびに，自然界や人間界（社会）などがその特殊歴史的な具体的形態をとって産出されてきた，というのである。

　いうまでもなく，ヘーゲルのこうした絶対理念の発展学説は，これまでは疎外論からのアプローチをのぞけばほとんど荒唐無稽の観念論哲学とみなされてきた。しかしいまや感覚存在の背後に想定される可能的実在の理想世界，すなわち，複素関数の重ね合わせにかかわる客観的実在のバークリ次元が発見され確立されてみれば，そこに無視することのできない重要な哲学上の合理的契機がみられるのは否定できないように思われる。こうした考え方が可能になるのも，もちろん，量子実在にかかわるバークリ次元が哲学的に確立されたおかげであるのは指摘するまでもないだろう。なお，ここでの量子論や量子宇宙論をめぐる叙述は，とくに注2に列挙した佐藤文隆および佐藤勝彦の両氏，さらに池内了氏の諸著作を参考にさせていただいた。この場を借りてお礼を申しあげたい。

4) 「人間原理」については，スティーヴン・ホーキング／佐藤勝彦訳『ホーキング，未来を語る』（角川書店）のなかの用語集に適切な説明文があるので，それを引用させていただくことにする。「私たちが今見ている宇宙の姿が，そのようであるのは何故なのか。もし宇宙の姿が現在とすこしでも異なるならば，私たち人間は物理条件的にここに存在しなくなってし

まう，つまり宇宙を認識する人間が存在しない宇宙は認識されることがなく，認識されるのはあくまでも人間の誕生する宇宙のみであるとする考え」のことを人間原理という。

いうまでもなく，この人間原理の考え方には，人間により認識されない宇宙はじつは存在しないのと同じなのだ，ということが含意されている。というのは，感覚し認識する人間が始めから終わりまで存在しない以上は，そのような宇宙は原理的に物自体であるとすらも規定しえないからである。百歩ゆずって，たとえ物自体宇宙が存在するとしても，そのような超越的宇宙はまったく無内容で無意味にすぎず，もはや宇宙と呼ばれるに値しないであろう。ところで，こうした意味の人間原理の考え方は，その本質からすればただ客観的実在のバークリ次元においてのみ可能であるのは指摘するまでもない。いいかえれば，この人間原理の立場を，たんなる知覚中断の存在次元において主張したりすれば，たちまち観念論に陥ってしまうということである。

5) アレキサンダー・ヴィレンキン（Alexander Vilenkin 1949-  ）。ウクライナ共和国生まれの物理学者。現在はアメリカに在住。無から生まれた宇宙という主張は論文「無から創造された宇宙」(1982年，オランダの科学雑誌 *Physics Letters* に掲載される）のなかで展開された。いまだ有力な仮説の段階にとどまっているが，量子論や量子宇宙論にかかわる多くの研究者たちから注目されている。

6) この点については，マイケル・ダメット『真理と過去』（藤田晋吾・中村正利訳，第5章141-42ページ）を参照されたい。

7) この点については，エルヴィン・シュレーディンガー『わが世界観（自伝）』（中村量空・早川博信・橋本契訳，共立出版）を参照されたい。そのなかで，シュレーディンガーはこう語っている。

> 私たちが，そこに端的に現前していると思っているこの世界は，たんに存在するということのみによって，私たちの前に現前しているのではない。世界が現前するためには，この世界の一部分をなす特異な現象，つまり脳の機能が不可欠なのである。（同書，109ページ）

> さて他方，意識とは，世界を私たちのまえに初めて現前させるものである。つまり意識によって初めて世界は存在する，といってもよい。そして，また，世界は，意識のエレメントによってなりたっている，ともいえよう。（同書，112ページ）

> 脳の発生というこの特異な変化は，世界が意識の光によって明るく照らされるために，高等動物の進化の過程で起こったのにちがいない。ところが，かりにこの変化が起こっていなかったとしたら，世界は観客のないままに演じられる劇となり，なにもののためにも存在せず，本来の意味では存在してはいなかったであろう。(同書，112ページ)

シュレーディンガーの以上の文章については，二点だけコメントをしておきたい。すなわち，①ここで「世界」といわれている部分は「宇宙」とみなしてもまったく問題はないこと，②つぎに，シュレーディンガーがここで追究している問題は，あきらかに客観的実在のバークリ次元における存在事象にかかわっている，という点である。これをたんにあらかじめ世界(宇宙)が既存事物として現実的に実在してしまっている知覚中断の存在次元にかかわる問題と受けとめてしまったのでは，ごく常識的にただの「物心一如」をいう観念論哲学が展開されているだけの話になってしまう。しかし，これではシュレーディンガーの積極的な問題関心と問題提起とはまったく理解されないことになろう。とはいえ，シュレーディンガー自身，いまだ客観的実在のバークリ次元について少しの理論的自覚ももっていなかったことは否定しがたいように思われる。

8) 前出のダメット『真理と過去』における藤田氏による「訳者解説」191-92ページを参照されたい。

9) この点については，池内了『物理学と神』(集英社新書，186ページ)を参照されたい。また，人間原理をめぐる池内氏の見解については同書170-71ページを参照されたい。そこでは人間原理がすぐれて理解しやすく説明されている。ついでながら，同じく人間原理については，佐藤文隆『宇宙のしくみとエネルギー』(朝日文庫，251-69ページ)および『いまさら宇宙論?』(丸善株式会社，192-94ページ)にも興味のある説明がなされている。

　一般的には人間原理とは，私たち認識する人間が存在するがゆえに，宇宙は私たちが現に認識しているような姿形で存在しているのだ。もしそういう具合になっていなかったら，そもそも私たち認識する人間がここに居合わせること自体が不可能であろう，と主張する立場である。もとより，こうした人間原理の考え方は，哲学的には知覚中断の存在次元では許されようはずもなく，ただ知覚捨象のバークリ次元でのみ可能であるのはいうまでもない。

# あとがき

　本書は，第1章と第2章をのぞけば，あとはすべて書き下ろしである。もっとも，そうでないこの二つの章も，タイトルを別にすればいずれも内容的には完全に書き直されており，事実上は書き下ろしと考えていただいて結構である。

　主要課題である《実在とはなにか》を解き明かすにあたっては，あの悪名高いバークリの《存在とは知覚されることである》命題の真理性が，それも唯物論（実在論）の立場から積極的に前提され利用されているのが，本書の大きな特徴になっている。私としては，実在の危機に直面している量子力学の哲学的存在論をもあわせて検討しようとする以上，それは不可避の理論姿勢であった。それにしても，唯物論（実在論）の哲学的存在論とバークリ観念論の《存在即知覚》命題を内的に統一する理論的試みがはたして成功しているかどうか，さらに，そのことで《実在とはなにか》という根本課題にたいする新しい（正しい）解答が真の意味で獲得できたかのどうか，こうした点については，読者諸氏の適正な判断をまつ以外にはなさそうである。

　たまたま『NHKアインシュタイン・ロマン (3)　量子力学のミステリー』（日本放送出版協会）を読んでいるとき，私は物理学者アインシュタインと詩人タゴールの対談を断片的に紹介した興味ある文章に出会った。1930年の『ニューヨーク・タイムズ・マガジン』の記事を紹介したもののようだから，ひと昔もふた昔も以前の話である。しかもアインシュタインとタゴールの対話は，それこそ絵に

描いたような唯物論（実在論）と観念論の対立になっており，「あとがき」にはいささか適当でないかもしれないが，ここにその一部を書き抜いてみたい。

    T（タゴール）　この世界は人間的な世界です。この世界の科学的な見方というものもまた，科学者の見方です

    E（アインシュタイン）　証明することはできませんが，ピタゴラスの定理において，真理は人間とは関係なく存在すると私は信じています

    T　私たちが真理と呼ぶものは，実在（リアリティ）の主観的な面と客観的な面との間の合理的な調和の中にあるのです。そして，その両面とも，個を超えた人間に属しているのです

    E　実在は心の外に，私たちとは無関係に存在することがわかります。たとえば，家にだれ一人いなくても，机はその場所に存在しています

    T　そうです。机は個人の心の外にありますが，すべての人の心の外側にあるわけではないのです。机は私たちに共通する意識によって知覚されるのです。客観的に見える机もたんに現象にすぎないことを科学は証明しました。つまり，人間が机だと思うものは，もしその意識がなくなれば存在しないのです

ところで，以上の対談を読んで，アインシュタインの見解だけが正しいと考えた人は，まちがいなく古い唯物論（実在論）の哲学的立場にあるといってよい。反対に，タゴールの見解だけが正しいと考えた人は，まちがいなく観念論の哲学的立場にあるといえよう。そうではなく，二人の見解にはそれぞれ存在論上の部分的真理があ

り，それゆえ両者の見解が一つのものに構造的に統一された地平にだけ，真に全体的真理があると考えた人がいるとすれば，その人間こそは本当の意味で正しい哲学的存在論の立場にあるといえる。しかしそれには，知覚捨象のバークリ次元と知覚中断の日常次元という二つの存在次元を理論的に区別するとともに，両者を明確に統一して把握する必要があるのはいうまでもない。すなわち，アインシュタインは唯物論がいう知覚中断の存在次元——《存在するから知覚される》命題——のみを知っていて，その真理性に固執しそれだけを強調したが，他方，タゴールは観念論がいう知覚捨象の存在次元——《知覚されるから存在する》命題——のみを知っていて，その真理性に固執しそれだけを強調したにすぎなかった。そうしてみれば，実在とはなにか，あるいは真理とはなにかを追究するにあたっては，バークリの《存在とは知覚されることである》命題の真偽性にたいする"是非"の最終的な哲学的決着が，ここで強く求められているのは明白でなかろうか。

本書を執筆するにあたっては，岩淵慶一氏（立正大教授），故三階徹氏（元中央女子大教授），島崎隆氏（一橋大教授），吉田傑俊氏（法政大教授），平子友長氏（一橋大教授），種村完司氏（鹿児島大教授），その他の諸氏からそれぞれ貴重な意見や示唆をいただいた。ここに謝意を表わしたい。

また，私の大学院時代の恩師である小川弘先生の諸著作（とりわけ『近代哲学の原点』および『時間と運動』）から貴重な論点をいくつか学ばせていただいた。さらに，バークリ哲学の積極面を評価するのに臆することのなかった故大森荘蔵氏の諸著作からも，この点について貴重な示唆をいくつか受けた。いちいち具体的にその箇所や内容を挙げることはしないが，あわせて深く感謝をしたい。

最後に，法政大学出版局・編集代表の平川俊彦氏に心からお礼を

申しあげたい。本書のような最高度の原理的問題を扱った哲学専門書はなかなか刊行の機会にめぐまれないのが、今日の出版界の実情のようである。それにもかかわらず、平川氏は原稿段階の本書を一読すると同時に、そこに展開されているバークリ復権や量子力学の哲学的基礎に深くかかわる「実在」問題の重要性をただちに理解して、その出版を快く引き受けてくださった。

著　者

《思想＊多島海》シリーズ　6

著者紹介：瀬戸　明（せとあきら）

1937年生まれ。1967年東京教育大学（現筑波大学）大学院文学研究科博士課程修了（哲学専攻）。国立音楽大学名誉教授。
著書に『現代認識論と弁証法』、『現代に甦るマルクス思想』、『社会主義・市場・疎外』（共著）、『マルクス主義思想どこから・どこへ』（共著）など。

存在と知覚
——バークリ復権と量子力学の実在論

二〇〇六年四月二八日　初版第一刷発行

著者　瀬戸　明

発行所　財団法人法政大学出版局
〒102-0073　東京都千代田区九段北3-2-7
電話　東京03（5214）5540
振替　00160-6-95814

製版・緑営舎　印刷・三和印刷
製本・鈴木製本所

©2006, Akira Seto

Printed in Japan

ISBN4-588-10006-8

| 日下部吉信 | ギリシア哲学と主観性 初期ギリシア哲学研究 | 七三〇〇円 |
| --- | --- | --- |
| J・メリエ<br>石川・三井訳 | ジャン・メリエ遺言書 | 三万円 |
| D・ヒューム<br>斎藤・一ノ瀬訳 | 人間知性研究 | 四八〇〇円 |
| 中才敏郎編 | ヒューム読本 | 三三〇〇円 |
| 水野浩二 | ▼サルトルの倫理思想 本来的人間から全体的人間へ | 二六〇〇円 |
| 三光長治 | ▼晩年の思想 アドルノ、ワーグナー、鏡花など | 三五〇〇円 |
| 植田祐次 | ▼共和国幻想 レチフとサドの世界 | 三三〇〇円 |
| 岡田紀子 | ▼ニーチェ私論 道化、詩人と自称した哲学者 | 三三〇〇円 |
| 伊藤守 | ▼記憶・暴力・システム メディア文化の政治学 | 三三〇〇円 |
| 瀬戸明 | ▼存在と知覚 バークリ復権と量子力学の実在論 | 二八〇〇円 |

法政大学出版局

（消費税抜き価格で表示）

▼は《思想＊多島海》シリーズ